文书之力

唐代奏敕研究

郭桂坤 _ 著

商务印书馆
创于1897
The Commercial Press

图书在版编目(CIP)数据

文书之力：唐代奏敕研究/郭桂坤著.—北京：商务印书馆，2023
（日新文库）
ISBN 978-7-100-22650-9

Ⅰ.①文… Ⅱ.①郭… Ⅲ.①奏议—研究—中国—唐代 Ⅳ.①K242.065

中国国家版本馆 CIP 数据核字(2023)第 115262 号

国家社科基金青年项目
"中国古代国家治理视野下的唐代王言研究"
（项目批准号：20CZS025）
阶段性成果

日新文库
文书之力
唐代奏敕研究
郭桂坤 著

商 务 印 书 馆 出 版
（北京王府井大街36号 邮政编码100710）
商 务 印 书 馆 发 行
北京艺辉伊航图文有限公司印刷
ISBN 978-7-100-22650-9

2023 年 7 月第 1 版　　　　　开本 880×1240　1/32
2023 年 7 月北京第 1 次印刷　　印张 11¾　插页 2
定价：72.00 元

日新文库

出 版 说 明

　　近年来，我馆一直筹划出版一套青年学者的学术研究丛书。其中的考虑，大致有三。一是当今世界正处于"百年未有之大变局"，当代中国正处于民族复兴之关键期，新时代面临新挑战，新需求催生新学术。青年学者最是得风气先、引领潮流的生力军。二是当下中国学界，一大批经过海内外严格学术训练、具备国际视野的学界新锐，积学有年，进取有心，正是潜龙跃渊、雏凤清声之时。三是花甲重开的商务，以引领学术为己任，以海纳新知求变革，初心不改，百岁新步。我馆先贤有言："日新无已，望如朝曙。"因命名为"日新文库"。

　　"日新文库"，首重创新。当代中国集合了全世界规模最大的青年学术群体，拥有最具成长性的学术生态环境。新设丛书，就要让这里成为新课题的讨论会，新材料的集散地，新方法的试验场，新思想的争鸣园；让各学科、各领域的青年才俊崭露头角，竞相涌现。

　　"日新文库"，最重专精。学术研究，自有规范与渊源，端赖脚踏实地，实事求是。薄发源于厚积，新见始自深思。我们邀请各学科、各领域的硕学方家组成专业学术委员会，评审论证，擘画裁夺，择取精良，宁缺毋滥。

"日新文库"，尤重开放。研究领域，鼓励"跨界"；研究课题，乐见"破圈"。后学新锐，不问门第出身，唯才是举；学术成果，不图面面俱到，唯新是求。

我们热烈欢迎海内外青年学者踊跃投稿，学界友朋诚意绍介。经学术委员会论证，每年推出新著若干种。假以时日，必将集水为流，蔚为大观，嘉惠学林。

是所望焉！

商务印书馆编辑部

2022 年 6 月

自　　序

这本小书是根据我的博士学位论文修改而成。回想起来，当初选择这样一个题目，可能有一些特殊的因缘。

2010 年秋季学期，我开始在北京大学历史学系攻读硕士学位。入学不久，导师荣新江先生就安排我加入了他主持的西域文书整理小组。老实讲，因为我当时不思进取，整理文书的"门道"并没有学到多少。不过耳闻目睹之际，我也瞧出了些许"热闹"。一是经过以荣老师为代表的几代学人的着力搜集，北京大学所藏中古时期出土文书整理与研究方面的资料异常全备。二是荣老师引领的这个西域文书整理小组高手云集，无论是唐代出土文书哪一个方面的具体问题，都有成员可以持牛刀为我解惑。这样得天独厚的条件，使我较早就萌生了选择文书方面研究题目的想法。

然而真正付诸行动，已到了 2014 年的秋季学期。当时博士阶段的正常学习期限已经过半，迫切需要确定选题并着手搜集资料。经过反复掂量，我最终选择从敕旨和敕牒这两种文书入手，讨论唐代王言体系的变化与中枢体制的演进。当时将研究对象的范围缩小到敕旨和敕牒，可以说是仓促中顺理成章的选择。我硕士阶段听过邓小南和阎步克等老师开设的关于中国古代官僚制度的课程，对官制方面的知识感觉有点兴趣，对于出土文书的关注就渐渐地集中到了公文书上面。不过出土的唐代公文书多为残篇断纸，且数量浩繁，内容庞杂，书写相对潦草，文辞稍显艰涩，非我短期内驾驭得了。好在出土的唐代公文书中，基本保持文书原始形态的王言数量很少，且大多属于石刻文献，书写镌刻一般较为工整，文辞也更为雅驯，比较容易上手。加之我硕士阶段因参与整理大唐西市博物馆藏唐代墓志的机会，在后来成为我博士阶段导师的朱玉麒先生手把手的指教下，得以初窥中古石刻文献整理的门径，掌握了一些识文断句的基础知识，自觉处理这类资料稍有底气。当然，具体到唐代的敕旨和敕牒这两种王言，实际上其文书实例主要保存在各种类型的唐人文集中。而处理唐人文集正是朱老师的老本行，他博士论文的题目就是"张说集版本研究"。因此选择这个题目，意味着可以获得朱老师更多的指导和护持。

我之所以在尚未着力搜集资料的时候，就敢断定这个选题需要处理的文书实例不至太多且大量集中于唐人文集尤其是《不空三藏表制集》中，是个适合短期突击的方向，乃因为此前已经翻阅过中村裕一和刘后滨两位先生的著作。尤其是《唐代中书门下体制研究——公文形态、政务运行与制度变迁》，现今我还能忆起向我推荐该书的李芳瑶师姐那赞叹的神色和语调。因此尽管初读时颇感吃力，我还是硬着头皮啃过一遍。从小书的字里行间也不难看出，我在文书资料的运用方面主要受惠于中村先生的著作，研究思路则受到刘先生著作的直接影响。

不过，既然是一项新的研究，无论最终成立与否，我都不得不提出一些有异于前贤的论点并尝试展开论证。这里，我就以刘后滨先生的著作为参照，简单连缀一下小书的几点主要看法。

首先，刘先生认为唐代前期三省制下政务奏报的主体文书是奏抄，唐代后期中书门下体制下奏状则取代奏抄成为国家政务运行的主体文书。我则倾向于认为，不论唐代前期或是后期，唐代政务奏报的主体文书始终都是奏状。只是唐代初期由于奉行"一切先申尚书省"的奏事原则，尚书省几乎垄断着以奏状向皇帝汇报军国政事的权力，都省则又是真正把控尚书省政务审核权力的"勾曹"。后来朝廷逐渐放开了对进状的限制，臣僚百司就较为普遍地获得了直接向皇帝奏事的权力。为应付接收到的繁多芜杂的庶务，皇帝就不得不采取一连串制度改革的措施。

其次，在唐王朝制度改革的措施中，刘先生着重揭举了开元十一年（723）张说奏改政事堂为中书门下的意义，认为它标志着中书门下体制的创立，是唐代中枢体制的重大变革。我则倾向于认为，从公文形态与政务运行的角度来看，开元二年（714）姚崇改革的重要性或许要远远超过后来张说的改革。因为正是姚崇对"六押"之制的一系列改革，打通了政务参议与政令颁下的各个环节，发展出了能够直接指挥各级行政机关的文书工具——敕牒。这就表明中书门下体制的运行逻辑和运作模式，实际上在开元十一年以前已经建立了起来。张说奏改政事堂为中书门下，只是瓜熟蒂落的结果而已。

最后，刘先生认定唐代后期的中枢体制是中书门下体制，我认为这一点也还可以商榷。同样从公文形态与政务运行的角度来看，唐代后期中书门下敕牒在王言体系中强势发展的同时，其开辟的路径也为宦官中使所承袭。他们利用更为亲近皇帝的机会，发展出了甚至较中书门下敕牒更为高效的敕牒。宦官集团遂得利用奏状与敕牒作为攘夺朝廷政务的文书工具，深度嵌入唐王朝政务运作的整体脉络之中，最终发展出一个庞大的内诸使司行政体系，与以宰相为首的南衙对立并行。因此，唐代后期的中枢体制实际上已演变为一种双轨制，开北宋二府制之先河。

小书中这些为赋新词而不免存在夺理之处的看法，最终究竟能否成立，我并无十足的把握。这是因为其中部分推测，并不是建立在坚实的史料基础之上。这当然有相对于明清巨量的原始档案而言，唐代奏敕原件甚至衍生文书都较为稀少的原因。毕竟，小书所引《乾宁三年刘翱将仕郎告身》这种可以证实奏抄在唐代后期甚至末期仍然得到普遍行用的材料，是可遇而不可求的。另一个重要的原因，则是我为扩充史料所付出的努力还远远不够。显然，要扩充更多可供论证的史料，至少还应该在唐与魏晋南北朝制度的纵向比较和唐与同时期日本制度的横向比较这两个方面下更多功夫。关于前者，将传世文献如《宋书·礼志》所载刘宋皇太子监国仪注与吐鲁番出土文书中的相关资料结合起来，尽力廓清魏晋南北朝奏敕体系的面目，应是大有可为的一个方向。至于后者，恐怕首先需要达到自如运用《续日本纪》和平城宫遗址出土木简讨论日本古代文书行政问题的程度。然而，这些都是短期内我尚无精力和能力去攻克的难题，只好权且把这些不够成熟的思考抛出来，寄望引出真正能够经得起检验的璞玉。

郭桂坤

2023 年 2 月 12 日

目　录

绪　论

一、研究对象的界定

中国古代政治制度史呈现出的一种非常明显的特征，即是几乎一直稳固地存在着至上的皇权和不断调整以适应皇权统治需要的庞大官僚体系。沟通二者进而维持国家机器运转的重要载体之一，是至晚在秦汉时期已经高度成熟的文书体系。王充在《论衡·别通》中已有所总结，称"汉所以能制九州者，文书之力也"。[①]可见，不论是讨论中国古代皇权统治的发展，抑或是官僚制度的演变，都有必要适度关注各个朝代的文书体系及其运作机制问题。

包括王充在内的古人所说"文书"，相当于近现代所谓"公文书"或"公文"，扼要地讲即处理公事的文书。就唐代而言，这些处理公事的文书大体可以分为两种类型，即以皇帝名义发布的文书（制敕类）和官府与官民之间行用的文书（官文书）。[②]从运行方向的角度讲，这些文书又可以分为三类，即上行文书（官

---

① ［东汉］王充撰，黄晖校释：《论衡校释》卷一三，中华书局1990年版，第591页。
② 参见中村裕一《唐代官文書研究》，京都：中文出版社，1991年，第5页。

民个人或官府机构向皇帝奏事以及下级官府向上级官府汇报政务的文书）、下行文书（由皇帝的命令文书和各级官府下发的政令文书构成）以及平行文书（平级官府之间沟通的文书）。① 本书所要讨论的"奏敕"，实际上就是向皇帝奏事的上行文书与颁出皇帝命令的下行文书这两大类公文书。②

《文心雕龙·章表》对先秦至秦汉臣民向君主奏事的制度有所概括，兹节引如下：

> 夫设官分职，高卑联事。天子垂珠以听，诸侯鸣玉以朝。敷奏以言，明试以功。故尧咨四岳，舜命八元，固辞再让之请，俞往钦哉之授，并陈辞帝庭，匪假书翰。然则敷奏以言，则章表之义也；明试以功，即授爵之典也。至太甲既立，伊尹书诫，思庸归亳，又作以赞。文翰献替，事斯见

① 刘后滨讨论时分为"上行文书"与"下行文书"两类而没有单列"平行文书"，参见刘后滨《唐代中书门下体制研究——公文形态、政务运行与制度变迁》，齐鲁书社 2004 年版，第 47 页。

② 现存唐代史料中亦偶有"奏""敕"二字连用的情况，除个别属于"奉敕"之讹外，主要可以归为两种用例。第一种用例重心落在"奏"这个动词上，可以理解为"奏请皇帝下敕允准"。如《法苑珠林·敬塔篇》记载："至贞观五年（631），岐州刺史张亮素有信向，来寺礼拜。但见故塔基，曾无上覆。奏敕请望云宫殿以盖塔基。下诏许之。"又，同书《慈悲篇》引《唐高僧传》的记载，称释慈藏"又乐静夏坐，奏敕云际寺安居三夏"，亦属这种用例。两则史料分别见［唐］释道世撰，周叔迦、苏晋仁校注《法苑珠林校注》卷三八、六四，中华书局 2003 年版，第 1212、1940 页。第二种用例重心落在"敕"这个名词上，可以理解为"同意所奏而下之敕"，故前面多有"所"字连接，如《通典》所载贞元二年（786）九月中书门下商量状处理文武百官朝谒班序，建议"辞见宴集，班列先后"之次序"请依天宝三载（744）七月礼部详定所奏敕"（［唐］杜佑：《通典》卷七五，中华书局 1988 年版，第 2046 页）。又如，《文苑英华》所收《太和三年十一月十八日赦文》中言及"宜委本军、本使及京兆府各切提举，准元和二年（807）八月京兆府所奏敕及长庆元年（821）制度节文处分"（［北宋］李昉等：《文苑英华》卷四二八，中华书局 1966 年版，第 2169 页）。

矣。周监二代，文理弥盛，再拜稽首，对扬休命，承文受册，敢当丕显，虽言笔未分，而陈谢可见。降及七国，未变古式，言事于王，皆称上书。秦初定制，改书曰奏。汉定礼仪，则有四品：一曰章，二曰奏，三曰表，四曰议。章以谢恩，奏以按劾，表以陈请，议以执异。①

由此可见，至晚从"秦初定制"始，所谓"奏"者，即有了"言事于皇帝"这一固定义项。"言事"大体上又可以分为口头与书面两种形式，但上引《文心雕龙·章表》的记载显示，后者在不断挤占前者的生存空间，故尧舜时"并陈辞帝庭，匪假书翰"的局面，发展至三代，已变为"虽言笔未分，而陈谢可见（'书'或'文'）"的场景。至晚在战国时代，"言事于王"则已经"皆称上书"了。《文心雕龙·奏启》中的归纳则更为干脆，称"昔唐虞之臣，敷奏以言；秦汉之辅，上书称奏"。②奏请由口头向书面过渡，当然主要是为了顺应统治制度规范发展的要求。睡虎地秦墓竹简《秦律·内史杂》即云："有事请也，必以书，毋口请，毋羁请。"③本书所讨论的"奏"，就是在书面奏请的意义上进行使用，表示"奏事于皇帝的文书"，如王充《论衡·对作》所言"上书谓之奏"。④

　　根据上引《文心雕龙·章表》的记载，我们还可以知道汉代

① ［南朝梁］刘勰撰，詹锳义证：《文心雕龙义证》卷五，上海古籍出版社1989年版，第820—826页。
② 《文心雕龙义证》卷五，第851页。
③ 睡虎地秦墓竹简整理小组编：《睡虎地秦墓竹简》，文物出版社1990年版，"释文注释"第62页。
④ 《论衡校释》卷二九，第1181页。

奏事文书体系主要包括章、奏、表、议四种文书类型。它们各有
分工且各有独特的书式。①魏晋南北朝时期，大一统王朝终结，
除西晋短暂统一外，中国长期处于分裂割据状态。由于各个割据
政权更迭较为频繁，且政权内部的权力结构往往畸形变态，使得
各类记载中关于奏事文书的名称与种类纷繁不一，稍显混乱。比
如《文心雕龙·奏启》记载："启者，开也。高宗云'启乃心，
沃朕心'，取其义也。孝景讳启，故两汉无称。至魏国笺记，始
云启闻。奏事之末，或云谨启。自晋来盛启，用兼表奏。陈政言
事，既奏之异条；让爵谢恩，亦表之别干。"②实际上，"启"这种
奏事文书兴盛的契机，乃因汉末丧乱以来，相当长一段时间内是
由董卓、曹操、司马氏父子等实力派野心家操持权柄。在篡位时
机尚未成熟之际，他们为避嫌而使用"启"替代上给皇帝的章、
奏、表、议，所以后人得以观察到启"用兼表奏"。待司马炎正
式称帝，启也就顺理成章地成为一种奏事于皇帝的文书，著名的
《山公启事》即属此类。③

　　隋朝重新完成大一统后，对原先的奏事文书体系进行了改造
整理，譬如将南北朝普遍行用的奏事文书"奏案"改为"奏抄"

---

① 关于汉代章、奏、表、议的应用条件及其文书体式，蔡邕《独断》一书有比较
详细的记载。《独断》一书有日本学者福井重雅的整理本（《訳注西京杂记·独
断》，東京：東方書店，2000年），但其中句读与解释的问题较多。因此，利
用《独断》中的相关内容时，还需要参考刘后滨和代国玺等中国学者的相关研
究成果，如刘后滨《唐代中书门下体制研究——公文形态、政务运行与制度变
迁》，第64—79页；代国玺"汉代公文形态新探"，《中国史研究》2015年第
2期。
② 《文心雕龙义证》卷五，第873页。
③ 参见中村圭爾"魏晋南北朝の公文書の種類と体系"，《人文研究》52（2），
2000年，第150—154頁。

等。① 既而这套体系又为唐所继承，这就是屡见于典制的"下之通于上"的"六制"。《唐六典》卷八"门下省侍中"条记载：

> 凡下之通于上，其制有六：一曰奏抄，谓祭祀，支度国用，授六品已下官，断流已上罪及除、免、官当者，并为奏抄。二曰奏弹，谓御史纠劾百司不法之事。三曰露布，谓诸军破贼，申尚书兵部而闻奏焉。四曰议，谓朝之疑事，下公卿议，理有异同，奏而裁之。五曰表，六曰状；……章表制度，自汉已后，多相因循。《隋令》有奏抄、奏弹、露布等，皇朝因之。其驳议、表、状等至今常行。其奏抄、露布侍中审，自余不审。皆审署申覆而施行焉。覆奏画可讫，留门下省为案。更写一通，侍中注"制可"，印缝，署送尚书省施行。②

据此可知，唐代奏事于皇帝的文书可分为奏抄、奏弹、露布、议、表、状六种。其中，"奏弹"和"露布"都属于特定官员（"御史"）或机构（"尚书兵部"）针对单一事项（"纠劾百司不法"或"闻奏诸军破贼"）的奏报。因此，唐代臣僚百司日常奏报政务的文书，实际上主要就是"奏抄"和"议""表""状"这四种。

又，权德舆在《陆宣公全集序》中言：

> （公）润色之余，论思献纳，军国利害，巨细必陈，则有《奏草》七卷。览公之奏，则知公之为臣也。其在相位

---

① 参见刘后滨"从奏案到奏抄——汉唐间奏事文书形态的演进与行政审批制度的变迁"，《北京理工大学学报》2002 年第 2 期。

② ［唐］李林甫等：《唐六典》卷八，中华书局 1992 年版，第 241—242 页。

也，推贤与能，举直错枉，将斡璇衡而揭日月，清氛沴而平泰阶。敷其道也，与伊、说争衡；考其文也，与典、谟接轸。则有《中书奏议》七卷。览公之奏议，则知公之事君也。①

核今本《陆贽集》所收六卷《奏草》和六卷《中书奏议》，皆属于议、表、状之集萃。可知近臣在参议论政之时，议、表、状实际上可以通用，故唐人将之统称为"奏草"或"奏议"。加之奏报政务之"状"本来就别称"奏状"，所以我们就直接用"奏"这一合于古制的名称，来统称唐代臣僚百司向皇帝奏报政务与参议政事的文书。

关于上古至汉代皇帝命令文书的源流，《文心雕龙·诏策》有扼要概括：

> 皇帝御宇，其言也神。渊嘿黼扆，而响盈四表，唯诏策乎！昔轩辕唐虞，同称为命。命之为义，制性之本也。其在三代，事兼诰誓。誓以训戒，诰以敷政，命喻自天，故授官锡胤。《易》之《姤》象："后以施命诰四方。"诰命动民，若天下之有风矣。降及七国，并称曰命，命者，使也。秦并天下，改命曰制。汉初定仪则，则命有四品：一曰策书，二曰制书，三曰诏书，四曰戒敕。敕戒州部，诏诰百官，制施赦命，策封王侯。策者，简也。制者，裁也。诏者，告也。敕者，正也。②

---

① 《陆贽集》附录卷二，中华书局 2006 年版，第 816—817 页。
② 《文心雕龙义证》卷五，第 724—730 页。

由这段引文可知，与前面所论"奏"的情况有所不同，最初用于统称皇帝命令文书的词汇有"命""令""诏策"等等，而"敕"直至汉代定仪则时仍只是其中一种专门用于敕戒刺史等官的文书。[①]并且，"敕"在当时并不是由皇帝独享。直到魏晋南北朝以降，才为皇帝所专用。[②]《唐六典》卷九"中书令职掌"条注文引蔡邕《独断》关于"册、制、诏、戒敕"的记载后，又言："自魏晋已后因循，有册书、诏、敕，总名曰诏。皇朝因隋不改。天后天授元年（690），以避讳，改诏为制。"[③]可见，唐代前期用于统称皇帝命令文书者，一般情况下仍为"诏"或"制"。不过，这种统称导致的后果之一，就是大体从隋文帝统治初期开始，人们在一般语境中已经开始混用"制（诏）"与"敕"。[④]换句话说，这种混用使我们也完全可以用"敕"作为总括唐代皇帝命令文书的一种统称。本书标题中的"敕"，正是从这种统称的意义上加以使用。然则，为何不选用"制"或"诏"来统称皇帝的命令文书呢？这还涉及我们所要讨论的皇帝命令文书中的主要对象。

实际上，唐人对皇帝命令文书有一个专门的称呼，即"王言"。《唐六典》卷九"中书令职掌"条有云：

① 蔡邕《独断》亦载："戒书，戒敕刺史、太守及三边营官，被敕文曰'有诏敕某官'，是为戒敕也。世皆名此为策书，失之远矣。"（［东汉］蔡邕：《独断》卷上，《景印文渊阁四库全书》第850册，台湾商务印书馆1986年版，第78—79页）

② 詹锳指出汉代上级对下级、父祖对子孙都可用敕，南北朝以后才为皇帝所专用，参见《文心雕龙义证》卷五，第723页。中村圭尔总结的南北朝公文书类别中，亦有"尚书敕"，参见"魏晋南北朝の公文書の種類と体系"，《人文研究》52(2)，2000年，第149页。

③ 《唐六典》卷九，第274页。

④ 中村裕一对唐代"制（诏）"与"敕"的混用情况有比较具体的分析，参见《唐代制勅研究》，東京：汲古書院，1991年，第41—45頁。

> 凡王言之制有七：一曰册书，立后建嫡，封树藩屏，宠命尊贤，临轩备礼则用之。二曰制书，行大赏罚，授大官爵，厘年旧政，赦宥降虏则用之。三曰慰劳制书，褒赞贤能，劝免勤劳则用之。四曰发日敕，谓御画发日敕也。增减官员，废置州县，征发兵马，除免官爵，授六品已下官，处流已上罪，用库物五百段、钱二百千、仓粮五百石、奴婢二十人、马五十匹、牛五十头、羊五百口已上则用之。五曰敕旨，谓百司承旨而为程式，奏事请施行者。六曰论事敕书，慰谕公卿，诫约臣下则用之。七曰敕牒；随事承旨，不易旧典则用之。皆宣署申覆而施行焉。①

根据注文可知，上面七种皇帝命令文书（"王言"）中，册书、慰劳制、论事敕书主要用于礼仪性的褒宠慰诫场合。制书所承载者如"行大赏罚，授大官爵，厘年旧政，赦宥降虏"，又恰因其过于庄严隆重，故而使用频次相对较低。②因此，我们认为唐代皇帝处理日常政务并发布常规政令的王言，最主要者其实就是发日敕、敕旨和敕牒三种。它们与论事敕书一道，属于唐代最为

---

① 《唐六典》卷九，第273—274页。按："赦宥降虏"之"虏"，点校者陈仲夫据《新唐书·百官志》等径改为"虑"，今据正德以下诸本回改。

② 敕书自汉以来比较明确的功能基本可概括为"行大赏罚，授大官爵，赦宥降虏"，大约自则天朝开始又可用于"厘年旧政"。它在应用场合上与制书的一致性，是唐代承载敕书的皇帝命令文书主要为制书的重要原因。尽管大致从玄宗朝开始承载敕书功能者偶为发日敕，但从制度规定上来讲，不论是唐人李肇在《翰林志》的记载，抑或是宋人对本朝"命令之体"的描述，均显示由唐至宋承载敕书的王言仍旧主要是制书。敕书的相关研究，可参考〔韩〕禹成旼"试论唐代敕文的变化及其意义"，《北京理工大学学报》2004年第3期；〔韩〕禹成旼"唐代敕文颁布的演变"，杜文玉主编：《唐史论丛》第8辑，三秦出版社2006年版，第114—132页；〔韩〕禹成旼"唐代德音考"，《中国史研究》2006年第2期；魏斌"'伏准敕文'与晚唐行政运作"，《中国史研究》2006年第1期；魏斌"唐代敕书内容的扩展与大赦职能的变化"，《历史研究》2006年第4期。

正式的"敕"类文书。① 因此，我们就以"敕"来统称唐代皇帝
处理日常政务后颁下的命令文书。

综上所述，本书所要探讨的唐代"奏敕"，大体分为奏事于
皇帝的文书（"奏"）与皇帝颁下的命令文书（"敕"）两个部
分。前者主要包括臣僚百司奏报与参议政务的主体文书奏抄和
议、表、状，后者则主要包括皇帝处理政务后形成的政令文书发
日敕、敕旨和敕牒。② 它们是朝廷日常政务信息往来的主要载体，
紧密关系着王朝的统治。奏敕文书的处理流程，实际上就是唐王
朝日常政务运作与中枢权力运行的过程。

"政务运作"这个概念，近年在研究唐宋制度史的青年学者
中使用较为普遍。③ 它其实是派生自刘后滨探讨唐宋政治体制变
化时所提出的"政务运行"的概念。刘先生认为"政务运行"主
要是指依托于文书流转的各级官府事务的处理程式和机制，包括
政务文书的制作与传递、各个层面的官府事务的申报与裁决。④
本书所要讨论的"政务运作"，接近于刘先生的上述阐释。然而

---

① 参见中村裕一《唐代制敕研究》，第 19 页；李锦绣"唐'王言之制'初探——
读《唐六典》札记之一"，李铮、蒋忠新主编：《季羡林教授八十华诞纪念论文
集》，江西人民出版社 1991 年版，第 273 页。

② 近年一些青年学者也开始使用"奏敕"来概括唐代奏事文书与王言，如吴晓丰
行文中所用的"奏敕体系"，参见"唐代的奏弹及其运作"，《中华文史论丛》
2020 年第 4 期，第 175 页。李殷在其文章标题中也使用了"奏敕文献"这种表
达，参见"唐代奏敕文献编次研究"，《东岳论丛》2022 年第 1 期。

③ 这一点通过相关论文的标题即不难看出，比如罗祎楠"论元丰三省政务运作机
制的形成"，清华大学硕士学位论文，2005 年；周曲洋"奏钞复用与北宋元丰
改制后的三省政务运作"，《文史》2016 年第 3 辑；郭桂坤"'五花判事''六押'
与唐代的政务运作"，余欣主编：《中古中国研究》第 2 卷，中西书局 2018 年版，
第 123—145 页；刘江"帖与宋代地方政务运作"，《文史》2019 年第 2 辑。

④ 参见刘后滨"汉唐政治制度史中政务运行机制研究述评"，《史学月刊》2012 年
第 8 期，第 99 页。

我们之所以强调"运作"而非"运行"，是因为"运行"往往隐含着自动运转的意味，而"运作"则有助于表现政务属于被操作的客体的性质。

至于本书所要讨论的"中枢"，简而言之，即皇帝与直接辅助皇帝处理政务的群体所构成的政务处理区间。鉴于皇帝所具有的超然地位，我们也可以把皇帝身边直接辅助其处理政务的群体单独称作"中枢群体"。如所周知，理论上中国古代皇帝拥有无限的权力。但实际的情况是，皇帝个人不可能独自裁决所有政务，他必定需要让渡一部分权力给受到信任的个别臣僚，佐助自己处理朝政。唐太宗在《帝范·求贤》中即言："帝王之为国也，必借匡辅之资。"①论者或谓，这里所谓的"中枢群体"岂非就是史料中屡屡出现的"宰相"？我们的答案是：否。因为古人并没有为"宰相"给出一个清晰的定义，往往言人人殊，令人莫衷一是。②譬如宦官，就绝不可能被归入唐代宰相之列。但就中晚唐的情形而论，我们恐怕不能把宦官首领神策中尉和枢密使排除在辅佐皇帝处理朝政的中枢群体之列。那么，问题的关键就在于，"辅佐皇帝处理政务"的标准究竟是什么？

祝总斌曾为中国古代的"宰相"定性，他认为中国古代宰相必定同时具有议政权和监督百官执行权。③参考祝先生的分析，我们认为"辅佐皇帝处理政务"在唐代具体表现为两项密不可分

---

① ［唐］唐太宗、［唐］武则天撰，王双怀、梁克敏、田乙校释：《帝范臣轨校释》，陕西人民出版社 2016 年版，第 38 页。

② 关于"宰相"这一概念的学术史梳理，参见方诚峰"从唐宋宰相概念论君主支配模式"，《史学月刊》2021 年第 3 期，第 43—44 页。

③ 参见祝总斌《两汉魏晋南北朝宰相制度研究》，中国社会科学出版社 1990 年版，第 5 页。

的权力，即参决政务的权力和颁布政令的权力。实际上，古人对此已有比较系统的认识，《册府元龟·宰辅部·总序》起首即言："夫辅相之职，所以左右天子，总领庶尹，弥纶机务，宣翼统纪，燮调元化，甄叙流品，亲附百姓，镇抚四夷，裁决庶政，班布王度，乃其任也。"① 其中清楚地点出了"辅佐皇帝处理政务"的最重要的三个要素："左右天子"，即近侍于皇帝身边；"弥纶机务""裁决庶政"，即参决政务；"班布王度"，即颁布政令。

正如前文所及，帝制中国能够维持专制主义中央集权的政治局面，很大程度上依赖于高度成熟的文书体系。这套体系能够将四面八方的政务信息上报中央，名义上由皇帝亲自加以裁决；也能将皇帝的个人意志转化为国家政令，顺畅地布达于国家的各个角落。因此，中国古代朝廷政务的核心内容，就是皇帝根据奏报政务的文书进行决策，又将决策行诸施政文书并加以颁布。中枢群体"辅佐皇帝处理政务"，其实主要就是辅助皇帝处理政务文书。具体地讲，所谓"参决政务"，就是参与处分各种奏报政务的文书，并且构拟出需要颁布的文书的基本内容；所谓"颁布政令"，就是通过特定程序将皇帝意志转化为正式的政令文书，并且颁布下去以指挥国家机器的运转。

综上，我们认为秦汉以降各王朝中枢群体"辅佐皇帝处理政务"的一般内容，其实就是辅佐皇帝处理奏报政务的文书，拟订并颁出政令文书。因此，要判断某一臣僚是否可以归入"中枢群体"，就应当观察其是否同时具备这两个方面的权力。就唐代而言，参考前文所述，即是否具有参与处理"奏敕体系"中所包含

① ［北宋］王钦若等编纂：《册府元龟》卷三〇八，凤凰出版社2006年版，第3476页。

的文书的权力。正是鉴于"奏敕体系"与"中枢群体"之间这种密切的关系，我们认为探讨唐代"奏敕体系"及其运作机制的变动，应是观察唐王朝"中枢体制"演进的不二法门。本书的主要内容，就是希望把唐代"奏敕体系"的变化与"中枢政务运作机制"的变动结合起来，梳理"中枢体制"的演进过程及其后续影响，揭示唐代中央政府权力运行的一般规律，为我国当前正在进行的国家治理体系和治理能力现代化建设，提供值得参考的历史鉴戒。

二、学术史回顾与反思

与中国史学有所不同，日本史学的核心研究方法就是古文书学。[①] 因此，日本学者很早就对唐代各种类型的公文书展开了专门研究，比如伊藤长胤在江户时代（1603—1867）就尝试过复原唐代的《李暹告身》，并依据告身附载的信息勾勒三省在告身颁制过程中的作用；又根据《朝野群载》的相关记载尝试复原唐元和元年（806）的《高阶远成告身》，并考订了其中所涉人物。[②] 近代以来，大量敦煌吐鲁番文书和石刻文献得以刊布，日本学者往往嗅觉敏锐地跟进此类新材料，在唐代文书学研究领域取得丰硕成果。这些成果，包括中国学者近百年的相关研究，也恰恰是在日本学者中村裕一的相关著作中已经得到了较好的归纳

---

① 参见〔日〕大津透"日本古代古文书学研究的进展及课题"，付晨晨编译，《中国史研究动态》2016 年第 1 期，第 73 页。
② 参见赵晶"论日本中国古文书学研究之演进——以唐代告身研究为例"，《早期中国史研究》第 6 卷第 1 期，2014 年，第 118 页。

与总结。① 有鉴于此，我们关于唐代奏敕研究领域的学术史梳理，就径以中村裕一的研究作为新的起点。

1991 年，中村裕一接连出版《唐代制敕研究》和《唐代官文书研究》两部著作，对截至当时有关唐代制敕和官文书的研究成果进行了较为系统的梳理。也正是在充分吸收此前中日学界研究成果的基础上，中村裕一有计划地全面整理相关史料，在唐代奏敕研究领域取得了重要的突破乃至在很多方面作出了开拓性的贡献。不论是唐代"下之通于上"的"六制"，抑或是七种"王言之制"，他都详尽搜集了可见的几乎所有史料，分析了各种文书的渊源及其文书特性。在此过程中，中村裕一特别擅长于结合律令制对文书体式进行甄别分析，这一部分内容也最终构成了他唐令相关研究成果的学术基础。譬如他对公式令的探讨，后来就构成了《唐令逸文研究》一书相当重要的组成部分。② 不过，中村先生研究方法的些微不足之处，可能也正在于此。作者虽然有宏观的考量，即将唐代"王言"视为王朝国家"公"的意志而非皇帝个人"私"的意志，认为皇帝的私人意志只有通过特定文书样式所规定的诸流程之后，才能转换为王朝国家的意志并且发生效力；③ 但在具体研究的过程中，中村先生却没有一以贯之地将其与文书运作流程充分地结合起来加以分析。因此其研究往往倾向于就文书而论文书，很多时候仅将目标定位于复原文书式或者说是复原公式令。对于文书式的不同所体现的唐代行政运作机制尤其是中枢体制的变化，未能加以提炼甚至提示。

---

① 参见《唐代制敕研究》，第 24—31 页；《唐代官文書研究》，第 21—32 页。
② 参见《唐令逸文の研究》，東京：汲古書院，2005 年，第 275—576 頁。
③ 参见《唐代制敕研究》，第 11 頁。

在中村裕一两部大著出版的同年，李锦绣亦发表了"唐'王言之制'初探——读《唐六典》札记之一"一文。[①] 这应该是中文学界对唐代"王言之制"进行全面而细致钩沉的第一篇学术文章。该文对几种主要王言的运作程式都进行了比较仔细的对比分析。虽然如今看来作者有将奏抄与发日敕直接对应起来这样的失误，但其探索方向本身对于正确理解唐代前期二者之间的关系具有极高的参考价值。这篇文章在思路上还有另一点非常重要的贡献，即将"下之通于上"的六种文书根据中书省和门下省在其通上过程中发挥的不同功能分为两类，认为奏抄、奏弹、露布几乎囊括了唐王朝国家的政治、经济、军事等一切常务，审奏抄、奏弹、露布是门下省重要性的一个体现。虽然在相关的具体论证方面仍有可以商榷的余地，但该文这种分类思考的方向却尤为值得肯定。

前揭中村裕一的著作虽以资料详备见长，但也不是毫无遗漏。敦煌文书 S.11287 是景云二年（711）朝廷颁给沙州刺史能昌仁的一份论事敕书，中村裕一最初忽视了这件珍贵的材料。雷闻则在荣新江的提示下，比较充分地发掘了它的价值，据此恢复了唐代论事敕书的文书式并对其成立过程进行了推拟。[②]

2003 年，中村裕一推出了《唐代制敕研究》一书的改订版——《隋唐王言研究》。[③] 是书结合了作者《唐代公文书研究》一书的相关研究，[④] 在追求篇幅压缩的基础上对旧著内容进行了删

---

① 参见李铮、蒋忠新主编《季羡林教授八十华诞纪念论文集》，第 273—290 页。

② 参见雷闻"从 S.11287 看唐代论事敕书的成立过程"，荣新江主编：《唐研究》第 1 卷，北京大学出版社 1995 年版，第 323—335 页。

③ 《隋唐王言の研究》，東京：汲古書院，2003 年。

④ 《唐代公文書研究》，東京：汲古書院，1996 年。

削补正。同时，将此前作为附录的隋代王言的相关梗概整合进正文中，以便于全面理解隋唐时期的王言体系。

　　与前揭中村裕一、李锦绣和雷闻等偏重于探讨文书本身特性的研究有所不同，刘后滨《唐代中书门下体制研究——公文形态、政务运行与制度变迁》一书希望立足于文书形态，以探讨唐代国家政务的运行、官僚系统的运作与政治体制的演进，最终试图回答唐代政治体制如何向宋代制度演进的问题。因此在是书"导论"部分，作者首先比较全面地检讨了过去学者从三省制出发探讨唐代中枢体制的很多局限。① 在此基础上，刘先生认为从国家政务申报与裁决机制的角度来看，三省制下国家政令的制定与实施以尚书六部为主体，政务申报的主体文书是奏抄，而政务裁决的主要渠道则是门下省对于奏抄的审读，最终表现为经过皇帝御画"闻"以后形成的御画奏抄。这种机制运作的前提，应是相关行政机构的完备与法令条文的完善。不过，使职差遣自高宗与武则天统治时期开始大量涌现，唐代的行政运作机制开始突破尚书六部二十四司的格局，使职行用的奏事文书——奏状，就逐渐取代了奏抄作为主体政务文书的地位。而内外百官的奏状，不论是直接申奏还是转呈于皇帝，在批复过程中都需要宰相加以商量处分，这就促成了新型宰相机构中书门下的成立和新型中枢体制亦即中书门下体制的确立。总之，刘先生是以"中书门下体制"来概括唐代中后期的中枢体制，认为它不是以三省而是以中书门下宰相机构为中心，不是以尚书六部而是以使职为行政主体的政务运行体制。

---

① 参见刘后滨《唐代中书门下体制研究——公文形态、政务运行与制度变迁》，第 3—45 页。

我们认为，刘后滨提出的"中书门下体制"这一概念，是对唐代中后期相较于唐代前期变化了的政治体制尤其是中枢体制的一种相对合理的概括。但这种概括是否足够全面，恐怕还有斟酌的余地。比如，中晚唐的宦官首领既可与中书门下宰相共同参议政务，也具有发布敕牒的权力，似乎很难排除在中枢之外，但作者对此似乎缺乏明确的交代。此外，刘先生尽管综合利用各种史料对其提炼的"中书门下体制"进行了细致的分析，但其论证链条还存在一些有待补充的缺环之处，导致有些时候在逻辑上不能自洽。比如，作者认为唐代前期朝廷最为核心的公文书是奏抄而非制敕文书，但其证据仅仅为《唐六典》"门下省侍中"条对唐代奏抄应用场合的概括。如果我们将之与同书"中书省中书令"条所记载的发日敕的应用场合进行比较，则很容易看出简单地将奏抄认定为唐代前期政务运行的主体文书，无论如何都稍显突兀和勉强。又如，刘先生指出唐代中后期的行政体制为中书门下体制。但发日敕如果在中晚唐依旧承担着非常重要的颁布行政命令的任务，且如作者所分析的那样，敕旨的应用范围还在不断扩大的话，则据发日敕与敕旨的文书式，可知中书出令、门下封驳、尚书施行的三省体制仍安如磐石。这样就不足以证明中晚唐的中枢体制为中书门下体制而非三省体制。

当然，从方法论的角度讲，刘后滨该书最重要的贡献是以"政务运行"的视角来研究制度。[①] 这种从文书运作角度切入的制度史研究，关注的不仅仅是文书，更重要的是"政务运行"的流

---

① 相关评析可参考游自勇"动态的政治制度史：评刘后滨《唐代中书门下体制研究》"，荣新江主编：《唐研究》第 13 卷，北京大学出版社 2007 年版，第 583—594 页。

程。对文书运作的流程加以观察，许多冷冰冰的文书史料，就会重新鲜活起来。它们所体现出的制度变化，也就清晰可见，以此构成一部"活"的制度史。① 故作者导夫先路之后，颇多学者尤其是青年学者接踵从"政务运行"的角度重新梳理唐宋政治制度史，取得令人耳目一新的学术成果。这些成果，在刘后滨和吴丽娱近年撰写的评述文章中都有比较全面的介绍。② 刘、吴两位先生的文章都是以问题为导向，对 21 世纪以来唐代文书运作机制与政务运行体制的研究情况加以评析，对研究过程中存在的问题进行了总结与反思，并对文书形态之外的信息沟通等新视角在唐代公文书研究领域的运用提出了期待。此外值得关注的是，日本学者中村友一编写有"公式令文献目录稿"，基本按照《养老公式令》的条文顺序，汇集了日本学者 2010 年以前研究公式令中诸种文书的相关成果，也可以作为研究唐代奏敕文书的重要资料索引。③

近几年来，中国史学界又有一些针对奏敕文书本身或是其运作环节等加以讨论的佳作。④ 张祎"《唐六典》'王言之制'选释"一文对唐代的册书、敕旨、敕牒和慰劳制书的文书体式及其反映

① 关于"活"的制度史，可参考邓小南"走向'活'的制度史——以宋代官僚政治制度史研究为例的点滴思考"，《浙江学刊》2003 年第 3 期；"再谈走向'活'的制度史"，《史学月刊》2022 年第 1 期。

② 参见刘后滨"文书、信息与权力：唐代中枢政务运行机制研究反思"，包伟民、刘后滨主编：《唐宋历史评论》第 3 辑，社会科学文献出版社 2017 年版，第 265—287 页；吴丽娱"唐代信息研究的特色与展望——以信息传递的介质、功能为重点"，包伟民、刘后滨主编：《唐宋历史评论》第 4 辑，社会科学文献出版社 2018 年版，第 174—195 页。

③ 参见中村友一"公式令文献目録稿"，明治大学古代学研究所编：《古代学研究所纪要》13，2010 年，第 23—43 页。

④ 从事唐代文学史研究的学者则着重从文献学的角度展开了一些讨论，如张超《初唐诏敕文研究》，郑州大学出版社 2017 年版；朱红霞《代天子立言：唐代制诰的生成与传播》，上海人民出版社 2017 年版。

的政务运作程序进行了新的梳理。① 吴晓丰"中晚唐两制草诏格局的形成及演变"一文认为中晚唐两制草诏有比较明显的区别，大概宪宗元和时期（806—820）及以后外制黄敕在各品级官僚群体的除授上皆有行用，而内制白麻则大体被限定在常参官以及五品以上外官。② 吴晓丰"唐代的奏弹及其运作"一文认为奏弹无须门下省审核，具有直呈皇帝的特点，其行用在礼制层面的意义可能要高于其实际的行政意义。③ 李殷"唐代奏议文书的形态与功能"一文将唐代奏议文书划分为表状类、议类与疏类三种类型，认为它们维持着较为稳定的书写程式与结构，在各具职能的同时，都与唐代的政治形势与制度转型相配合。④ 黄正建"唐代制敕文书起草者署名等问题浅析"一文从制度文化的角度探讨了唐代制敕文书起草者署名的意义，提醒读者应该注意识别制敕文书中的非皇帝意志部分，以便更好地理解制敕颁布前后的政治氛围和起草者思想行为对制敕内容的影响。⑤

特别值得提及的是，孟宪实发表了一系列关于唐代王言制度的研究成果。其中，"关于敦煌吐鲁番出土的'王言'"探讨了唐代王言的法律地位、传达、证明作用及其转型等问题；"从'诏书'到'制书'"一文推断武则天时改"诏书"为"制书"是唐代王言之制的重要变化，具有年代学意义；"皇帝制度

---

① 参见张祎"《唐六典》'王言之制'选释"，包伟民、刘后滨主编：《唐宋历史评论》第 5 辑，社会科学文献出版社 2018 年版，第 161—186 页。
② 参见吴晓丰"中晚唐两制草诏格局的形成及演变"，《史学月刊》2020 年第 1 期。
③ 参见吴晓丰"唐代的奏弹及其运作"，《中华文史论丛》2020 年第 4 期。
④ 参见李殷"唐代奏议文书的形态与功能"，《档案学通讯》2021 年第 2 期。
⑤ 参见黄正建"唐代制敕文书起草者署名等问题浅析"，雷闻、康鹏、张国旺主编：《隋唐辽宋金元史论丛》第 11 辑，上海古籍出版社 2021 年版，第 26—40 页。

的另一面——以高宗龙朔二年的两道制敕为中心"通过龙朔二年（662）的两件诏书，展示了皇帝意志遭遇挫折的过程，试图揭示皇帝制度的另一面——皇帝并不总是皇权的主人；"唐代册礼及其改革"主要讨论了唐代册书适用范围的变化问题，认为从高宗朝开始，通过多次改革，最终使册书及其相应的册礼主要适用对象限定于皇室成员。①

以上，我们借助一些本身即包含相关学术史梳理的论著，对近三十年来学者研究唐代奏敕文书与中枢政务运作机制的学术脉络进行了简单勾勒。总结这段学术史，我们首先应该肯定，前贤已经取得了足够丰硕的成果。不过，也还存在一些值得反思的地方。我们可以大致将其归纳为三个方面：

其一，过去的研究对于奏事文书与王言的体系性认识往往还稍有不足。单独研究某一种奏事文书或者王言的论著毋论，即便是中村裕一探讨了几乎所有类型奏事文书与王言的系列著作，某种程度上也还存在这个问题。其实在多数情况下，向上奏报的政务与向下颁布的政令可以看作有机联系着的统一整体，某一种奏事文书或者王言的变化可能就意味着整个奏敕体系的变动。譬如，发日敕是颁下政令的王言，其"授六品已下官"的范围的扩大，则一定意味着原本"授六品已下官"的奏抄应用范围的收缩。不过，二者并不是直接对应着的上行与下行文书，这就说明发日敕应用范围的扩大与奏抄应用范围的收缩，很可能是唐代奏

---

① 参见孟宪实"关于敦煌吐鲁番出土的'王言'"，郝春文主编：《敦煌吐鲁番研究》第18卷，上海古籍出版社2019年版，第135—152页；"从'诏书'到'制书'"，《文献》2019年第5期；"皇帝制度的另一面——以高宗龙朔二年的两道制敕为中心"，《北京大学学报》2021年第1期；"唐代册礼及其改革"，《历史研究》2021年第3期。

敕体系发生重大结构性变化的一种迹象。

其二，学者在研究的过程中每每未经深入思考即径直引据前人提出的一些概念。通过前文梳理可以看出，刘后滨提出的"中书门下体制"这一概念，已为关注唐代中枢体制发展与政务运作机制变化的学者所普遍接受。[①] 论者的相关研究，往往是在刘后滨的既定框架内展开，径以中书门下体制作为前提。[②] 我们认为，尽管刘先生提出了具有高度概括力的命题，但并不意味着对这一概念的讨论可以就此作结。"中书门下体制"这一概念究竟是否成立以及在何种意义上才能成立等一系列问题，还有必要进行深入的分析和论证。举例而言，如果认定唐代末期的中枢体制是中书门下体制，又该如何解释彼时"北司"得以与"南衙"并举的现象呢？昭宗光化二年（899）翰林学士承旨郑璘在《唐重修内侍省碑》中写道："而况内侍华省，弥纶列曹。庶务政化之源，四方取则之地。"[③] 这里所描述的，俨然就是与中书门下平行的另一个中枢机构。

其三，学者在论证的过程中，常常未能充分地将文书学的分析与政治制度史的研究结合起来，弄清楚唐代各个时段政务运作机制发生的关键变化，以尽可能地还原唐制的本来面目。譬如，前贤的唐代制度史研究习惯于以玄宗朝或更具体地以安史之乱

---

① 亦有个别的批评意见，参见胡宝华"读《唐代中书门下体制研究》——以唐代封驳制度为中心"，《中国史研究》2014年第1期；罗祎楠"刘后滨：《唐代中书门下体制研究——公文形态、政务运行与制度变迁》"，刘东主编：《中国学术》第22辑，商务印书馆2006年版，第279—297页。

② 近似的观察参见吴丽娱"唐代信息研究的特色与展望——以信息传递的介质、功能为重点"，包伟民、刘后滨主编：《唐宋历史评论》第4辑，第183页。

③ 吴钢主编：《全唐文补遗》第1辑，三秦出版社1994年版，第37页。

为界将其分为两期，即唐代前期与唐代后期（亦有称"中晚唐"者）。① 这种分期的方法本身无可厚非，问题在于一些学者在此基础上默认为唐代前期的制度是一成不变的，进而认为《唐六典》是对这种一成不变的制度的集中概括。其实，我们只要将文书学的分析与制度史条文的阐释相结合，即不难看出唐代奏敕体系与政务运作机制最重要的变化恰恰是发生在唐代前期，尤其是高宗与武则天统治时期。因此，与其说《唐六典》是对唐代前期制度的集中概括，毋宁说它反映的是唐代前期制度变化的结果。

　　基于以上对学术史的回顾与反思，本书试图摆脱过去单纯为复原公式令进行考据的研究理路，尝试把文书学的分析与政治制度史的阐释充分结合起来，对唐代奏敕体系与中枢政务运作机制加以系统研究，深化对唐王朝君臣信息沟通、中枢决策与政令颁行等相关过程的理解。在此基础上，致力于从中国古代国家治理的视角，梳理唐代政治体制演变的整体脉络，总结并提炼唐王朝国家治理的经验与教训，为当下中国治理道路的选择提供有益的历史参照。

---

① 这里有必要顺带说明本书使用的几个时间概念及其依据。除非特别说明，我们一般也是以安史之乱为界将唐代分为前后两期，分期依据可参考刘后滨"安史之乱与唐代政治体制的演进"，《中国史研究》1999 年第 2 期。在唐代前期，我们又以《唐律疏议》撰写的永徽年间（650—655）为界，将此前划定为"唐代初期"。至于唐代后期，我们有时又以"中晚唐"称之。至于"中唐"与"晚唐"的界限，大体以甘露之变为界。因为在此以后，宦官正式参与延英议政，压制宰相，以至司马光认为"自是天下事皆决于北司，宰相行文书而已"（［北宋］司马光编著，［元］胡三省音注：《资治通鉴》卷二四五，中华书局 1956 年版，第 7919 页）。因宣宗在位期间（846—859）曾短暂地采取过一些包括抑制宦官在内的强化皇权的举措，有"大中之政"或"大中之治"之称，是唐王朝崩塌前的回光返照，此后则彻底走向衰亡，如欧阳修所叹："呜呼，自是而后，唐衰矣！"（［北宋］欧阳修、［北宋］宋祁：《新唐书》卷八《宣宗本纪》，中华书局 1975 年版，第 253 页）有鉴于此，我们有时也把大中以后直至唐亡的这个时段称为"唐末"。

三、研究思路与篇章结构

本书的主要思路，是希望根据不同奏敕文书的格式体现出的处理机构和运作流程的差别，结合其应用范围的此消彼长，阐明唐代政务运作机制的演进过程。具体而言，分为三个步骤。首先，通过复原奏敕文书的文书式，梳理其运作流程，并分析各个流程所体现的权力机构的权力类型。其次，结合文书应用范围的变化及其背后所体现出的各机构权力的消长，梳理唐代中枢机构演进为中书门下的过程。最后，分析唐代后期中书门下敕牒的面貌和敕牒在王言体系中的地位，并揭示宦官集团是如何同样利用敕牒壮大势力，导致中枢体制逐步蜕变为双轨制，以至深远地影响了五代至宋的政务运作机制。

第一章"唐代奏事文书"主要试图分类梳理唐代前期奏事文书的文书式及其功能。经过分析，我们认为《唐六典》卷八"门下省侍中"条之所以将奏抄、露布、奏弹、议、表、状称为"下之通于上"的"六制"，是从它们最终都是奏上皇帝的角度进行归纳的。尽管它们皆可以上于皇帝，但与奏弹和议、表、状原则上可以直接奏于皇帝有所不同，奏抄和露布须先经门下省审核通过以后方能奏上。实际上，表和议很多时候也须先由尚书省或中书省等机构汇总，统计相关数据以后进行总奏。从文书式的角度而言，奏抄、露布可以归为一组，而奏弹、议、表可以归为另一组。奏抄、露布是以尚书省的名义奏上，需要都省左右仆射与尚书、侍郎连署奏上。奏弹、议、表则是以官员个体名义奏上，官员署名代表的是其个人而非所属机构的意见。状则既可以以官员个人名义奏上，也可以以尚书省的名义由"尚书某司"奏上。奏弹、议、表和状虽然都可以作为个人奏事于皇帝的文书，但使用者的身份最初却有比较明显的差别。只有御史才可以使用奏弹进行弹劾。表则是全体臣民皆可以使用的奏事文书。议的使用者多须经皇帝临时圈定，一般来讲"文武九品以上"是其最基本的门槛。而最初有资格以个人身份进状奏事者，原则上应是"近臣"，大体也就是所谓"常参官"。

唐代前期尚书诸司是向皇帝奏报日常政务的主体，具体进行奏报者则多为诸司郎中或员外郎。因此，既不属于"五品以上职事官"也不承担整肃朝仪职责的诸司员外郎，也得以跻身"常参官"之列。正常情况下，诸司奏报政务应是朝参时"面陈"，但在皇帝生病等特殊情况下则会以"进状"替代。尚书诸司以尚书省的名义进状奏事，起首很可能会先标举"尚书某司"。其责任者除了该司判官即郎中或员外郎外，本来还包括本司的长官、通判与都省的仆射等。只是后来随着奏事原则发生变化，相关押署格式有所废弛，进状奏事之"近臣"的范围逐步拓展，状与议、表的指称也进一步融混。

在了解唐代奏事文书基本面貌的基础上，第二章"制书、发日敕与敕旨的文书特性"则试图讨论与奏事文书相对应的皇帝命令文书，也就是所谓的"王言"。在《唐六典》卷九"中书令职掌"条所举七种王言中，册书、慰劳制书与论事敕书主要用于彰显礼仪，并非实际用于处理日常政务。至于敕牒的广泛使用，基本是在开元（713—741）以后。因此，唐代前期皇帝用以治国理政的王言，主要是制书、发日敕与敕旨。

制书与发日敕所处理者，大多是军国重事，因此其成立过程均有御画监督。相较而言，制书所处理的政事更为重大，因此需要门下省覆奏皇帝，请求施行。门下省所述"等言"至"谨言"这部分内容，其陈述对象是皇帝。至于发日敕，因其所处理的事务相较制书而言重要程度稍低，故门下省无须覆奏于皇帝，仅仅"署而行之"即可。因此"奉敕如右，牒到奉行"这句话，其实是门下省告知于尚书省。至于"称扬德泽，褒美功业"，或许确实可以作为制书处理范围内部再细分事务大小的标准，故现存授官制书一般没有这部分内容，除此之外的制书如一些赦书、德音等则有之。

唐代的"敕"有时候是一个宽泛的集合概念，所以我们在处理以"敕：……"起头但又缺乏中书和门下署位部分的史料时，需要仔细甄别。在经过编纂的史料集中，确有一些史料原本出自发日敕，但还有一部分则出自唐人所编"格后敕"，其最初的面貌既有可能是发日敕，也有可能是制书或敕旨。

敕旨所涉政务的重要性不如制书与发日敕。因此其成立的过程中，没有"御画"这一环节。综合目前可见保留基本文书格式的敕旨，可以权且归纳出两种"敕旨式"："发布皇命式"敕旨和"批复奏事式"敕旨。前者大体对应于《唐六典》卷九"中书令职掌"条所归纳的敕旨应用条件"百司承旨而为程式"，后者则基本对应于"奏事请施行者"。前者由中书省起草后进行覆奏，然后再依式取署；后者既经皇帝批示，似毋庸再次覆奏，中书省仅需稍微调整表奏格式，再简单附注"敕旨：依奏"之类的皇帝批示情况，即可署而行之。因此，批复奏事式敕旨能够减轻中书舍人起草进画的负担，程序稍显简便，效率相对较高。

从目前所见史料来看，我们可以观察到的一个比较突出的现象是：至晚从高宗统治后期开始，敕旨的主要功能可能已不再是颁布"程式"而是批复"奏事"，批复奏事式敕旨的应用也日益频繁。至于其原因，可能需要从唐代"奏事"原则的变化中去寻找。

那么，唐代奏事原则究竟发生了何种变化呢？这是第三章"唐代初期的政务奏报原则及其演变"需要解决的核心问题。为解决这个问题，我们尝试从授官和断狱两个方面入手，将奏抄与发日敕的应用范围加以切分。经过辨析，我们认为，尽管《唐六典》记载奏抄与发日敕皆用于"授六品已下官"，但发日敕授官的具体对象是"六品以下守五品以上及视五品以上"和"员外郎、御史及供奉之官（若起居、补阙、拾遗之类）"，自此以外的"六品已下官"，才是利用奏抄进行"奏授"。同样地，经过校勘，我们发现，尽管《唐六典》记载奏抄与发日敕均用于处理"流已上罪及除、免、官当"，但奏抄所"断"流以上罪及除、免、官当，乃是针对"诸州"所申而言；发日敕所"处"流以上罪及除、免、官当，则是针对"大理寺及京兆、河南府"所申。结合《养老公式令》的相关记载，我们认为不论《唐六典》所载奏抄抑或是发日敕的应用事项，在唐代初期都需要先申尚书省，由其判断以后根据情况再将部分政务以尚书省的名义奏报皇帝。

不过，"一切先申尚书省"的政务奏报原则，在皇权专制政体中也存在着非常明显的缺陷。它既阻碍了皇帝对于政务的优先知情权，又会导致行政效率较为低下。尤其是尚书省内部存在着的都省"勾检"诸司判案的程序，使得政务处理的流程相对繁复，且极易导致尚书都省左右仆射权力过于集中的问题。因此，唐代前期诸帝一方面不断压缩尚书省使用奏抄处理政务的权限，另一方面则督促臣僚在常规政务奏报机制以外，尽可能通过"面奏"

或"进状"的方式径直向皇帝奏事论事。发展到后来，甚至直接设置瓯使"以达万人之情状"，事实上等于放开了进状奏事的权限。这样，尚书省所享有的按照"程式"裁决政务的权力逐渐被削夺，其处理日常政务所遵照的"程序"——《留司格》，卷数也从永徽（650—655）初年的十八卷减少到了神龙年间（705—707）的一卷。原先尚书都省对于六部二十四司的"勾检"之权，也就自然地走向了消解。

总之，至晚在中宗统治末期，"一切先申尚书省取裁"的奏事原则已经基本瓦解。尚书省预裁政务的旧制既在走向崩溃，皇帝又是如何处理直接奏上的大量政务的呢？这些举措又是如何彼此连通，最终导引出新的政务运作机制的呢？第四章"唐代前期政务裁决机制的更革"主要就是围绕上述问题展开论述，讨论唐王朝组建辅助皇帝裁决日常政务的新型中枢机构的过程与由此带来的唐代前期政务裁决机制的蜕变。

我们认为，在高宗的督促和引导下，唐初仅需尚书省拟订处理方案甚至直接加以裁决的庶政，在永徽（650—655）以后大量奏报给了皇帝，须由其亲自裁决。鉴于裁决结果须由中书舍人起草为王言，从决策与出令合一的角度考虑，高宗可能在永徽以后不久已开始将尚书省所奏部分常务委托中书舍人参议。不过，高宗本人自显庆（656—661）以后即长期苦于风疾，不得不让武则天参决表状，内辅国政，协助自己处理甚至直接裁决"应补拟官及废置州县，并兵马刑法"等军国大政。自龙朔三年（663）开始，又"诏皇太子弘每五日于光顺门内监诸司奏事，其小事并太子决之"，初步形成皇太子监国以帮助皇帝分担小事的机制。唐王朝遂渐渐发展出一种监国皇太子与"二圣"分层处理政务的决策机制，在相当长的时间内维持着朝廷裁决政务的较高效率。与此相应，中书舍人"参议表章"的职能遂在相当长时期遭到了压制，尚未得到充分的发挥。中宗即位以后，妄图凭借皇帝的身份挑战武则天把持军国大政的决策机制，结果反噬自身，导致被废。惩于中宗的前车之鉴，武则天干脆不让继立的睿宗与闻政事，彻底终结了此前与监国皇太子分层决策的旧制。

此外，武则天完全把控皇权以后，也就不再需要北门学士在内朝参决"朝廷奏议及百司表疏"。因此，在解除了北门学士参决表疏之职能后，又废除了原先监国的皇太子和现在的皇帝裁决小事的权力，"敷奏文表，分判省事"的职责就自然而然地落到了中书舍人身上。后者的地位也就达到了巅峰，以至《通典》中有总结称永淳（682—683）以后中书舍人为"文士之极任，朝廷之盛选"。

中书舍人"敷奏文表，分判省事"的职责，实即史料所载"六押"之制。这种制度的优点是可以在一定程度上实现决议与出令的一体化，有助于提高朝廷处理政务与颁下政令的效率。但其缺点也非常明显，即打乱了中书省省内旧有的权力格局，导致作为上级的中书令和中书侍郎在署行制敕时，反受制于其属下中书舍人的政见。这不符合基本的行政原则，必然催生出新的矛盾，迟早需要加以变革调整。对此，姚崇在开元二年（714）提出改革方案，主张中书令对中书舍人的预裁意见进行评判后再奏上皇帝。

姚崇开元二年的改革，基本理顺了中书省内部参议政务与署行制敕的权力层次，打通了政令下行的部分环节，有利于进一步提升朝廷政务处理的效率。然而，唐代前期不论是制书、发日敕抑或是敕旨，不仅需要中书省起草宣行，还需要经过门下省审核才能真正成立。姚崇最初的改革，尽管疏通了政务参议至中书省署行的环节，却并没有贯穿至门下省。为进一步打通政务参议与政令颁下之间的壁垒，在政令颁下之前的参议环节尽可能疏通门下省的意见，姚崇在奏请改革"六押"之制后不久，就开始命令中书主书将本应由中书舍人参议之政务转移到了政事堂。政事堂的职责就从过去单纯商讨军国大政，拓展到了预裁日常庶务。最终，开元十一年（723）张说奏改政事堂为"中书门下"，列五房于其后，分曹以主众务。政事堂遂由附丽于中书省的宰相商讨军国大政的小型组织，开始朝着综合处理政务的中枢机构演变。

不过，单纯将政事堂改成中书门下，设立五房以"主众务"或"掌庶政"，还算不得"指挥行政运作"，更不宜以之作为"最高决策和行政的合一"的标志。中书门下若要变成为"指挥行政运作的施政机关"，意味着其必须能够直接指挥行政机关，拥有能够直接指挥行政机关的文书工具。这种文书工具，就是接下来第五章"中书门下敕牒与唐代后期王言体系"所要讨论的主要对象。

根据史料中目前可见的保留基本文书体式信息的相关例证，我们可以将唐代"敕牒式"暂时复原为"批复奏事式"和"发布皇命式"两种格式。其共通的本质特征，在于为处理具体之"事"而颁布皇帝命令，这当是《唐六典》卷九"中书令职掌"条记载敕牒的应用条件为"随事承旨"的重要原因。

山东临沂发现的《敕处分县令碑》可以确凿无疑地证实，中书门下敕牒至晚在开元二十四年（736）已经正式得到行用。至于"中书门下敕牒"行用时间之上限，理论上可以根据张说奏改政事堂为中书门下的时间，推定在开元十一年（723）。但如果考虑到唐代宰相的使职差遣性质，则应该留意到宰相府所行之敕牒与唐人所称之"使牒"的关系。唐代的宰相府，与诸司及诸州府之间原本没有直接统辖关系。但国家形势和朝廷政务运作机制的变化，又对其直接行用文书指挥诸司及诸州府提出了要求。此时宰相行使指挥权所用文书，自然就应是牒。究其本质，即可以视为"使牒"。若属于"奉敕"而牒的情况，自然就可以称为"敕牒"。所以，我们认为宰相机构尚称政事堂时，可能已经开始行牒指挥政务。

不过，政事堂承担行政指挥的职责，并不是从成立之日就已经具备。它最初只是宰相"议事"之所而已，且其所议多为军国大政。直到姚崇在开元二年（714）奏请改革"六押"之制后，又通过命令中书主书将本应由中书舍人参议之政务转移到了政事堂。至此，政事堂的职责才从过去单纯商讨军国大政，拓展到了预裁日常庶务。因此，政事堂开始使用敕牒发布行政命令的时间上限，亦不得早于开元二年。

就在王言体系中的地位而言，中书门下敕牒可以说是为配合其他制敕而颁下；但就处理"奏事"本身而言，也可以认为其他制敕是为配合中书门下敕牒而颁下。最关键的原因，就在于中书门下敕牒所具有的效率优势。从行政效率的角度来讲，中书门下敕牒简化了流程，可以将中书省和门下省的出令权合二为一。也正因如此，其对敕旨的取代顺应了行政效率原则的要求，成为唐代政务运作机制演进的一个应然归宿。尽管在安史之乱以后朝廷恢复旧制的潮流中曾遭遇顿挫，但敕旨这种需要通过两省运作程序而牒下的王言，最终还是彻底为中书门下敕牒所取代。

过去，部分学者怀疑唐代后期尤其是末期奏授告身是否仍有应用，并在此基础上推测奏抄在中晚唐已经销声匿迹。在第六章

"唐代后期奏抄的应用问题"中，我们首先根据一些间接的史料，推导奏抄在唐宋之际一直行用不辍，并非元丰改制以后才得以"恢复"。李军在《京兆翁氏族谱》中新发现的《乾宁三年刘翱将仕郎告身》，就是一份奏授告身的抄件，为我们的推测提供了可作支撑的重要证据。

此前学者之所以会倾向于否定奏授告身在中晚唐仍有应用，很重要的一个原因是他们对于中晚唐举荐制背景下的授官方式存在误会。而《乾宁三年刘翱将仕郎告身》为拆解这种误会，提供了非常关键的信息。结合法藏敦煌文书 P.2819《公式令残卷》中"奏授告身式"的注文，可知《唐六典》和《通典》所记载的选官制度，不妨分为"选官"和"授官"两个步骤加以理解。直接决定被举荐者获得何种告身的，只是后者而已。但举荐授官者真正的任命，是通过宰相签署行下的中书门下敕牒传达。从这个角度来说，在举荐制范围内，奏上政务者为举荐状，下达授官命令者为敕牒，二者已经基本完成了一项选官政务。最后颁付给授官者的告身，仅仅是官方人事部门所颁付的依照特定流程制定的文书凭证而已。

中晚唐奏抄与发日敕的应用范围不断收缩，最后几乎仅用于告身之制，意味着二者尤其是后者已经丧失了唐代前期那种作为政务文书的地位。分别替代它们原本所拥有的政务申报与政令下达功能的文书，即为奏状与中书门下敕牒。从这个角度来讲，刘后滨将唐代后期的政务运作机制概括为"中书门下体制"，是有其合理性的。

不过，我们必须注意到除中书门下之外，中晚唐还有另一支重要的"承敕而牒"的队伍，即宦官中使。第七章"中晚唐宦官专权的文书学解读"的主要目标，就是希望从文书运作的角度，对中晚唐宦官如何通过敕牒拓展并专擅权力，尤其是直接与南衙争夺行政权力甚至经常凌驾于后者之上的原委稍作解释。

我们认为，唐代真正意义上的宦官专权乱政肇始于李辅国，而其最早的文书工具则是天下兵马元帅府敕牒，《不空三藏表制集》中所收《智炬寺修功德制书一首连元师（帅）牒》即是重要证据。不过，从李辅国后来谋求并且事实上成为中书令这一现象不难看出，政务运作此时还基本处在中书门下作为行政中枢的常规轨道上。此后，宦官集团进一步通过操控右银台门奏事攫取政务奏报的权力，又干预宰相在中书门下参议政务的自由，甚至直接介入宰相与皇帝在延英殿进行的政事奏对。

当然，真正对中书门下体制形成最大威胁的，是不经中书门下而直接由宦官中使颁下的敕牒的出现与广泛应用。这种敕牒虽然形式上仍旧只是传达皇帝的旨意，但是这种传达实际上缺乏有效的监督。而且中晚唐大量使职本身即由宦官充当，他们上下其手的机会更多。这样，宦官就依附着可以无限拓展的皇权，深度嵌入唐王朝政务运作的整体脉络之中。待到晚唐，宦官集团已经发展出了一个庞大而系统的内诸使司行政体系，同样利用奏状和敕牒作为把控朝廷政务的文书工具，与以宰相为首的南衙行政系统对立并行。唐王朝的中枢体制，至此实际上已可被看作一种双轨制。直到朱温亡唐之际，将整个宦官集团连根拔起并摧毁其所依附的唐代皇权，用士人朝官重新填充宦官集团遗留的权力空间，这种局面才得到彻底扭转。

然而，对于专制君主而言，宦官集团本为制衡中书门下之重要工具。若失去宦官集团的牵制，则中书门下这个单一的中枢权力机关很容易脱缰而失去控制，最终危及至高无上的皇权。因此，继起的君主势必会构建新的制衡工具，对其加以防制。这一新的制衡工具，就是五代至宋分割中书门下原本所掌军政权力的枢密院。

附章"唐代帖式文书的基本性质"可以为正文相关内容，尤其是为中书门下敕牒及其行政运作原则的相关讨论提供重要补充。我们认为唐代的帖，从本质上讲是一种晓谕行帖对象的通知书。相较于符和牒这两种下于官府机构的文书而言，帖是一种直面个人的公文书，这是它得以独立存在的最基本理由。即便在牒文也取得牒于个人的地位后，帖仍旧以其发行手续简便的特性，在唐王朝的公文体系中拥有一席之地。

帖式文书帖于个人的特性，能够满足长官或者专知官一人负责的要求，符合中晚唐使职差遣制发展的需要，因而发展成为上可由中书门下所发、下可达至一般百姓的一种普遍行用的公文书。帖的广泛应用，顺应了陈旧而复杂的四等官制逐步退出历史舞台的大潮，反映了行政运作机制追逐效率的性格。以制度演进的逻辑来看，这体现了官僚运作机制由官府机构本位向官员个人本位的转变。

第一章

唐代奏事文书

为了统治疆域辽阔的庞大国家，维持专制主义中央集权的政治局面，中国古代自秦汉以降的各王朝基本上行用着高度成熟的文书体系。这套文书体系能够将四面八方的政务信息汇聚到中央，由以皇帝为绝对核心的决策集团加以处理，然后将政令输出，指挥整个国家机器的运转。因此，政务信息顺畅地上报，就成为国家机器正常运转的先决条件。唐代前期，由下至上呈报政务的奏事文书原本与由上至下传宣政令的各种王言一起，在公式令中应该有较为系统的记载。不过现今没有任何一种唐代公式令得以较为完整地保存下来，因此当下我们若要了解彼时文书体系的概况，只能通过《唐六典》等典制中的零星条文并结合保存下来的一些残碎文书进行推导。

《唐六典》卷八"门下省侍中"条载：

凡下之通于上，其制有六：一曰奏抄，谓祭祀，支度国用，授六品已下官，断流已上罪及除、免、官当者，并为奏抄。二曰奏弹，

谓御史纠劾百司不法之事。三曰露布，谓诸军破贼，申尚书兵部而闻奏
焉。四曰议，谓朝之疑事，下公卿议，理有异同，奏而裁之。五曰表，
六曰状；……章表制度，自汉已后，多相因循。《隋令》有奏抄、奏弹、
露布等，皇朝因之。其驳议、表、状等至今常行。其奏抄、露布侍中审，自
余不审。皆审署申覆而施行焉。覆奏画可讫，留门下省为案。更写一
通，侍中注"制可"，印缝，署送尚书省施行。①

根据学者的先行研究，我们知道唐代前期自下而上申报政务的文
书肯定不止这六种，至少还有笺、启、辞、牒、解、刺等。② 何
以《唐六典》此处所讲"凡下之通于上"，只选释了"六制"而
已呢？就应用情况而言，其中大致提到了奏抄、奏弹、露布和议
的应用范围，至于表、状则付诸阙如。并且，这段记载后半部分
似乎是要表述奏事文书申奏与批复的程序，但显得极为混乱，甚
至将作为王言的制书的处理步骤也抄录了进来。因此，若要弄清
楚这几种奏事文书的应用范围、运作程序及其相互之间的关系，
我们只有从史料中的具体用例入手，首先尝试归纳出它们的文书
式，再将之与相关的制度条文结合起来加以综合分析，进而阐明
它们的性质与功能，以便了解唐代奏事文书体系的概貌。

---

① 《唐六典》卷八，第 241—242 页。
② 参见中村裕一《唐代官文书研究》，第 10—18 页；中村裕一《唐代公文书研
究》，第 15—36 页；〔日〕赤木崇敏"唐代官文书体系及其变迁——以牒、帖、
状为中心"，周东平、王威骃译，周东平、朱腾主编：《法律史译评》2014 年卷，
中国政法大学出版社 2015 年版，第 176—206 页。按：中村裕一和李殷认为唐
代除了表、状外，还存在另一种奏事文书"疏"，并分别从其极谏和建言方面
的功能进行了论述，参见中村裕一《唐代制敕研究》，第 452—458 页；李殷
"唐代奏议文书的形态和功能"，《档案学通讯》2021 年第 2 期，第 95—96 页。
我们则倾向于认为，"疏"并不是唐代一种独立的文书形态，只是唐人在不同条
件下赋予表或状等的一种别称而已。

第一节 奏抄与露布

大庭脩曾以法藏敦煌文书 P.2819 号《公式令残卷》中包含的"奏授告身式"为基础，并以《景云二年张君义勋官骁骑尉告身》（现编号 D0710，藏敦煌研究院）和传世的《建中元年朱巨川朝议郎行起居舍人试知制诰告身》为参照，复原出了唐代的"奏抄式"。① 其后，中村裕一又根据吐鲁番出土文书《仪凤三年度支奏抄》以及存世奏授告身的实例，将大庭脩过于倚重《公式令残卷》"奏授告身式"所复原出的"奏抄式"中的"左/右丞相"署衔，修订为"左/右仆射"。谨抄录中村先生复原的"奏抄式"如下：

尚书某司谨奏：某某事。

左仆射具官封臣名

右仆射具官封臣名

某部尚书具官封臣名

　［某部侍郎具官封臣名］

某部侍郎具官封臣名　等，云云。谨以申闻。谨奏。

年 月 日　某司郎中具官封臣　姓名　上

　　给事中具官封臣　姓名　读

　　黄门侍郎具官封臣　姓名　省

---

① 参见大庭脩"唐告身の古文書学的研究"，《唐告身と日本古代の位階制》，伊勢：皇學館大学出版部，2003 年，第 45—46 頁。

　　　　　　侍中具官封臣　姓名　审

闻 御画①

这种"奏抄式"，颇有远源。过去，有学者在分析吐鲁番出土的
高昌国时期一些官府上奏文书时，注意到其中出现的门下校郎、
通事令史、侍郎相当于中原内地的门下省官吏，高昌令尹、绾曹
郎中、领某部事则相当于内地的尚书省官吏。再将此类上奏文书
与《宋书·礼志》所载"关事仪"进行对比，就可以发现一套大
体相同的程式，即年月日右方是门下署位，年月日左方则附列尚
书众官署。②祝总斌推定这些上奏文书形成的具体过程为：首先，
由相当于尚书省某曹的某部起草文书，在年月日某部奏的前后空
出两块地方；其次，移交相当于尚书省官吏的高昌令尹、绾曹郎
中、领某部事审署；最后，移交相当于门下省官吏的门下校郎、
通事令史、侍郎审署。③与此类似的运作程序，也见于《通典·选
举》所载唐代六品以下官的铨选过程："凡选……服者以类相从，
攒之为甲。先简仆射，乃上门下省，给事中读之，黄门侍郎省

---

① 中村裕一：《唐代公文书研究》，第 179—180 頁。

② 具体分析参见陈仲安"麴氏高昌时期门下诸部考源"，武汉大学历史系魏晋南
　北朝隋唐史研究室编著：《敦煌吐鲁番文书初探》，武汉大学出版社 1983 年版，
　第 1—31 页；祝总斌"高昌官府文书杂考"，北京大学中国中古史研究中心编：
　《敦煌吐鲁番文献研究论集》第 2 辑，北京大学出版社 1983 年版，第 465—501
　页；白須淨眞"麴氏高昌国における上奏文書試釈—民部·兵部·都官·屯田
　等諸官司上奏文書の検討"，《東洋史苑》23，1984 年，第 13—66 页；柳洪
　亮"吐鲁番文书中所见高昌郡官僚机构的运行机制"，《新出吐鲁番文书及其研
　究》，新疆人民出版社 1997 年版，第 267—329 页。

③ 参见祝总斌"高昌官府文书杂考"，北京大学中国中古史研究中心编：《敦煌吐
　鲁番文献研究论集》第 2 辑，第 474—477 页。孟宪实认为所谓空出两块地方，
　可能只是就名字而言，其实官衔和姓氏早已经由某部写好，参见"略论高昌上
　奏文书"，《西域研究》2003 年第 4 期，第 36 页。

之，侍中审之。不审者，皆得驳下。既审，然后上闻。主者受旨而奉行焉。"① 将这段记载与唐代奏授告身实例相结合，即可推断出唐代奏抄的上行流程：首先，尚书某司事先起草奏抄内容，预留出所部尚书、侍郎、都省仆射的署位；其次，该司将文书呈交尚书省侍郎、尚书、仆射审署；最后，尚书省移交门下省给事中、黄门侍郎、侍中审署，通过后则奏上皇帝。由此可见，唐代奏抄所承续的正是魏晋南北朝门下省平省尚书省奏事的旧制。前引《唐六典》注文中之所以会提及"其奏抄、露布侍中审，自余不审"，就是因为奏抄与露布是唐代仅有的两种须经门下省审核奏上的奏事文书。

关于奏抄的应用范围，前引《唐六典》卷八"门下省侍中"条注文明确记载为"祭祀，支度国用，授六品已下官，断流已上罪及除、免、官当"。目前我们所能见到的使用奏抄的文书例证，除《仪凤三年度支奏抄》外，就只有一些官府颁付给官员的奏授告身，比如《景龙二年□文楚陪戎校尉告身》《景云二年张君义骁骑尉告身》《上元二年和氏容城县太君告身》《建中元年朱巨川朝议郎告身》《乾宁三年刘翱将仕郎告身》等。② 值得注意的是，《唐六典》卷八"门下省侍中"条注文所谓"授六品已下官"，原则上仅仅是指授六品以下散官，不包括勋官，更没有涉及外命

① 《通典》卷一五，第360页。
② 录文可分别参考〔日〕大津透"唐律令制国家的预算——仪凤三年度支奏抄、四年金部旨符试释"，宋金文、马雷译，刘俊文主编：《日本中青年学者论中国史·六朝隋唐卷》，上海古籍出版社1995年版，第433—449页；陈国灿"莫高窟北区第47窟新出唐告身文书研究"，《敦煌研究》2001年第3期，第87—88页；大庭脩"唐告身的古文書学的研究"，《唐告身と日本古代の位階制》，第176—178、173、169—170页；李军"清抄本《京兆翁氏族谱》所收晚唐河西文献校注——兼论其内容的真实性"，《敦煌学辑刊》2013年第3期，第36—37页。

妇。^①然而前述奏抄用例中,《景云二年张君义骁骑尉告身》是用于授勋官（骁骑尉）,《上元二年和氏容城县太君告身》是用于封外命妇（县太君）,都在"授六品已下官"的范围之外。并且,《唐六典》卷二"司勋郎中员外郎"条也明确记载:"凡有功效之人合授勋官者,皆委之覆定,然后奏拟。"^② 这就意味着,《唐六典》卷八"门下省侍中"条注文所记载的四项内容,并非唐代前期奏抄完整的应用范围,应该只是令式所揭举的适用奏抄的典型情况而已。

除此之外,奏抄的使用还有一个重要的约束条件,那就是有现成的律令格式条文作为处理的凭据。"断流已上罪及除、免、官当"这一项自不必说,唐代有高度严密的律作为定罪量刑的依据。就"授六品已下官"这一项而言,也有具载于令式的"叙阶之法",作为官员进阶的标准。^③ 其余如"祭祀""支度国用"等项,应该也不能例外。根据《仪凤三年度支奏抄》的记录,尚书省所启是"谨依常式支配仪凤四年诸州庸调,及折造杂彩色数,并处分事条如右"的结果。^④ 这就说明尚书省度支司制订下一年支度国用计划的主要凭据,可能就是当时正在行用的《度支式》。也正是因为尚书省对奏抄的处理,皆有律令格式中的具体条款作为参照,所以皇帝对奏抄的最终处理,仅仅是御画"闻"而已,

---

① 《唐律疏议·名例》"免官"条疏议曰:"'二官'为职事官、散官、卫官为一官,勋官为一官。"（[唐]长孙无忌等撰,刘俊文笺解:《唐律疏议笺解》卷三,中华书局1996年版,第212页）

② 《唐六典》卷二,第41页。

③ 参见《唐六典》卷二,第31—32页。

④ 〔日〕大津透:"唐律令国家的预算——仪凤三年度支奏抄、四年金部旨符试释",宋金文、马雷译,刘俊文主编:《日本中青年学者论中国史·六朝隋唐卷》,第446页。

即如陆贽在《请许台省长官举荐属吏状》中所说"诏旨但画闻以从之,而不可否者也"。①

关于唐代的露布,中村裕一也已进行过系统研究。他主要讨论了露布的含义、起草者及公布过程等问题。②关于露布的文书式,他则注意到了《辞学指南》所载北宋前期《朝制要览》中保存有现成的"露布式"。其中,行军元帅府申上兵部之后的内容,可循格式大致整理如下:

尚书兵部谨奏:某道行军破贼露布事。

左仆射具官封臣名

右仆射具官封臣名

兵部尚书具官封臣名

兵部侍郎具官封臣名　等言:臣闻:云云。不胜庆快之至。谨以申闻。谨奏。

　　　　　　　　年　月　日　　兵部郎中具官封臣姓名上

　　　　　　　　　　　　　　给事中具官封臣姓名读

　　　　　　　　　　　　　　黄门侍郎具官封臣姓名省

　　　　　　　　　　　　　　侍中具官封臣姓名审

闻③

---

① 《陆贽集》卷一七,第538页。

② 参见中村裕一《唐代官文书研究》,第103—125页。

③ [宋]王應麟:《玉海》(合璧本)卷二〇三,京都:中文出版社,1977年,第3829页。按:此处格式参考了中村裕一的复原。中村先生根据唐代兵部侍郎有两员甚至三员的情况,故认为该"露布式"或许脱落了一行"兵部侍郎具官封臣名",参见《唐代官文書研究》,第117—121页。

原则上讲，《朝制要览》所记录的应是北宋前期的制度。不过自唐中叶开始，朝廷实际行用之法令往往是制敕汇编，令在法律体系中的地位日益衰落，长期落后于社会实际情况。[①] 其结果，正如仁井田陞所指出的那样，"宋初行用的令及淳化、天圣两令，与开元二十五年令相比并没有显著的不同"。[②] 因此，《朝制要览》所保存的很可能就是唐开元二十五年（737）公式令中"露布式"的面貌。而该"露布式"的前半部分，反映的是行军元帅府申破贼事于尚书兵部的程序，恰好与唐代前期的军事体制相符而与此后的制度不合。[③]

如果我们将《朝制要览》中保存的"露布式"与前揭"奏抄式"加以对照，就不难看出二者在朝廷经历的是基本一致的政务处理流程：首先是尚书省某司拟订奏文，本部尚书、侍郎、都省左右仆射在预留的位置进行签署，然后递交门下省审核（给事中读，黄门侍郎省，侍中审），门下通过以后再呈上皇帝御画"闻"。中村裕一还根据大津透等复原的《仪凤三年度支奏抄》推测，露布在皇帝御画"闻"以后，也会和奏抄一样，由尚书省再通过"符"颁下州府。[④]

关于露布之应用范围，前引《唐六典》卷八"门下省侍中"

① 具体例证可参见郭桂坤"《宋史·职官志》'爵一十二'试解——兼析宋代《官品令》中的爵位序列"，《中国史研究》2016年第3期。
② 〔日〕仁井田陞：《唐令拾遗》，栗劲、霍存福等编译，长春出版社1989年版，第832页。
③ 仅以负责军务奏报之中央机构而言，唐代后期是中书门下，宋初则为枢密院。关于某道节度使牒上中书门下之"露布式"，参见吕博"唐代露布的两期形态及其行政、礼仪运作——以《太白阴经·露布篇》为中心"，权家玉主编：《中国中古史集刊》第1辑，商务印书馆2015年版，第436—468页。
④ 参见中村裕一《唐代官文书研究》，第123—124页。

条注文所讲已经比较清楚，就是"诸军破贼，申尚书兵部而闻奏焉"。根据《文苑英华》所收的几篇标题中包含"露布"的文章来看，唐代前期尚书兵部在露布奏上过程中的主要功能，不过就是将诸道行军所报露布内容转奏皇帝而已。其拟订的奏文，应该仅仅是"不胜庆快之至"之类的套语，不会出现《仪凤三年度支奏抄》中"支配""处分"等体现实际处理政务意味的词汇。这样看来，露布算不上是尚书兵部依据律令格式处理朝廷军务的文书，它所要完成的主要是一套献捷的礼仪程序。[①] 因此，尽管单纯从文书式来看，露布与奏抄体现出一套相同的政务运作流程，但尚书省在其中所起到的实际作用却有所不同。

第二节　表与奏弹

日本《令集解》所引《养老公式令》"奏事式"条注文引《穴记》云："问：'表奏造样何？'答：'不见表奏、上表、上启等之式，宜放书仪之体耳。'"[②] 古濑奈津子认为，平安时代（794—1192）的明法家既称表奏、上表、上启宜仿书仪之礼，则可说明在此前后的公式令中没有关于它们的书式。[③] 据此，我们也可以进一步推测唐代公式令中可能也没有关于议、表、状的文

---

① 参见中村裕一《唐代官文书研究》，第122—124页；吕博"唐代露布的两期形态及其行政、礼仪运作——以《太白阴经·露布篇》为中心"，权家玉主编：《中国中古史集刊》第1辑，第436—468页。
② 黑板勝美、國史大系編修會編輯：《令集解》卷三一，東京：吉川弘文館，1987年，第791頁。
③ 参见古瀬奈津子"敦煌書儀と『上表』文—日唐の表の比較をまじえて"，土肥義和編：《敦煌·吐魯番出土漢文文書の研究》（修訂版），東京：汲古書院，2013年，第68頁。

书式。这就提醒我们，不宜过于极致地追求恢复这几类文书固定的文书式，并试图将之纳入公式令中。目前我们能够做到的，就是参考敦煌写本书仪，并将之与各类文集中具体的表、状等结合起来进行归纳排比，提炼出一个具有较大弹性的文书式，着重去理解这几类文书在奏报政务的过程中体现出来的基本特质。

赵和平在《敦煌写本书仪研究》《敦煌表状笺启书仪辑校》中，搜集了四十八种共计一百余号的敦煌本书仪类写卷。[①] 根据赵先生的校录，特别是参考 P.4065《表状集》中所收后晋天福七年（942）归义军节度使曹元深上于中原皇帝的两份表文，我们认为唐代"表"的最基本格式可以提炼如下：

> 臣某（名）言：云云。
>   年　月　日　　某官臣某某（姓名）　上表

其实这种格式自汉以来应该即是如此。蔡邕《独断》中关于"表"的文书体式有如下论述：

> 凡群臣上书于天子者，有四名：一曰章，二曰奏，三曰表，四曰驳议。……表者，不需头。上言"臣某言"，下言"臣某诚惶诚恐，稽首顿首，死罪死罪"。左方下附曰"某官臣某甲上"。[②]

---

① 参见赵和平《敦煌写本书仪研究》，台湾新文丰出版公司 1993 年版；《敦煌表状笺启书仪辑校》，江苏古籍出版社 1997 年版。

② ［东汉］蔡邕：《独断》卷上，《景印文渊阁四库全书》第 850 册，第 78—79 页。

其实不独格式，从传世文集和敦煌写本书仪中的相关例证来看，就连"诚惶诚恐""稽首顿首"这类汉代表文中的套语在唐代也得到了沿袭，唯"稽首顿首"已多作"顿首顿首"而已。前引《唐六典》卷八"门下省侍中"条的注文中，也节录了《独断》关于群臣向君主陈情奏事的上行文书的相关记载，并谓"章表制度，自汉已后，多相因循。……其驳议、表、状等至今常行"。这些证据足以说明，"表"的格套自汉至唐，并无多大的改变。不仅如此，如果将其与两宋之际编纂的《司马氏书仪》与《庆元条法事类》《辞学指南》等书中所收录的"表式"加以对照，则可发现宋代臣僚上于皇帝之表，依然遵循着上述基本规则。

从上面提炼的"表式"还不难看出，表本身是直接面对皇帝的，原则上无须经过任何机构审核。不过，对于性质雷同且数量较大的表，可能还是会经一些机构筛选转奏。比如诉讼类的上表，在相当长一段时间内就需要先递送"三司"审核。《唐律疏议·斗讼》"越诉"条疏议的问答部分记载：

> 问曰：有人于殿庭诉事，或实或虚，合科何罪？
>
> 答曰：依令："尚书省诉不得理者，听上表。"受表恒有中书舍人、给事中、御史三司监受。若不于此三司上表，而因公事得入殿庭而诉，是名"越诉"。不以实者，依上条杖八十，得实者不坐。[1]

这种制度，很可能是从贞观初年中书令和侍中于朝堂"受词讼"的

---

[1] 《唐律疏议笺解》卷二四，第 1675 页。

旧制发展而来。《唐会要》卷五三"杂录"目载贞观二年（628）五月二日太宗下敕云："中书令、侍中于朝堂受词讼，众庶已上有陈事者，悉令封上，朕将亲览焉。"①可见当时"受词讼"还只是较为纯粹地"受表"而已，只有太宗才有阅览并加以裁决的权力。而永徽年间（650—655）"三司受表"，显然就具有防止"越诉"的预审意味了。《唐六典》卷六"刑部郎中员外郎"条记载："凡有冤滞不申欲诉理者，先由本司、本贯；或路远而蹉碍者，随近官司断决之。即不伏，当请给不理状，至尚书省，左右丞为申详之。又不伏，复给不理状，经三司陈诉。又不伏者，上表。受表者又不达，听挝登闻鼓。"②这一方面说明开元年间（713—741）有了新的转递诉讼之表的"受表者"，所以仍有可能出现表不能上达于皇帝手中的情况；另一方面，则说明先前的三司预审已经发展成独立于"受表"之外的一道正式程序。③

　　表很重要的另一项功能，是礼仪性质的申贺等事项。这类表文大多数也未必是由皇帝亲览，其实仅具有统计意义而已。《唐会要》卷二六"笺表例"目所载中宗景龙三年（709）二月"有司奏"的前半段内容为：

　　　　皇帝践阼及加元服，皇太后加号，皇后、皇太子立，及

① ［北宋］王溥：《唐会要》卷五三，中华书局1955年版，第919页。
② 《唐六典》卷六，第192页。
③ 关于中书舍人、给事中、御史三司"受表"的研究，参见王宏治"唐代司法中的'三司'"，《北京大学学报》1988年第4期；刘后滨"唐代司法'三司'考析"，《北京大学学报》1991年第2期；张春海"也论唐代司法体系中的'三司'"，《河北法学》2006年第12期；陈玺"唐代司法'三司'制度考论"，《云南大学学报》（法学版）2007年第4期。

元日则例，诸州刺史、都督，若京官五品已上在外者，并奉
表疏贺。其长官无者，次官五品以上者贺表。当州遣使，余
并附表，令礼部整比，送中书录帐总奏。①

上述内容又见于《唐六典》卷四"礼部郎中员外郎"条。②其实，
官员集体"奉表疏贺"的范围恐怕还不止于上述事项，《文苑英
华》中署名李峤所撰《百寮贺恩制逆人亲属不为累表》起首即
言"臣某已下文武官九品已上二千七百五十人等言"，应该就是
一份录帐后总奏之表。③这类贺表，正如前面所讲露布一样，更
多展现的是一种礼仪程序。皇帝自然也无须对此类贺表进行实
质性的处理。因此，我们也可以把它们排除在狭义的政务奏报
文书之列。

当然，除了单纯的礼仪功能之外，表同状一样也具有奏事功
能。④故《唐会要》卷二六"笺表例"目所载中宗景龙三年二月
"有司奏"的后半段即称：

又，应上表、启及奏状，并大书，一行不得过一十八
字，其署名不得大书。诸奏军国事者，并须指陈实状，不得
漫引古今。凡须奏请者，皆为表、状，不得辄牒中书省。若
事少者，即于表内具陈，使尽事情。若多不可尽书者，任于

① 《唐会要》卷二六，第505页。
② 《唐六典》卷四，第114页。
③ 参见《文苑英华》卷六一八，第3203—3204页。
④ 参见吴丽娱"试论'状'在唐朝中央行政体系中的应用与传递"，邓小南等主
编：《文书·政令·信息沟通——以唐宋时期为主》，北京大学出版社2012年
版，第9页。

事前作一事条，表内不许重述。①

据此可知，唐代前期表与状均可以用于奏上军国政事。二者的区别在于：表主要是以个人名义所上，这里的个人既可以是官也可以是民；而状则如下文将要论及的那样，早期主要是具有特定身份的官员，代表官僚机构尤其是尚书省所奏。

对于专制君主而言，为了更直接而高效地搜集政务信息，鼓励官员将政事直接向自己汇报，遂确立了相应的奏事制度。表既然可以奏上"军国事"，当然也是此类制度规定的重要组成之一。《唐律疏议·职制》"律令式不便辄奏改行"条云：

> 诸称律、令、式，不便于事者，皆须申尚书省议定奏闻。若不申议，辄奏改行者，徒二年。即诣阙上表者，不坐。
>
> 疏议曰：称律、令及式条内，有事不便于时者，皆须辨明不便之状，具申尚书省，集京官七品以上于都座议定，以应改张之议奏闻。若不申尚书省议，辄即奏请改行者，徒二年。谓直述所见，但奏改者。即诣阙上表，论律、令及式不便于时者，不坐。若先违令、式而后奏改者，亦徒二年。所违重者，自从重断。②

这条律文的内涵非常丰富，可以从多个方面进行解读，譬如维护律令条文之稳定性、巩固尚书省之政务奏报枢纽地位等。然而除此之外，"诣阙上表，论律、令及式不便于时者"则"不坐"的

---

① 《唐会要》卷二六，第 505 页。
② 《唐律疏议笺解》卷一一，第 908—909 页。

规定，显然也在一定程度上体现出鼓励官民将改张之意见直接向皇帝本人进行汇报的意味。

　　截至目前，唐代公式令中是否存在专门的"奏弹式"，尚缺乏直接的决定性证据。不过，日本《养老公式令》中有"奏弹式"：

　　弹正台谨奏：其司位姓名罪状事。

　　具官位姓名，贯属。

　　　　右一人，犯状云云。

　　劾上件甲乙，事状如右。谨以上闻。谨奏。

　　　　年月日　弹正尹位臣姓名

　　闻御画①

中村裕一倾向于认为唐代公式令中也有与此类似的"奏弹式"。②张雨则进一步据日本令文将唐"奏弹式"复原为：

　　御史台谨奏：某司某官姓名罪状事。

　　具官封姓名。贯属。

　　　　右一人犯状。云云。

　　　　劾上件甲乙事状如右，请付大理推科。谨以上闻，谨奏。

　　　　年月日　御史具官封臣姓名

　　　　　　　　御史中丞具官封姓名

---

① 黑板勝美、國史大系編修會編輯：《令義解》卷七，東京：吉川弘文館，1988年，第236—237頁。
② 参见中村裕一《唐代公文書研究》，第34—35頁。

御史大夫具官封姓名奏

闻御画

右，流内九品以上官，有犯应纠劾而未知审实者，并据状勘问，不须推拷。委知事由，事大者奏弹，讫，御注者留台为案，更写一通，移送大理。非应奏者，并纠移所司推判。①

吴晓丰已经指出，张雨对日、唐"奏弹式"是否一致并未给出足够的判定证据，其复原思路不免过于冒险。② 在此，我们则立足于唐代前期的制度规定，着重从三个方面对张雨所复原的"奏弹式"进行检讨，以框定唐代奏弹的基本特征。

首先，我们认为奏弹恐怕并不是以"御史台"的名义奏上。实际上《唐六典》卷八"门下省侍中"条注文所载奏弹的应用范围"御史纠劾百司不法之事"，已经提示我们，奏弹最初是以"御史"个人而非"御史台"这个监察机构的名义奏上。这与奏抄、露布是由尚书某司发起奏报，具有较为明显的差别。吴晓丰即已经结合《文苑英华》所收杜正伦《弹李子和将军文》，判定唐代奏弹式采用的是与"表"近似的"臣某言：云云"的文书格式。③

其次，与奏上者名义密切相关者，就是奏弹的署名问题。张雨是将"御史"排列在署名官员之首。可如所周知，"御史"本身即包含"御史中丞"和"御史大夫"在内。不知其所指是否需要排除二者，仅指剩余的"侍御史""殿中侍御史""监察御

---

① 张雨：《唐代司法政务运行机制及演变研究》，上海古籍出版社 2020 年版，第 144 页。
② 参见吴晓丰"唐代的奏弹及其运作"，《中华文史论丛》2020 年第 4 期，第 196 页。
③ 参见吴晓丰"唐代的奏弹及其运作"，《中华文史论丛》2020 年第 4 期，第 200 页。

史"中之一种，抑或是几种官员的合称？况且，不论是前面已经讨论过的奏抄、露布，抑或是后面即将讨论的奏状，同一机构官员署名的一般原则是前尊后卑、右尊左卑。既然如此，则"奏弹式"中应是御史大夫在最前面，后依次接御史中丞等其他御史台官员才是。当然，我们认为实际上在开元（713—741）中期以前，奏弹一般只需发起弹奏之御史一人署名即可。《通典·职官》"监察御史"条注文记载，长安年间（701—704）御史大夫李承嘉责怪诸御史弹事不先咨大夫，监察御史萧至忠反驳道："故事，台中无长官。御史，人君耳目，比肩事主，得各自弹事，不相关白。若先白大夫而许弹事，如弹大夫，不知白谁也。"[①] 可见在此以前的"故事"，是御史"各自弹事"，亦即单独署弹奏上。需要"关白"御史中丞、御史大夫，乃至"进状"于中书门下听候进止的制度，是开元中期以后才真正确立起来的制度。[②] 其实从上引日本《养老公式令》"奏弹式"和《令集解》中的相关注文即可知晓，当时日本的奏弹也只需弹正台判官以上（亦即弹正少忠以上）一人署名即可。[③]

最后，则是皇帝会如何处理奏弹的问题。按照张雨所复原的"奏弹式"，皇帝对待奏弹会如奏抄与露布那样，御画"闻"以示认可。但他的这个判断，仅为比附日本令文而来，并没有什么

---

① 《通典》卷二四，第 675 页。

② 参见八重津洋平"唐代御史制度について（1）"，《法と政治》21（3），1970 年，第 157—200 页；八重津洋平"唐代御史制度について（2）"，《法と政治》22（3），1973 年，第 43—60 页；胡宝华《唐代监察制度研究》，商务印书馆 2005 年版，第 31—40 页；吴晓丰"唐代的奏弹及其运作"，《中华文史论丛》2020 年第 4 期，第 206—216 页。

③ 参见黑板胜美、國史大系編修會編輯《令集解》卷三二，第 802 页。

切实的证据予以支撑。实际上《令集解》"奏弹式"注文称："又《本令》云：'御注者留台为案，更写一通移送大理故。'"[①]仁井田陞认为这些没有记明年代的"本令"，均可以看成是开元七年令（或云四年令）以前的唐令。[②]待到坂上康俊撰写"日本舶来唐令的年代推断"一文时，"本令"已经被普遍认为是指唐《永徽令》。[③]这就说明一般情况下唐代前期皇帝对于奏弹的处理是进行"御注"。但需要注意的是，与《永徽令》一样均是在永徽年间（650—655）编成的《唐律疏议》中，涉及皇帝批写"闻"字时所用动词皆为"（御）画"而非"（御）注"。譬如《唐律疏议·职制》"被制书施行有违"条疏议所引答语即称："其奏抄御亲画'闻'，制则承旨宣用，御画不轻承旨，理与制书义同。"[④]同律"事直代判署"条疏议则曰："依令，授五品以上画'可'，六品以下画'闻'。代画者，即同增减制书。"[⑤]而《唐律疏议·卫禁》"奉敕夜开宫殿门"条疏议引《监门式》则云：

> 受敕人具录须开之门并入出人帐，宣敕送中书，中书宣送门下，其官内诸门，城门郎与见直诸卫及监门大将军、将军、中郎将、郎将、折冲、果毅内各一人，俱诣阁覆奏。御注"听"，即请合符门钥。监门官司先严门仗，所开之门内

---

① 黑板勝美、國史大系編修會編輯：《令集解》卷三二，第804页。
② 参见〔日〕仁井田陞《唐令拾遗》，栗劲、霍存福等编译，第876页。
③ 参见〔日〕坂上康俊"日本舶来唐令的年代推断"，何东译，韩昇主编：《古代中国：社会转型与多元文化》，上海人民出版社2007年版，第171页。
④ 《唐律疏议笺解》卷九，第775页。
⑤ 《唐律疏议笺解》卷一〇，第792页。

外并立队，燃炬火，对勘符合，然后开之。[①]

可见，唐代皇帝在奏弹上所"御注"者究竟是"闻"或"听"字，抑或是别的什么信息，还有待更确凿的证据才能予以证实。

不过，结合《令集解》所引《永徽令》的相关内容，我们目前至少可以知道，唐代前期皇帝如果认可奏弹所弹奏的内容，就会亲自在上面进行御注。御史台接到皇帝御注后的奏弹，则会将其留在台中作为案底。与此同时，另外抄写一份包含御注内容在内的奏弹，移交大理寺或刑部，由这两个机构对所弹奏的官员进行推鞫。

第三节　议与状

前文讨论"表"的情况时，我们已经提及唐公式令中可能不存在议、表、状固定的文书式，因此只能尝试归纳出大致的文书格式，着重去理解它们在唐代政务运作机制中的功能。其实，即便是归纳唐代"议"的一般格式，难度已然不小。从《文苑英华》所收篇名含"议"字的唐人作品来看，其最基本的共性似乎仅有作为正文起首的"议曰"和作为结束语的"谨议"而已。经综合比较，我们认为《权德舆集》中的《昭陵寝宫议》和《昌黎先生集》中的《禘祫议》等篇目，作为权德舆孙权宪和韩愈门生李汉等唐人选编出来的唐代作品，大概能

---

① 《唐律疏议笺解》卷七，第593—594页。

够相对完整地反映唐代"议"的典型特征。① 或有论者认为权德舆和韩愈所上之"议"均为唐代后期作品，能否反映唐代前期"议"的面貌仍有疑问。从《文苑英华》所收颜师古《定宗庙乐议》来看，唐代前后期"议"的基本格式可能并没有太大差别。②

不过，与上面提到的几篇"议"有所不同，现存绝大部分"议"并没有将"议由"部分单独条列在前。它们或是将其包括在"议曰"部分，或是根本就没有提及。考虑到这一点，我们暂且将唐代"议"的基本文书格式表示为：

某某议

　[右，云云（议由）。]

具官封臣姓名［等］议曰：云云。谨议。

　　　　　年　月　日　　　　具官封臣姓名［等］奏（若有
　　　　　　　　　　　　　　　多人，则依次连署）

上述"议式"的日期和署名部分，我们参考的是《元稹集》中的《中书省议赋税及铸钱等状》。此处大致按照前揭"议式"，着重将体现文书格式的相关内容转引如下：

---

① 参见蒋寅笺、唐元校、张静注《权德舆诗文集编年校注》，辽海出版社2013年版，第304—305页；刘真伦、岳珍《韩愈文集汇校笺注》卷四，中华书局2010年版，第504—507页。按：韩愈《复仇状（并序）》（《韩愈文集汇校笺注》卷二七，第2827—2829页）其实亦能反映唐代"议"的基本格式，唯后人误将"右"字前的一段注文混入了正文之中。另外，从《旧唐书》《唐会要》《册府元龟》等史料对这篇议的引用来看，现存一些议的"议由"也有可能是被史料编纂者删减或移入了"议曰"部分。

② 参见《文苑英华》卷七六一，第3994页。

中书省议赋税及铸钱等状

中书门下奏：据杨於陵等议状，请天下两税、榷酒、盐利等悉以布帛丝绵等物充税，一切不征见钱者。

右，据中书门下状称……以前据中书门下奏，请令中书门下两省重议可否奏闻者。臣等谨议如前，谨录奏闻，伏候敕旨。

元和十五年八月　　日　　　　中书舍人臣武儒衡等奏

驾部郎中知制诰臣李宗闵

中书舍人臣王起

库部郎中知制诰臣牛僧孺

祠部郎中知制诰臣元稹①

我们认为，唐代"议"的署名方式当与"状"相同，是故唐人也将在"议"上署名称为"署状"。比如会昌六年（846）九月因东都太庙复修和神主处置问题，敕令公卿"赴都省对议"，参与议论的吏部郎中郑亚等五人就称此前"臣等犹未敢署众状"。② 因此，不论上引《中书省议赋税及铸钱等状》原本的文书形式是"议"抑或"状"，以之作为参考来推测唐代"议"的签署格式都有其合理性。

当然，尽管上引《中书省议赋税及铸钱等状》的确是因为皇帝应中书门下要求，"令中书门下两省重议可否奏闻"的结果，其结尾也出现了"臣等谨议如前"这样的套语，但它原本究竟是

---

① 全文见《元稹集》卷三六，中华书局 2010 年版，第 477—479 页。

② 参见［后晋］刘昫等《旧唐书》卷二六《礼仪志》，中华书局 1975 年版，第985、987 页。

"议"还是"状"，暂时还无法确定。为解决这个问题，我们从"议"与"状"之关系的角度入手，试着展开讨论。

叶炜在讨论唐代集议问题时，已据前引《唐六典》所载其应用场合（"朝之疑事，下公卿议，理有异同，奏而裁之"）指出，"议"是唐代集议参加者意见的书面形式，有时也被称作"议状"。①从《文苑英华》所收大量篇名相同而作者相异之"议"，以及部分"议"所包含的"议由"等信息，确实可以推断"议"在唐代主要是集议参加者意见的书面形式。不过，还有一些极个别的例外情况，比如柳宗元所上《驳复仇议》可能就不是参加集议的结果，而是他个人针对一百多年以前陈子昂所作《复仇议》进行的驳正。②此外，从释彦悰所纂录的《集沙门不应拜俗等事》来看，将"议"称为"议状"甚至直接称"状"的情况，在唐代前期可能已经较为普遍。③关于这些"议状"的生成过程，《集沙门不应拜俗等事》所汇集的史料也有比较具体的反映。我们摘引相关史料，简述龙朔二年（662）关于沙门是否应该致拜君亲的一场集议的过程如下：

龙朔二年高宗欲令沙门拜俗，但"恐爽其恒情"，故于四月十五日颁下敕旨，"付有司详议奏闻"。到五月十五日，文武官僚九品以上，并州县官等千有余人，大集于中台（尚书省）都堂，

① 参见叶炜"唐代集议述论"，王晴佳主编：《断裂与转型：帝国之后的欧亚历史与史学》，上海古籍出版社2017年版，第166页。
② 参见尹占华、韩文奇《柳宗元集校注》卷四，中华书局2013年版，第291—293页。
③ 所引史料参见〔唐〕释彦悰纂录《集沙门不应拜俗等事》卷三一六，〔日〕高楠顺次郎等编：《大正新修大藏经》第52卷，财团法人佛陀教育基金会，1990年，第455—472页。因引文较为集中，为避烦冗，本节接下来凡引用出自《集沙门不应拜俗等事》之文字，不再另注。

正式进行讨论。不过，当时的情形是"群议纷纭，不能画一"。主持集议的司礼太常伯陇西郡王李博乂鉴于"众人立理，未可通遵"，所以主张"司礼可先建议，同者署名，不同则止"。司礼大夫孔志约当场执笔述状，主事读毕，"遂依位署，人将大半"。左肃机崔余庆则曰："敕令司别立议，未可辄承司礼，请散，可各随别状送台。"其后一段时间，大量议状被递送至中台。在《集沙门不应拜俗等事》中，释彦悰将所送议状依所司上下区以别之，"善恶咸录"，计"议沙门不应拜俗状合三十二首""议沙门兼拜状合三首""议沙门致拜状合二十九首"。至六月五日，司礼汇总议文，整理出报告奏上高宗。最终，朝廷颁下《今上停沙门拜君诏》，为这场讨论暂时画上句号。①

其中，有几个关于"议"的问题值得我们注意。首先，虽然释彦悰在汇编资料时往往将其称之为"状"或"议状"，但司礼大夫孔志约所草和诸司后来所进，严格来讲均是"议"而非"状"，所以其结束语均为"谨议"。

其次，尽管格式多不完整，但从《司戎少常伯护军郑钦泰员外郎秦怀恪等议状一首》《司成馆守宣业范义頵等议状一首》等篇起首的"臣闻"来看，这些"议"虽然是递交给尚书省，但其上奏的对象本身应是皇帝而非尚书省的长官。只是皇帝很多时候并不会亲自阅览这类"议"，它们最直接的功能就是供尚书省汇总统计。这一点与前文所论表的情况颇为相似。

---

① 关于这场讨论的线索及其与高宗朝礼法改革及政治斗争的关联，可参考吴丽娱"唐高宗朝'僧道致拜君亲'的论争与龙朔修格"，《学术月刊》2020年第4期；关于这场讨论的脉络及其反映出的皇帝与皇权的非全等关系，可参考孟宪实"皇帝制度的另一面——以高宗龙朔二年的两道制敕为中心"，《北京大学学报》2021年第1期。

再次，尽管崔余庆谓"敕令司别立议"，释彦悰在整理议文时也是依"所司"上下区以别之，但"议"归根结底还是属于官员个人而非官司的意见。只有官司内部全体成员皆一致同意，才会出现右骁卫、右监门卫等"右四司请同司礼议状"的情况。否则不论地位尊卑，同一官司内部官员都可以自主进"议"。譬如详刑寺丞王千石、张道逊等和右春坊主事谢寿等所进皆为"议沙门不应拜俗状"，然而详刑寺少卿元大士等和右春坊中护郝处俊、赞善杨思正等所进却为针锋相对的"议沙门致拜状"。司礼最终的报告中称"五百三十九人议请不拜"和"三百五十四人议请拜"，更是确凿无疑地证明"议"的统计是以官员而非官司作为基本单位。因此，"议"需要官员亲自"依位署"。如果是多位官员连署奏上，则当如前文所复原的"议式"那样，在"具官封臣姓名"与"议曰"之间加上一个"等"字。

最后，中台司礼的总结报告是以"件状如前，谨录奏闻，伏听敕旨，龙朔二年六月五日状"结尾，则说明集议的结果是由尚书省以"状"而非"议"奏上。并且，尚书省很多时候需要在汇总"议"的基础上，在"状"中给出一个确定性的意见，实现所谓的"议定奏闻"。比如《唐六典》卷二"考功郎中员外郎"条注文谓："诸职事官三品已上、散官二品已上身亡者，其佐史录行状申考功，考功责历任勘校，下太常寺拟谥讫，覆申考功，于都堂集省内官议定，然后奏闻。"[1] 前引《唐律疏议·职制》"律令式不便辄奏改行"条疏议亦云："称律、令及式条内，有事不便于时者，皆须辨明不便之状，具申尚书省，集京官七品以上于都

---

① 《唐六典》卷二，第44页。

座议定，以应改张之议奏闻。"①论者或以后者为证，认为这里的
"以应改张之议"表明集议的结果是以"议"奏上。其实，即便
集议的结果是奏上"应改张之议"，也须用"状"。譬如龙朔二
年（662）八月，关于嫡继母改嫁身亡后同文正卿萧嗣业是否应
该解官，高宗下令"付所司议定奏闻"。其结果是，司礼太常伯
陇西郡王李博义等奏呈总结性的报告，在归纳了两种不同看法及
其支持者人数后，根据多数官员的表态确定了"望请依房仁裕等
议，总加修附，垂之不朽，其礼及律疏，有相关涉者，亦请准此
改正，嗣业既非嫡母，改醮不合解官"的意见，最终得到了皇帝
的认可（"诏从之"）。②显然，"房仁裕等议"就是所谓"应改张
之议"，但李博义并非直接将房仁裕等人之"议"原文奏上，而
是像龙朔二年议沙门拜俗事后那样，以"状"对集议情况进行总
结并奏报皇帝。

　　接下来的问题是，为何集议的结果是以"状"奏报于皇帝，
"状"的文书式及其应用场合又有何特征呢？

　　吴丽娱曾据敦煌 P.3900 号书仪写卷，复原出了唐代的"奏
状式"。③不过，将之与现存保留基本文书格式的唐人奏状如白
居易所撰《举人自代状》和《金石萃编》所收《裴耀卿书奏》加
以对照，④会发现二者存在一些不相兼容的地方。其缘由可能在

---

①　《唐律疏议》卷一一，第 909 页。

②　参见《唐会要》卷三七，第 674—675 页。

③　参见吴丽娱"试论'状'在唐朝中央行政体系中的应用与传递"，邓小南等主
　　编：《文书·政令·信息沟通——以唐宋时期为主》，第 10 页。

④　参见朱金城《白居易集笺校》卷六〇，上海古籍出版社 1988 年版，第 3392 页；
　　［清］王昶《金石萃编》卷七八，新文丰出版公司编：《石刻史料新编》第 1 辑第
　　2 册，台湾新文丰出版公司 1982 年版，第 1335—1336 页。

于，吴先生所复原的是一种专门用于皇帝派遣大臣勘当某事以后用于答复的"奏状格式"，导致它的应用范围较为狭隘而涵括性不足。

核对吴先生作为参考底本的敦煌 P.3900 号书仪，我们注意到其中描述"奏状式"的文字为：

> 某事　　某事略述事由
>
> 右，奉某月日　　　敕，遣臣勘当前件事。如无敕符处分，自须奏事者，依前头上建事由，右已下叙述委曲讫，云谨状。
>
> 　某年月日具臣姓名进
>
> 如待处分，即如加伏听敕旨于谨状之上。除奏状外，与余官人状，除臣及进字，即得状后年月日具官姓名状。若同在一处，亦可除年，[仅具] 日月。①

上述"奏状式"可能存在一些传抄导致的错讹之处。比如从"如待处分"开始的部分，很可能本来属于注文。而"加伏听敕旨"之前的"如"字，明显是因为字形与"加"字相近而增衍。不过，将这件"奏状式"与现存唐人称之为"状"的一些篇目结合起来，还是可以大致概括出唐代奏状较普遍的格式特征：首先，

---

① 图版参见网址 http://idp.nlc.cn/database/oo_scroll_h.a4d?uid=5889576335;recnum=61340;index=3，访问日期：2022 年 9 月 13 日；录文参见赵和平"武则天时的一种敦煌写本书仪——P.3900 号写卷的初步研究"，《敦煌研究》1992 年第 1 期，第 49—50 页。按：笔者根据图版对赵和平的录文略有校订。关于此书仪的年代，赵和平判定为武则天时期。吴丽娱则认为不能遽定为武周书仪，但其确有唐前期特点，尤突出唐前期体制，参见《唐礼撮遗——中古书仪研究》，商务印书馆 2002 年版，第 42 页。

以简短的条目列出奏状所涉核心的人、物、事；其次，另行以
"右，臣……"起首"叙述委曲"，再以"谨录奏闻，伏听敕旨，
谨状（奏）"这样的套语作为奏状的结束语；最后，以"年月日＋
具官封臣姓名＋状奏（谨状、谨奏等）"作结。

在此基础上，我们如果尝试对唐代奏状的一般格式进行复
原，则大体可以得出如下的"奏状式"：

某事

　　右，臣［等］云云。请（伏望、伏愿等）云云。谨
录奏闻（谨具闻奏等），伏听（候）敕旨。谨状（奏）。

　　年　　月　　日　　具官封臣姓名［等］　　状奏（谨状、谨
奏等）

以之作为参考，我们认为前引《中书省议赋税及铸钱等状》原本
的文书形态应该确实是状而非议。

不过，就唐代前期尤其是初期的情况来讲，上述"奏状式"
的涵括性或许仍有不足。因为它虽然大体可以反映官员以个人身
份进状的情形，但能否适用于官府机构奏事的一般情况，仍然存
疑。而后者，可能才是唐代初期利用奏状奏事的最重要主体。

《唐六典》卷一"左右司郎中员外郎"条记载："凡下之所以
达上，其制亦有六，曰：表、状、笺、启、牒、辞。表上于天子，
其近臣亦为状。笺、启于皇太子，然于其长亦为之，非公文所施。九品已上公
文皆曰牒。庶人言曰辞。"[1] 广池本《大唐六典》将"表上于天子"之

_____

[1] 《唐六典》卷一，第 11 页。

"上"校订为"状"。① 刘后滨认为广池本《大唐六典》的改写方式，是将"其近臣亦为状"理解为状亦可以上于皇帝身边的近臣，这似乎依据的是唐后期的制度。他则根据《唐会要》卷二六"笺表例"目的相关记载，将"笺、启于皇太子"修订为"笺、启上于皇太子"，这样"表上于天子，其近臣亦为状"就可以理解为"表是上于天子的公文，如果是近臣上于天子的公文，则称为状"，亦即"表、状都是上于天子的文书，一般称为表，而只有近臣所上的文书才称为状"。② 刘后滨所引据的《唐会要》的这段史料，脱漏甚多，据此来修订《唐六典》的相关记载颇有风险。我们认为广池本的校勘意见，可能更有助于理解这则史料之潜在意义："表"与"状"均是上于皇帝之文书，状原则上主要是"诸司"所进；如果是皇帝"近臣"，则也可以以个人的身份进"状"奏事。

为进一步说明这个问题，我们引录《淳化阁帖》所载太宗与高宗时期令臣下进状奏事的几则敕文如下：

> 比者久婴沉疾，虚弊何言。昨且临朝，略无劳愵。看此稍望平复，未知于后何如。且用慰心，自怡而已。昨夜痛发，少觉劳弊，所以不能相见。若有事进〔状〕。敕。十一日。

> 数日来气疾，今旦服一引子，不得相见，有事进状。敕

---

① 参见〔唐〕唐玄宗撰、〔唐〕李林甫等奉敕注、廣池千九郎訓点、内田智雄補訂《大唐六典》，柏：広池学園事業部，1973 年，第 19 页。
② 参见《唐会要》卷二六，第 504 页；刘后滨《唐代中书门下体制研究——公文形态、政务运行与制度变迁》，第 150—151 页。

中书门下三品。廿七日。

　　数日来患痢，今虽稍可，犹自虚惙，欲三五日将息，诸司有事进状。敕。十一日。

　　昨日令卿等平章事，遣作状报，何因不进？敕。六日。①

又，《唐会要》卷二五"百官奏事"目记载：

　　贞观四年五月五日，上谓房元（玄）龄等曰："君于臣子，情亦无别。前如晦亡，朕为不视事数日，恻怆之。今任瑰亡，岂有内外殊异？所司不进状，乃对仗便奏，此岂识朕意？如朕子弟，不幸死亡，公等可如此奏耶？今日后不得如此。"②

我们知道，不论皇帝本人生病抑或是出现其他什么不能视朝的特殊情况，从理论上讲，臣下需要向其奏报的政务应与平日并无二致。也即是说，皇帝不能或不愿视事的情况下的进状者，应该就是日常使用奏状奏报政务的主要力量。而上述几则史料反映出唐代初期的进状者，恰好就是"诸司"和宰相等"近臣"。

　　不仅如此，这几则史料还可以帮助我们理解"诸司"使用奏状的基本原理和所谓"近臣"的具体范围。

　　唐代初期，一般情况下臣僚百司多需在朝参时奏上政务，即所谓"对仗便奏"。《资治通鉴》所载"贞观之制"，就是"诸司

---

① 中国书店影印：《宋拓淳化阁帖》卷一，中国书店 1988 年版，"释文"第 9、10、11、13 页。
② 《唐会要》卷二五，第 476—477 页。

皆于正牙奏事"。① 当然，官员不论是代表个人或者官僚机构奏事，不大可能仅靠记忆进行口述，需有文本作为奏事时的凭借。这个文本，其实就可以称为"（奏）状"。据《令义解》，《养老公式令》"奏事式"条强调"案成乃奏"，"便奏式"条注文中又云"谓口奏之事，准式立案也"。② 这里所谓的"案成"或"立案"，其实就是成立奏状。且即便是"口奏"，也不能例外。《唐会要》卷二五"诸司奏事"目所载景龙三年（709）二月二十六日敕亦云："诸司欲奏大事，并向前三日，录所奏状一本先进。令长官亲押，判官对仗面奏。"③ 也即是说，唐代诸司向皇帝面陈政务，原则上还需要先起草奏状，然后据"状"而奏。这样，也就能合理解释为何《唐律疏议·职制》"上书奏事误"条会规定"诸上书若奏事而误，杖六十；口误，减二等"，甚至"口误不失事者，勿论"。④ 盖因面陈而口误，很可能并不影响"事意"，尚有奏状作为真正的凭借；而奏状若误，则无所依凭，差讹往往难以挽回。

前引太宗与高宗所下手敕显示，皇帝生病或者其他不便与臣僚面见商议的情况下，就可以下令"有事进状"以替代"对仗面奏"，也就是臣僚将面陈时作为底稿的"奏状"通进，实现纸面上的政务奏报。《唐会要》卷五四"中书省"目记载建中四年（783）六月，中书、门下两省状称："应送诸司文状、检勘节限

---

① 《资治通鉴》卷二一一，第 6728 页。关于唐代朝会决策的具体分析，可参考谢元鲁《唐代中央政权决策研究》（增订本）第二章"决策层次与方式的变迁"，北京师范大学出版社 2020 年版，第 54—147 页。
② 参见黑板胜美、国史大系编修会编辑《令义解》卷七，第 234 页。
③ 《唐会要》卷二五，第 477 页。
④ 《唐律疏议笺解》卷一〇，第 787 页。

中考文状等，并是每年长行之事，尚书省各依限录奏。旧例经一宿即出。如经三日不出，请本司更修单状重奏。又三日不出，即请本司长官面奏，取进止。"① 这表明面奏的实际内容，可能就是原先奏状所录之事。综合这些证据，我们似乎可以将唐代奏状当作面奏的附属品或者替代物。由此也就不难推测，唐代有资格进"状"于皇帝的所谓"近臣"，理论上主要就是指可以参加日常朝参的"常参官"。② 参考上引景龙三年二月二十六日敕可知，唐代前期一般情况下代表诸司"对仗面奏"者，往往就是该司的判官，亦即"常参官"中的诸司郎中和员外郎。

《唐六典》卷二"吏部郎中员外郎"条注文所划"常参官"的范围为"五品以上职事官、八品已上供奉官、员外郎、监察御史、太常博士"，又进一步划"供奉官"的范围为"侍中，中书令，左右散骑常侍，黄门、中书侍郎，谏议大夫，给事中，中书舍人，起居郎，起居舍人，通事舍人，左右补阙、拾遗，御史大夫，御史中丞，侍御史，殿中侍御史"。③ 而关于五品以上职事官进"状"奏事的情况，《册府元龟·帝王部·招谏》记载："（永徽五年）九月，帝谓五品已上曰：'往日不离膝下，旦夕侍奉，当时见五品已上论事，或有仗下而奏，或有进状而论者，终日不绝。岂今时无事，公等何不言也？自今已后，宜数论事，若不能面奏，任各进状。'"④《唐会要》所载玄宗开元十八年（730）四

---

① 《唐会要》卷五四，第 928 页。
② 叶炜已指出，在唐代，有机会与皇帝沟通、向皇帝奏报，并有机会参与日常决策的群体，主要是"每日朝参"的常参官，参见"论唐代皇帝与高级官员政务沟通方式的制度性调整"，包伟民、刘后滨主编：《唐宋历史评论》第 3 辑，第 52 页。
③ 《唐六典》卷二，第 33 页。
④ 《册府元龟》卷一〇二，第 1121 页。

月敕亦云："五品以上要官，若缘兵马要事，须面陈奏听。其余常务，并令进状。"① 综合这些史料可知，有机会参加日常朝参而面见皇帝的五品以上官，自然可以实现"面奏"和"进状"的转换。至于八品以上供奉官，主要是中书省、门下省和御史台这三个系统的官员。他们的职责分别是"以弼庶务""以度百揆"和"肃正朝列"等，理所应当参加日常朝参。② 即如太常博士和监察御史，肩负"导赞"或"肃整"朝会礼仪的职责，当然更有必要日常朝参。③ 而员外郎阶在从六品上，既不属于五品以上的紧要职事官，也不具备整肃朝仪的职责，何以会被列入"常参官"的范围呢？

根据《唐六典》的记载，唐代前期绝大部分时间内除了吏、户、兵、刑四司置郎中二人外，其余诸司只有郎中一人。如果郎中有阙抑或是其他特殊情况，自需有人负责代理司务。这个常设的后备职位，就是诸司的员外郎。正因为郎中和员外郎职掌完全一致，在六部部内皆属判官，所以《唐六典》是将二者职掌放在一起进行叙述。员外郎既作为判官负责处理诸司日常政务，自然也包括政务之上报。④ 因此，前引《唐会要》卷二五"诸司奏事"目所载景龙三年二月二十六日敕也提到是判官来具体负责"对仗面奏"。这就表明员外郎可以和郎中一样，承担诸司"面奏"政务之责，自然就应该列入"常参官"的范围。

我们再回到前文留下的一个相关问题，即"诸司"所进之状

---

① 《唐会要》卷二五，第 477 页。

② 参见《唐六典》卷八、九、一三，第 241、273、378 页。

③ 参见《唐六典》卷一三、一四，第 381、396 页。

④ 《唐会要》卷二四"朔望朝参（常朝日附）"目记载德宗贞元年间（785—805）御史中丞窦参奏请泥雨朝参，谓："伏以军国事殷，恐有废阙，请令每司长官一人入朝，有两员并副贰，亦许分日。"（第 465 页）

与"近臣"个人所进之状，文书格式及其反映的运作程序究竟有何差异呢？

我们认为唐代如果是"诸司"所进之状，起首可能就会明确指出奏事机构是"尚书某司"。《司马氏书仪》所载宋代"奏状式"，则首列"某司"，其下有注文云"自奏事则具官，帖黄节状内事"。① 此外，日本《养老公式令》"奏事式"为：

太政官谨奏
其司位姓名等解状云云。谨以申闻。谨奏。
　　年月日
　　太政大臣位臣姓
　　左大臣位臣姓
　　右大臣位臣姓
　　大纳言位臣姓名
奉　敕：依奏。若更有敕语须附者，各随状附，云云。
　　大纳言位姓
　　右，论奏外诸应奏事者，并为奏事，皆据案成乃奏。
　　奉敕后，注奏官位姓。若少纳言奏者，加名。②

我们如果将前文所复原的"奏抄式"与日本《养老公式令》中的"论奏式"稍加比对，即不难看出二者的文书式几近一致。③ 所

---

① 参见［北宋］司马光《书仪》卷一，《景印文渊阁四库全书》第 142 册，台湾商务印书馆 1986 年版，第 460—461 页。
② 黑板胜美、國史大系編修會編輯：《令義解》卷七，第 233—234 頁。
③ 参见黑板胜美、國史大系編修會編輯《令義解》卷七，第 231 頁。

以这里的"论奏外诸应奏事者，并为奏事"一语，意味着日本的"奏事"大体可与唐代的"奏状"相对应。而日本"奏事式"包括其后的"便奏式"之起首，都是和"论奏式"一样的"太政官〔谨〕奏"。①据此可以推测，唐代"诸司"以尚书省的名义具体负责进状奏事时，很可能也会如奏抄一样，先标举"尚书某司"。

此外，我们推测唐代"诸司"以尚书省的名义具体负责进状奏事时，其责任者除了该司判官即郎中或员外郎外，本来还包括本司的长官、通判与都省的仆射等。故贞观二年（628）有敕云"尚书细务，属左右丞，惟大事应奏者，乃关左右仆射"。②宋人欲仿唐故事，还主张"唯大事应奏者，乃关仆射"。③这也就可以较好地解释为何上引日本《养老公式令》"奏事式"中尚保存有"左大臣"和"右大臣"（相当于唐的左仆射和右仆射）的署位。

不过，与奏抄会经本司长官、通判与左右仆射亲自署名不同，奏状中只需署其"位姓"即可。或许正因如此，后来诸司进状奏事不独与尚书仆射，甚至与本司长官也已脱钩。故前引景龙三年（709）二月二十六日敕云："诸司欲奏大事，并向前三日，录所奏状一本先进。令长官亲押，判官对仗面奏。"④《通典·职官》记载景龙二年十二月御史中丞姚庭筠奏称"比见诸司寮案，不能遵守章程，事无大小，皆悉闻奏"，建议"自今以后，若缘军国大事及牒式无文者"方可"任奏取进止"，皇帝"从之"。⑤

---

① 参见黑板胜美、国史大系编修会编辑《令义解》卷七，第234页。
② 《唐会要》卷五七，第990页。
③ ［南宋］李心传：《建炎以来系年要录》卷七五，中华书局1988年版，第1240页。
④ 《唐会要》卷二五，第477页。
⑤ 《通典》卷二四，第667—668页。

将景龙年间的这两条史料结合起来，可以推测在此之前或许已经存在两种较为普遍的现象：其一，诸司常常通过奏状向皇帝奏上小事；其二，诸司所进之状往往未经长官亲押。《唐会要》卷二六"笺表例"目所载玄宗开元二年（714）闰三月敕又云："诸司进状奏事，并长官封题进，仍令本司牒所进门，并差一官送进。诸[使]奏事，亦准此。中书、门下、御史台，不须引牒。其有告谋大逆者，任自封进。除此之外，不得为进。如有违者，并先决杖三十。"[①] 这件敕文表明，直到玄宗开元二年闰三月朝廷仍在强调官员个人除非"告谋大逆"等特殊情况下可以"任自封进"，其余只能由"长官封题"并以"本司"的名义进状，这就说明此前的两类问题并没有得到很好的解决。其关键的症结，可能正如后文将会论及的那样，是唐王朝的奏事原则发生了根本性的变化。

唐初的奏事原则被破坏，不仅导致"诸司"所进之状的格式尤其是押署部分的格式渐趋废弛，也使原先可以以个人身份进状奏事之"近臣"的内涵发生了重要变化。根据前引《淳化阁帖》所载的几则敕文和《唐会要》卷二五"百官奏事"目所载太宗的牢骚，可知唐初有资格"进状"奏事者，除了所谓"诸司""所司"而外，就是"中书门下三品""平章事"等宰臣。这就说明当时"近臣"所指，甚至还不是一般意义上的"供奉官"，而是主要指其中能够辅佐皇帝平章政事的宰相。高宗永徽五年（654）九月对五品以上官的诫励，同样表明当时"近臣"所指，主要还是"五品已上"。而后面章节将会详论的开元十一年《御制赞文碑》和开元二十九年《梦真容碑》等史料则显示，不晚于《唐六

---

① 《唐会要》卷二六，第505页。

典》编纂的开元时期，至少奉敕勘当某事的敕使以及外州刺史等，已经加入进状奏事的"近臣"行列并且成为常规定制。《不空三藏表制集》中所收录的《制许搜访梵夹祠部告牒一首》等史料，则意味着唐代后期甚至"大兴善寺三藏沙门"这种并非官员的僧侣，都可以向皇帝进状奏事。① 至此，我们可以认为"其近臣亦为状"的规定，事实上已经不复存在。

　　进状奏事之"近臣"范围不断扩大的后果之一，则是状与议、表这三种文书的指称进一步含混。根据前文的讨论，我们知道唐代初期进"状"之官员可能要比进"议"与"表"之官员的身份有更为严格的限制。"表"自不用多言，甚至普通庶民原则上都有诣阙进表的权力。② 至于"议"，虽时由皇帝圈定范围，但如前文所引相关史料显示，一般也只要求"文武官九品以上"或"京官七品以上"等条件即可。而以个人身份进"状"于皇帝者，由最初几乎仅限于宰臣，到最后甚至拓展至平民百姓皆可进状奏事。因此，作为可以以个人身份直接向皇帝奏事的三种文书，它们融混的空间进一步拓展，所以我们观察到高宗朝以后大量"议""状"同称、"表""状"不分的情况，也就不足为怪了。③

---

① 参见〔唐〕圆照集《代宗朝赠司空大辨正广智三藏和上表制集》卷一，〔日〕高楠顺次郎等编：《大正新修大藏经》第 52 卷，第 828 页。

② 譬如《旧唐书·李昭德传》就记载"延载初，凤阁舍人张嘉福令洛阳人王庆之率轻薄恶少数百人诣阙上表，请立武承嗣为皇太子"（《旧唐书》卷八七，第 2854—2855 页）。又，李峤《攀龙台碑》亦云"始高祖之钱帝也，期以半年，及江湖既平，帝将入觐，父老数百人，诣阙上表，乞更留一年"（《文苑英华》卷八七五，第 4618 页）。

③ 关于"议""状"同称的情况，前文已有举证。关于唐代"表"与"状"用法并无太严格区分的讨论，可参考吴丽娱"试论'状'在唐朝中央行政体系中的应用与传递"，邓小南等主编：《文书·政令·信息沟通——以唐宋时期为主》，第 10 页。不过，吴先生的看法与我们相反，倾向于认为唐代"表"与"状"的区别是由不严格走向严格。

小　结

通过前文的讨论，关于唐代前期奏事文书体系的基本情况，我们大致可以得出以下几点初步的结论：

其一，《唐六典》卷八"门下省侍中"条之所以将奏抄、露布、奏弹、议、表、状称为"下之通于上"的"六制"，是从它们都是奏上皇帝的文书这一角度进行归纳的。

其二，尽管这六种文书皆可以上于皇帝，但与奏弹和议、表、状原则上可以直接奏于皇帝有所不同，奏抄和露布须先经门下省审核通过以后方能奏上。实际上，表和议很多时候也须先由尚书省或中书省等机构汇总，统计相关数据以后进行总奏。在唐代前期的一段时间内，诉讼类的上表还须先经中书舍人、给事中、御史组成的"三司"预审，筛选以后才能转达于皇帝。

其三，从文书式的角度而言，奏抄、露布可以归为一组，而奏弹、议、表可以归为另一组。奏抄、露布是以尚书省的名义奏上，需要都省左右仆射与尚书、侍郎连署奏上。奏弹、议、表则是以官员个体名义奏上，官员署名代表的是其个人而非所属机构的意见。状则既可以以官员个人名义奏上，也可以以尚书省的名义由"尚书某司"奏上。

其四，奏弹、议、表和状虽然都可以作为个人奏事于皇帝的文书，但使用者的身份最初却有比较明显的差别。对于奏弹，毋庸置疑只有御史才可以使用。表则是全体臣民皆可以使用的奏事文书。议的使用者多须经皇帝临时圈定，一般来讲"文武九品以上"是其最基本的门槛。而最初有资格以个人身份进状奏事者，原则上应是"近臣"，大体也就是所谓"常参官"。

其五，唐代前期尚书诸司是向皇帝奏报日常政务的主体，具体进行奏报者则多为诸司郎中或员外郎。因此，既不属于"五品以上职事官"也不承担整肃朝仪职责的诸司员外郎，也得以跻身"常参官"之列。正常情况下，诸司奏报政务应是朝参时面陈，但在皇帝生病等特殊情况下则会"进状"以替代"面陈"。尚书诸司以尚书省的名义进状奏事，起首很可能会先标举"尚书某司"。其责任者除了该司判官即郎中或员外郎外，本来还包括本司的长官、通判与都省的仆射等。只是后来随着奏事原则发生变化，相关押署格式有所废弛，进状奏事之"近臣"的范围逐步拓展，状与议、表的指称也进一步融混。

第二章

制书、发日敕与敕旨的文书特性

第一章我们对《唐六典》"门下省侍中"条所载"下之通于上"的六种奏事文书的文书特性及其应用情况，给予了简要的分析。这一章我们主要讨论与之相对应的皇帝命令文书，也就是所谓的"王言"。

《唐六典》卷九"中书令职掌"条有云：

> 凡王言之制有七：一曰册书，立后建嫡，封树藩屏，宠命尊贤，临轩备礼则用之。二曰制书，行大赏罚，授大官爵，厘革旧政，赦宥降虏则用之。三曰慰劳制书，褒赞贤能，劝免勤劳则用之。四曰发日敕，谓御画发日敕也。增减官员，废置州县，征发兵马，除免官爵，授六品已下官，处流已上罪，用库物五百段、钱二百千、仓粮五百石、奴婢二十人、马五十匹、牛五十头、羊五百口已上则用之。五曰敕旨，谓百司承旨而为程式，奏事请施行者。六曰论事敕书，慰谕公卿，诫约臣下则用之。七曰敕牒：随事承旨，不易旧典则用之。皆宣署申覆而施行焉。[1]

---

[1] 《唐六典》卷九，第273—274页。

大庭脩已经指出，册授者在授官时所用实为制授告身，只不过其后会举行册礼并颁给册书而已。[①] 因此，册书所承担的最主要功能其实并不是处理政务且颁下政令，而是张扬"宠命尊贤"的礼仪。[②] 同样地，慰劳制书与论事敕书也主要凸显的是礼仪性质的慰劳和告诫，并非实际用于处理军国政事。[③] 一个非常明显的例证，就是《景云二年七月九日赐沙州刺史能昌仁敕》（S.11287）这件论事敕书。[④] 其正文部分提到"省表所奏额外支兵者，别有处分"，表明论事敕书本身并不涉及实质意义的政务处理，承担"额外支兵"功能者，是能够"别有处分"的其他王言。至于敕牒的广泛使用，要等到开元年间（713—741）以后。因此，本章我们把讨论的重点，集中于制书、发日敕与敕旨这三种唐代前期处理军国常务的政令类王言。

第一节　制书与发日敕的成立过程

唐代的制书原本被称为"诏书"，因武则天自以"曌"字为

---

① 参见大庭脩"唐告身の古文書学的研究"，《唐告身と日本古代の位階制》，第49頁。
② 相关研究参见中村裕一《唐代制勅研究》，第745—794页；中村裕一《隋唐王言の研究》，第20—32頁；张祎《〈唐六典〉'王言之制'选释》，包伟民、刘后滨主编：《唐宋历史评论》第5辑，第163—170页；孟宪实"唐代册礼及其改革"，《历史研究》2021年第3期，第195—203页。
③ 相关研究参见中村裕一《唐代制勅研究》，第257—330、578—689页；中村裕一《隋唐王言の研究》，第69—86、124—145頁；张祎《〈唐六典〉'王言之制'选释》，包伟民、刘后滨主编：《唐宋历史评论》第5辑，第177—185页。
④ 图版参见中国社会科学院历史研究所等编《英藏敦煌文献（汉文佛经以外部份）》第13卷，四川人民出版社1995年版，彩图；录文参见荣新江"关于唐宋时期中原文化对于阗影响的几个问题"，袁行霈主编：《国学研究》第1卷，北京大学出版社1993年版，第408—409页。

名，载初元年（689）春正月"遂改诏书为制书"。① 中村裕一曾以开元七年（719）官制为准，将唐代处理大事之"制书式"复原为：

门下：云云。主者施行。

年月御画日

中书令具官封臣 姓名 宣

中书侍郎具官封臣 姓名 奉

中书舍人具官封臣 姓名 行

侍中具官封臣 名

黄门侍郎具官封臣 名

给事中具官封 名 等言：

臣闻云云。臣等云云。无任云云之至。谨奉

制书如右，请奉

制付外施行。谨言。

年月日

可 御画

制敕宣行（"敕"是衍字），大事则称扬德泽，褒美功业，覆奏而请施行，小事则署而颁之。覆奏画可讫，留门下省为案。更写一通，侍中注制可，印缝署，送尚书省施行。中书令若不在，即于侍郎下注宣，舍人姓名下注奉行。②

以此作为主线，我们接下来结合相关史料并参考中村裕一和李锦绣两位先生的研究，对制书的成立过程稍作梳理。

---

① 《旧唐书》卷六《则天皇后本纪》，第 120 页。

② 中村裕一：《隋唐王言の研究》，第 50 页。

　　《唐六典》卷九"中书舍人职掌"条谓："中书舍人掌侍奉进奏，参议表章。凡诏旨、制敕及玺书、册命，皆按典故起草进画；既下，则署而行之。"其后按语又云："其中书舍人在省，以年深者为阁老，兼判本省杂事；一人专掌画，谓之知制诰，得食政事之食；余但分署制敕。……其掌画事繁，或以诸司官兼者，谓之兼制诰。"① 可知，制书首先是由专门知制诰的中书舍人起草，再进呈皇帝御画。因为工作量太大，有时也任命诸司郎中或员外郎等他官兼之，称"兼知制诰"。② 又因为制敕起草往往要求急速，所以知制诰者得食政事之食。③

　　制敕起草完毕以后，会呈交皇帝御画。皇帝如果不同意，可能会留中不发，比如《资治通鉴》记载天宝十四载（755）杨国忠、韦见素奏请玄宗"除禄山平章事，召诣阙"，再另除贾循等三人分别担任范阳、平卢、河东节度使，以分其势。玄宗本已"从之"，但"已草制"后，却又"留不发"，导致安禄山再次蒙混过关。④

　　皇帝如果同意颁下制书，则会进行御画。至于御画的内容，仁井田陞在复原唐代"制书式"时，虽然引及《古记》的相关记载，但他认为其中的"御画日"也许只是《唐六典》卷九有关

---

① 《唐六典》卷九，第 276 页。

② 参见《新唐书》卷四七《百官志》，第 1211 页。按：上条《唐六典》引文"兼制诰"应是漏掉了一个"知"字。

③ 关于制敕起草要求急速，可参考《朝野佥载》中的一个故事："阳滔为中书舍人，时促命制敕，令史持库钥他适，无旧本检寻，乃斫窗取得之，时人号为'斫窗舍人'。"（［唐］张鷟：《朝野佥载》卷二，中华书局 1979 年版，第 48 页）此外，洪迈《容斋随笔》三笔卷四"外制之难"条亦云："中书舍人所承受词头，自唐至本朝，皆只就省中起草付吏，迄于告命之成，皆未尝越日，故其职为难。"（［南宋］洪迈：《容斋随笔》，中华书局 2005 年版，第 474—475 页）

④ 参见《资治通鉴》卷二一七，第 6930 页。

"发日敕"的规定而已。①内藤乾吉则认为天子接到中书舍人起草进画的制书后，究竟御书何字，还需要进一步研究。②《令集解》在解释《养老公式令》"诏书式"条"年月御画日"这一句时，引用了《古记》中的如下记载：

> 问："年月日，未知谁笔？"答："御所记录年月日耳。何知者，以《本令》云御画日故。"③

中村裕一根据这条内容并结合《唐六典》所载"发日敕"之"御画发日"，推测皇帝在起草进画的制书上也会御画发日。④以发日敕的情况来推断制书，不免稍显冒进。李锦绣则揭示出《唐六典》卷二六"右庶子职掌"条所载"凡皇太子监国，于宫内下令书，太子亲画日"，为制书须由皇帝御画发日的观点找到了重要的佐证材料。⑤

根据前引《唐六典》的记载，皇帝御画发日后，会将制书再转交给中书省"署而行之"。李锦绣根据《新唐书·百官志》"詹事府"条关于"书案"和"画日"的记载，并结合《唐会要》卷八二"甲库"目中书、门下二省皆有制敕甲库的叙述，

---

① 参见〔日〕仁井田陞《唐令拾遗》，栗劲、霍存福等编译，第478页。
② 参见〔日〕内藤乾吉"唐代的三省"，姚荣涛、徐世虹译，刘俊文主编：《日本学者研究中国史论著选译》第8卷《法律制度》，中华书局1992年版，第249页。
③ 黑板勝美、國史大系編修會編輯：《令集解》卷三一，第775页。
④ 参见中村裕一《唐代制敕研究》，第57—63页；《隋唐王言の研究》，第41—43頁。
⑤ 参见李锦绣"唐'王言之制'初探——读《唐六典》札记之一"，李铮、蒋忠新主编：《季羡林教授八十华诞纪念论文集》，第274—275页。

指出中书省官员接到御画发日的制书后会将其留为案，另写一通，由中书令在另写的制书上（皇帝原画日处）画日，然后中书令、中书侍郎、中书舍人依次署名并"宣、奉、行"。[①] 不过，《唐会要》卷二六"笺表例"目所载贞观十九年（645）诏称："凡是处分论事之书，皇太子并画令，太子左右庶子已下署姓名宣奉行，书案画日。其余与亲友师傅等，不在此限。"[②] 可知《新唐书·百官志》"詹事府"条的记载属于裁剪史料不当的情况，贞观十九年诏书其实是要为太子制定一种近于论事敕书的公文书式，所以需要仿照皇帝处理论事敕书的方式（"画敕"并"画日"）那样，由皇太子"画令"并"画日"。[③] 我们认为，可以作为制书须由中书省别写留案的旁证，应是《养老公式令》"诏书式"条所载："右御画日，留中务省为案，别写一通，印署，送太政官。"《令集解》该条注文进一步解释："谓御画发日者，依

---

① 参见李锦绣"唐'王言之制'初探——读《唐六典》札记之一"，李铮、蒋忠新主编：《季羡林教授八十华诞纪念论文集》，第 275 页。

② 《唐会要》卷二六，第 504 页。按：此处"左右庶子"之"左"字衍，参《通典》卷三〇《职官十二》，第 826 页。

③ 中村裕一早先已据《唐六典》及《翰林志》等传世文献的记载，确定论事敕书须由皇帝御画发日，故其所复原的"发日敕书式"中已注明"年月御画日"。稍后，丸山裕美子注意到《景云二年七月九日赐沙州刺史能昌仁敕》（S.11287）日期中的"九"字笔迹与其他字不同，故在录文时注为"别笔"。雷闻接受中村裕一和丸山裕美子的意见，复原唐代"论事敕书式"时也标注为"年月御画日"，相关研究过程参见雷闻"从 S.11287 看唐代论事敕书的成立过程"，荣新江主编：《唐研究》第 1 卷，第 331—332 页。近来，张祎对唐代论事敕书"御画日"的看法表示了疑虑，参见"《唐六典》'王言之制'选释"，包伟民、刘后滨主编：《唐宋历史评论》第 5 辑，第 181 页。张祎的疑虑，源于对前揭丸山裕美子"别笔"之意见的怀疑。经核对 S.11287 号文书的图版（参见网址 http://idp.bl.uk/database/large.a4d?recnum=20335&imageRecnum=284031，访问日期：2022 年 9 月 14 日），我们赞成丸山裕美子的判断。

敕旨式取署，留为案。"①

至于所谓"署而行之"，即中书令署宣、中书侍郎署奉和中书舍人署行。《令义解》整理者在校注"诏书式"条时谓："或本大辅下有姓名两字，而本条无，以之可为正本。何者？案《唐令》云'紫微令若不在，即于侍郎下注宣，舍人姓名下注奉行'之故也。"中村裕一就是依据这条记载，补充了"制书式"的部分注文。②其提示意义在于，遇中书令或者中书侍郎不在的情况，则依次往后递署。比如保存在《钟氏族谱》中的《唐隆元年钟绍京同中书门下三品告身》抄件，就反映出唐隆元年（710）授钟绍京同中书门下三品的制书，是由中书舍人苏颋一个人署"宣奉行"。③

中书省官员署行完毕，会将制书发往门下。关于门下省的处理方式，《唐六典》卷八"给事中职掌"条谓："凡制敕宣行，大事则称扬德泽，褒美功业，覆奏而请施行；小事则署而颁之。"④根据前引"制书式"注文可知，中村裕一认为这里的"敕"字属于衍文，故将制书分为处理大事和小事的两种类型，并复原出两种制书式。并且，他认为公式令所规定的只是处理大事的制书式，没有必要再给出处理小事的制书式。⑤我们认为，中村裕一的理解恐怕不妥，前引《唐六典》卷八"给事中职掌"条的重心应该放在"覆奏而请施行"一句。也即是说，对于门下省而

---

① 黑板勝美、國史大系編修會編輯：《令集解》卷三一，第 778 頁。
② 参见中村裕一《隋唐王言の研究》，第 44—45 頁。
③ 录文参见刘安志"关于唐代钟绍京五通告身的初步研究"，《新资料与中古文史论稿》（修订本），上海古籍出版社 2020 年版，第 200 页。
④ 《唐六典》卷八，第 244 页。
⑤ 参见中村裕一《隋唐王言の研究》，第 35—51 頁。

言，制书需要覆奏皇帝，请求施行；而敕书则侍中、黄门侍郎、给事中直接署名后颁下即可。至于"称扬德泽，褒美功业"，或许确实可以作为制书处理范围内部再细分事务大小的标准。故现存针对一些官贵的封授制书，一般没有这样的内容；除此之外需要布告天下的制书，如一些赦书、德音等则有之。[①] 当然，不论是否需要"称扬德泽，褒美功业"，门下省接到中书省递来的制书后，如无驳正的必要，最重要的任务则是"覆奏而请施行"，亦即侍中、黄门侍郎、给事中依次署名，奏请将该制书"付外施行"。

这样，制书经中书、门下两省绕行一圈之后，又回到了皇帝手中。《唐会要》卷五四"中书令"目载："覆奏画可讫，留门下省为案，更写一通，侍中注'制可'，印署讫，送尚书省施行。"[②] 可见，皇帝此时是在制书上御画"可"。原则上讲，皇帝御画"可"以后，制书就已经正式成立，中村裕一复原的"制书式"就是截止于这一步。[③] 不过，制书一定需要"付外施行"，故门下省还有一些程序需要完成。首先就是将皇帝御画后发还的制书存档，另外抄写一份，侍中在皇帝画"可"的位置注上"制可"并钤印，然后侍中、黄门侍郎、给事中依次署名，再牒送尚书省施行，也即是所谓的"署而颁之"。

关于发日敕，中村裕一也在大庭脩复原的"敕授告身式"的

---

① 相关例证参见中村裕一《隋唐王言の研究》，第35—51页。按：目前所见比较例外的是《钟氏族谱》中保存的《唐隆元年钟绍京中书侍郎告身》，其制词部分其实是一篇敕文，所以后面有门下省"称扬德泽，褒美功业"的部分，录文及分析参见刘安志"关于唐代钟绍京五通告身的初步研究"，《新资料与中古文史论稿》（修订本），第194—199页。

② 《唐会要》卷五四，第926页。

③ 参见中村裕一《隋唐王言の研究》，第50页。

基础上，以开元七年（719）官制为据，将其文书式复原为：

敕：云云。

　　　年月御画日

　　　　　中书令具官封臣　姓名　宣

　　　　　中书侍郎具官封臣　姓名　奉

　　　　　中书舍人具官封臣　姓名　行

奉　敕如右，牒到奉行。

　　　　年月日

　　侍中具官封　名

　　黄门侍郎具官封　名

　　给事中具官封　名

　　　　右，增减官员、废置州县、征发兵马、除免官爵、授［散官］六品已下
　　　　［守职事五品已上及视五品已上］、处流已上罪、用库物五百段钱
　　　　二百千仓粮五百石奴婢二十人马五十匹牛五十头羊五百口已上则
　　　　用之。①

与"制书式"比较可知，发日敕也会经历起草进画、御画发日
与中书署行的过程，此后则送至门下省。二者程序运作的关键差
别，就在于门下省的不同处理方式。前文我们已经提及，对于
制书，门下省需要"覆奏而请施行"。故门下省所述"等言"至
"谨言"这部分内容，其陈述对象是皇帝。至于发日敕，因其所
处理的事务相较制书而言为小事，故门下省无须覆奏于皇帝，仅

① 中村裕一：《隋唐王言の研究》，第94页。大庭脩复原的"敕授告身式"，参见
　"唐告身の古文書学的研究"，《唐告身と日本古代の位階制》，第52—53页。

仅"署而行之"即可。因此"奉敕如右，牒到奉行"这句话，其实是门下省对尚书省的表述。

第二节　制书与发日敕的甄别

唐代的"敕"有时候是一个宽泛的集合概念，所以我们在处理以"敕：……"起头但又缺乏中书和门下署名部分的史料时，需要仔细甄别。在经过编纂的史料集中，确有一些史料原本出自发日敕，譬如《唐大诏令集》所收《禁珠玉锦绣敕》。谨将其内容节引如下：

> **敕：朕闻珠玉**者，**饥不可**食，寒不可衣……又贾生有言曰："夫人一日不再食则饥，终岁不制衣则寒，饥寒切体，慈母不能保其子，君焉得**以有**其人哉？"朕以眇身，托于王公之上……朕欲捐金抵玉，正本澄源。所有服御金银器物，今付有司，令铸为铤，仍别贮掌，以供军国。珠玉之货，无益于时，并即焚于殿前，用绝争竞。至诚所感，期于动天，况于凡百，有违朕命。其宫掖之内，后妃以下，咸服浣濯之衣，永除珠翠之饰。当使金土同价，风俗大行，日用不知，克臻至道。布告朕意焉。开元二年七月 [①]

---

① ［北宋］宋敏求编：《唐大诏令集》卷一〇八，中华书局 2008 年版，第 562—563 页。按：加粗黑体文字为便于与下引文书相对照。有意思的是，"夫人一日不再食则饥，终岁不制衣则寒，饥寒切体，慈母不能保其子，君焉得以有其人哉"一句，依据的本应是晁错的《论贵粟疏》，这里既称"贾生有言"，则似敕书起草者误记出处为贾谊的《论积贮疏》。这倒是也可以呼应前文，作为制敕起草要求急速，甚至来不及核对用典的一个例证。

吐鲁番出土文书中即有一件整理者定名为《唐开元二年禁珠玉锦绣敕》（72TAM230: 96/1～96/3）的文书，其所存内容为：

> 敕：朕闻珠玉机（饥）不可□□□
> 以有人□□□
> 　　　　　兵部尚书兼紫微令监修国史上柱国梁国公□□□①

这件文书不仅正文内容与《唐大诏令集》中收录的《禁珠玉锦绣敕》契合，而且"兵部尚书兼紫微令监修国史上柱国梁国公"这个署位也与传世文献所载开元二年（714）姚崇的官爵能够相互照应，这样就可以帮助我们确证开元二年颁布《禁珠玉锦绣敕》时使用的具体王言是发日敕。

　　不过，还有一些以"敕：……"起首的史料，其发布时所采用的王言形式是否发日敕，是值得怀疑的。比如《文馆词林》收录有贞观二年（628）的两件授官敕文，其一为《贞观年中授杜如晦等别检校官敕一首》，文曰：

> 敕：兵部尚书蔡国公杜如晦、刑部尚书永康县公李药师，勋望之重，情寄攸深，虽成务礼闱，宜参掌枢秘。如晦可检校侍中，药师可检校中书令。

其二为《贞观年中命房玄龄检校礼部尚书敕一首》，文曰：

---

① 中国文物研究所等编：《吐鲁番出土文书》（肆），文物出版社1996年版，第80页。

> 敕：中书令邢国公房玄龄，勋高情旧，望重寄深，文昌政
> 本，参赞攸属，可检校礼部尚书事。①

中村裕一就是根据这两条史料，判断皇帝命令以"敕：……"形
式进行传达的发日敕在贞观初年已经存在是无可动摇的事实，并
认为发日敕的文书式在武德七年（624）制定的《武德令》中已
经存在。他还进一步推论，除了后来官位有增置和官名有变更
外，隋代可能已经存在与唐代基本一致的发日敕。②

可是如所周知，检校侍中、检校中书令、检校礼部尚书事等
都是非常重要的任命，根据《唐六典》和《通典》所载关于授官
的相关规定来看，这些"五品以上"官都属于用制书加以任命的
范围。③而《唐律疏议·职制》"事直代判署"条疏议亦称："依令，
授五品以上画'可'，六品以下画'闻'。"④中村裕一对此的解释
是可能在贞观初年，制书与敕书已经开始混用。⑤虽然我们也不
能武断地认为贞观初年的情况就与《唐六典》等所反映的开元时

---

① 两文并见［唐］许敬宗编、罗国威整理《日藏弘仁本文馆词林校证》卷六九一
《敕上》，中华书局 2001 年版，第 416 页。
② 参见中村裕一《唐代制敕研究》，第 401—402 页。不过中村先生也承认，像
《隋书》中出现的"敕：……"形式的史料，并不能排除部分或全部都根据诏书
的格式进行过改写，参见《唐代公文书研究》，第 542 页。
③ 参见《唐六典》卷二，第 27 页；《通典》卷一五《选举三》，第 359—360 页。具
体的例证，比如《唐大诏令集》所收先天二年（713）七月的《张说检校中书令
制》和开元三年（715）正月十九日的《卢怀慎检校黄门监制》，它们确实都是采
用以"门下（黄门）："起头的制书式，参见《唐大诏令集》卷四四，第 217—
218、219 页。
④ 《唐律疏议笺解》卷一〇，第 792 页。
⑤ 参见中村裕一《唐代制敕研究》，第 401 页。按：作者在文末补注（第 404 页）
中还据此考虑册授、制授、敕授的原则在唐初已经开始崩坏，或者敕授对象在
开始时期别有范围这两种可能性。

期的制度完全一致，以此来轻易否定中村先生的推测，但核查一些相关的例证后，我们仍对中村先生的前述判断表示怀疑。

检《唐大诏令集》中所收唐初的相关命相文书可知，在正式提及授官对象"某官某甲"之前，应该还有四句或四句以上的导语。试举与前引两件授官文书年代相近的两例，其一为《长孙无忌右仆射制》，文曰：

> 望隆朝右，任重国钧。尚想风猷，义惟贤戚。吏部尚书、齐国公长孙无忌，识量宏远，神情警发。道照搢绅，才资文武。樽俎之策，电断风驰。干戈所指，云销雾澈。几深之理弥著，忠义之节以彰。斯固立德佐时，降灵辅阙。宜期以翼赞，授之端揆。可尚书右仆射。贞观元年七月

其二为《房玄龄杜如晦左右仆射制》，文曰：

> 尚书政本，端揆任隆。自非经国大材，莫或斯举。中书令兼太子詹事、邢国公房玄龄，器宇沉邃，风度宏远。誉彰遐迩，道冠簪缨。兵部尚书、检校侍中、蔡国公杜如晦，识量清举，神彩凝映。德宣内外，声溢庙堂。朕自克平宇县，缔构资始。叶赞经纶，厥功甚茂。深谋秘略，动合规矩。忠义谠言，事多启沃。及典司枢要，绸缪宸扆。开物成务，知无不为。可谓神降英灵，天资人杰。并宜总司衡轴，光阐大猷。玄龄可尚书左仆射，如晦可尚书右仆射。余如故。贞观三年二月①

---

① 两文并见《唐大诏令集》卷四四，第215—216页。

两两对照，可以发现前文所举《文馆词林》中两件授官文书起首部分缺少了四句导语，因此我们有理由怀疑它们并不是除开署衔及日期等附加信息之外的发日敕，而是经过编撰而内容已有所遗漏的制书。其原本的文书形态，应该与前揭注释中提及的先天年间《张说检校中书令制》和开元年间《卢怀慎检校黄门监制》没什么两样。它们之所以会变为"敕：……"的形式，可能与该书所收的《汉武帝责杨仆敕一首》等一样，只是《文馆词林》的编者或其所据史料的编者，依照唐代发日敕的文书式添加了起首的"敕"字而已。①

除了汇编诗文总集时可能偶然性地混淆制、敕外，唐人还会正式地将制书、发日敕与敕旨等王言的核心内容，系统整理成以"敕：……"起首的形式。这种整理，就是所谓"格后敕"的编订。其兴起的时间，大概是在高宗朝以后。目前所知唐代删定格后常行敕之最早者，是藤原佐世《日本国见在书目录》中所著录的"《垂拱后常行格》十五卷"。② 刘俊文将德藏吐鲁番文书 Ch.3841

---

① 参见［唐］许敬宗编、罗国威整理《日藏弘仁本文馆词林校证》卷六九一《敕上》，第 400 页。按：根据许敬宗等人为本卷所写按语"敕者，正也。《书》称：'敕天之命。'其名盖取此也。周穆王命邓父受敕宪即其事也。汉责杨仆，其文尤著。今历采史籍，以备敕部"（第 399 页），可知他们亦不过是采集经过编撰的史料中的相关内容而编成此卷，能在多大程度上反映诸文书的文书原貌是很可疑的。这件《汉武帝责杨仆敕一首》除开起首的"敕"字之外，正文内容全见于《汉书·酷吏传》（参见［东汉］班固《汉书》卷九〇，中华书局 1962 年版，第 3660 页）。而迄今可知的汉代皇帝命令文书中，并无以"敕"字起头者。因此我们有理由怀疑《文馆词林》中《汉武帝责杨仆敕一首》的面貌，是许敬宗等人或更在其前面的史料编纂者根据《汉书》"以书敕责之"的记载，采用其中所收这件"书敕"的正文内容并配以唐代"发日敕"的起首方式混合而成。
② 参见楼劲"证圣元年敕与南北朝至唐代的旌表孝义之制——兼论 S.1344 号敦煌残卷的定名问题"，《浙江学刊》2014 年第 1 期，第 20 页。

号即定名为《垂拱后常行格断片》。① 与其类似者，还有英藏敦煌
文书 S.1344 号。坂上康俊概括这些文书所载条目的共同特征为：

> 以"敕"字开头。
>
> 记载发布年月日。
>
> 保留了原敕发布时候的官名、地名。②

有鉴于此，对于可能摘抄自这类格后敕的史料，我们在判断其原
本的王言形态时必须非常谨慎。譬如 S.1344 号文书的第 14 条，
是处置逃人田宅的内容，其文曰：

> 敕：逃人田宅，不得辄容卖买。其地任依乡原价，租充课
> 役，有剩官收。若逃人三年内归者，还其剩物。其无田宅，
> 逃经三年以上不还者，不得更令邻保代出租课。
>
> 唐元年七月十九日 ③

仁井田陞在整理唐律令及格的新资料时已经注意到，上条内容部
分见于《唐大诏令集》所收的一道《诫励风俗敕》，"唐元年"实
即"唐隆元年"（710），乃因避玄宗名讳而省"隆"字。④ 最近，

---

① 参见刘俊文《敦煌吐鲁番唐代法制文书考释》，中华书局 1989 年版，第 270 页。
② 〔日〕坂上康俊："有关唐格的若干问题"，田由甲译，戴建国主编：《唐宋法律史论集》，上海辞书出版社 2007 年版，第 65 页。
③ 郝春文、金滢坤编著：《英藏敦煌社会历史文献释录》第 5 卷，社会科学文献出版社 2006 年版，第 379 页。
④ 参见仁井田陞 "唐の律令および格の新资料—スタイン敦煌文献"，《東洋文化研究所紀要》13，1957 年，第 133 页。

孟宪实也取二者进行了对比，讨论唐代王言"转型"的问题。[1]

为便比较，兹将《唐大诏令集》所收唐隆元年七月十九日《诫励风俗敕》的内容节引如下：

门下：**朕克缵丕业，诞膺景命。宪章昔典，钦若前王。**克己励精，缅思至道。宵衣旰食，勤修庶政。夙夜寅畏，匪遑底宁。若涉泉水，罔知攸济。顷属殷忧启运，多难兴邦。礼章载复，品物咸义。思欲致万姓于仁寿，归六合于升平。**永言政途，庶几沿革。犹恐学校多阙，贤俊罕登。**牧宰不存政理，农桑未加劝导。樽俎之仪不习，冠婚之礼莫修。朕所以当宁兴叹，载怀兢惕者矣。**庠序者，风化之本，人伦之先。仰州县劝导，令知礼节。**……诸州百姓，多有逃亡。良由州县长官，抚字失所。或住居侧近，虚作逃在他州，横征邻保。逃人田宅，因被贼卖。宜令州县，招携复业。其逃人田宅，不得辄容卖买。其地在依乡原例租纳州县仓，不得令租地人代出租课。……凡此数事，咸宜区分。系乎风俗，义存奖劝。刺史、县令等，各申明旧章，勉思抚辑。罢凋弊之务，归淳厚之源。训道黎蒸，宣我朝化。《书》不云乎："德惟善政，政在养人。"布告天下，咸知朕意。唐隆元年七月十九日[2]

又，《册府元龟·帝王部·崇儒术》记载：

> 睿宗景云元年（710）七月，制曰："朕克缵丕业，肇膺

---

[1] 参见孟宪实"关于敦煌吐鲁番出土的'王言'"，郝春文主编：《敦煌吐鲁番研究》第 18 卷，第 150—152 页。

[2] 《唐大诏令集》卷一一〇，第 570—571 页。按：加粗黑体文字为便于与上下引文相对照。

景命，宪章昔典，钦若前王，永言政途，庶几沿革。犹恐学
校多阙，贤俊罕登。庠序者，风化之本，人伦之先。宜令州
县劝导，令知礼让。"①

《册府元龟》的这段记载，可以补证唐隆元年七月十九日朝廷
颁布的令州县官长劝导风俗的王言，原本确实为制书而非发日
敕。另外，《唐大诏令集》所收制词，自"诸州百姓"起的这段
与前引 S.1344 号文书中的相关条文颇有出入，甚至含义都"有
所不同"。②但这其实不足为怪。唐代制定律令格式时，往往
会对先前的制敕加以处理。譬如神龙元年（705）"删定《垂拱
格》后至神龙元年已来制敕，为《散颁格》七卷"。③又，开元
二十二年（734）"删缉旧格式律令及敕，总七千二十六条"，其
中"二千一百八十条随文损益"。④"格后敕"的编订，自也不会
例外。故开元十九年侍中裴光庭和中书令萧嵩，"又以格后制敕
行用之后，颇与格文相违，于事非便，奏令所司删撰《格后长行
敕》六卷，颁于天下"。⑤而 S.1344 号文书所存各条，最有可能
就是出自开元十九年编纂的《格后长行敕》六卷。⑥因此，该文
书第 14 条的内容与形式，都与作为其源头的唐隆元年七月十九

---

① 《册府元龟》卷五〇，第 530 页。
② 参见〔日〕周藤吉之"吐鲁番出土佃人文书的研究——唐代前期的佃人制"，
　　姜镇庆译，〔日〕周藤吉之等：《敦煌学译文集——敦煌吐鲁番出土社会经济文
　　书研究》，姜镇庆、那向芹译，甘肃人民出版社 1985 年版，第 112 页。
③ 《旧唐书》卷五〇《刑法志》，第 2149 页。
④ 同上书，第 2150 页。
⑤ 同上书，第 2150 页。
⑥ 参见楼劲"证圣元年敕与南北朝至唐代的旌表孝义之制——兼论 S.1344 号敦煌
　　残卷的定名问题"，《浙江学刊》2014 年第 1 期，第 20 页。

日制大相径庭。

上述分析表明，在处理以"敕：……"起头但又缺乏中书和门下署位的部分史料时，不论它是来自传世文献抑或是晚近发现的敦煌吐鲁番文书，我们都需要仔细甄别，避免掉入陷阱之中。这应是我们正确运用唐代王言类史料的重要前提之一。

第三节　两种"敕旨式"的复原

前引《唐六典》卷九"中书令职掌"条记载"王言之制"时既云"五曰敕旨"，可知"敕旨"在某些语境下应是专指作为"王言"的一种文书。中村裕一分析唐人的用例之后认为，敕旨有时也用作发日敕、敕授告身、论事敕书及批答等文书的别称。[①] 实际上不仅如此，唐人所称"敕旨"有时候还可以包括"口敕"这种口头的皇帝旨意。比如《贞元新定释教目录》载贞元四年（788）西明寺主等录表进上新译《六波罗蜜多经》，德宗省经、表后，令功德使王希迁奉宣"敕旨"，就是"语"诸大德师等。[②] 又，《大唐贞元续开元释教录》载贞元五年七月为置六波罗蜜经院事，内给事张孝顺就曾两次奉宣德宗皇帝"敕旨"，"语"于大德超悟法师。[③] 可见，这里的"敕旨"，实际就是宦官传宣的皇帝口敕。

既如上述，则我们可以将唐代史料中的"敕旨"作广义与狭义的两种理解：从广义上讲，敕旨泛指"皇帝的旨意"；从狭义

---

① 参见中村裕一《唐代制勅研究》，第461—463页；《隋唐王言の研究》，第104页。

② 参见〔唐〕圆照《贞元新定释教目录》卷一七，〔日〕高楠顺次郎等：《大正新修大藏经》第55卷，财团法人佛陀教育基金会，1990年，第892页。

③ 参见〔唐〕圆照集《大唐贞元续开元释教录》卷中，〔日〕高楠顺次郎等编：《大正新修大藏经》第55卷，第763页。

上讲，敕旨专指一种作为"王言"的敕书。我们这里所要讨论的主要是后者。

唐代公式令中的"敕旨式"如今已难以寻觅踪迹。幸运的是，新疆吐鲁番阿斯塔纳墓葬中出土的一件整理者定名为《唐贞观廿二年安西都护府承敕下交河县符为处分三卫犯私罪纳课违番事》（73TAM221: 55a, 56a, 57a, 58a, 58b）的文书，就包含了一道格式较为完整的敕旨。[1] 从史料的原始性讲，它无疑是目前探讨唐代敕旨最具参考价值的文书实例。我们参酌文书整理者和中村裕一的复原意见，将文书的部分内容移录如下：

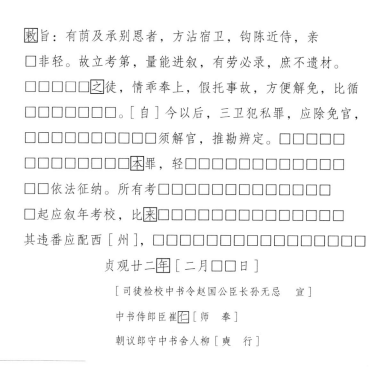

敕旨：有荫及承别恩者，方沾宿卫，钩陈近侍，亲
□非轻。故立考第，量能进叙，有劳必录，庶不遗材。
□□□□□之徒，情乖奉上，假托事故，方便解免，比循
□□□□□□□。［自］今以后，三卫犯私罪，应除免官，
□□□□□□□□□须解官，推勘辨定。□□□□□
□□□□□□□□本罪，轻□□□□□□□□□□□
□□依法征纳。所有考□□□□□□□□□□□□
□起应叙年考校，比来□□□□□□□□□□□□
其违番应配西［州］，□□□□□□□□□□□□□□□
　　　贞观廿二年［二月□□日］
　　　［司徒检校中书令赵国公臣长孙无忌　宣］
　　中书侍郎臣崔仁［师　奉］
　　朝议郎守中书舍人柳［奭　行］

---

① 参见中国文物研究所等编《吐鲁番出土文书》（叁），文物出版社1996年版，第303—305页。

奉

敕旨如右，牒到奉行。

⋯⋯⋯⋯⋯⋯⋯⋯⋯（骑缝，背面押"弘"字）⋯⋯⋯⋯⋯⋯⋯⋯

　　　　　　贞观廿二年二［月□□日］

侍　　　　中阙　守门下［录事　名］

太中大夫守黄门侍郎临

朝散大夫守给事中茂将　主［事　名］

　　　　　　　　二月廿六日未［时都事姓名受］

　　　　　　　　中大夫太子少保［□□付兵部］

尚书省

安西都护府主者，得行从［□□□□□。奉］

敕旨连写如右。牒至准　　敕［者。府宜准］

敕。符到奉行。

　　　　　　　　　　主事　能振

兵部员外郎礼　　　　　　令史

　　　　　　　　　书［令史　名］

　　　　　贞观廿二年三［月□□日　下］①

　　中村裕一主要就是参考上引贞观二十二年（648）敕旨，并以开元七年（718）官制作为基准，将唐代的"敕旨式"复原如下：

敕旨：云云。

　　年月日

　　　　中书令具官封臣　姓名　宣

_____

① 中村裕一对该文书的复原，参见《隋唐王言の研究》，第111—112頁。按：中村先生的复原漏掉了长孙无忌之姓。

中书侍郎具官封臣　姓名　奉

中书舍人具官封臣　姓名　行

奉

敕旨如右，牒到奉行。

年月日

侍中具官封　名　　　　　　门下录事名

黄门侍郎具官封　名

给事中具官封　名　　　　　　主事名①

中村裕一复原的凭据，既然是一件唐初的文书实例，则上述"敕旨式"自然有其存在的合理性。不过，如果我们拓展比对的范围，将目前所知史料中大体可以确定为狭义敕旨的例证，与上述"敕旨式"相对照，就会发现中村裕一的复原还存在几个有待进一步解释的问题。

首先，中村裕一认为唐代敕旨实际上应该存在两类，即直接发布皇命的类型和批复臣下奏状的类型。同时，他也留意到了史料的时段性，譬如认为《不空三藏表制集》只能反映唐后半期的情况，故文书式与前引贞观二十二年敕旨存在明显的差异。② 不过，在复原敕旨的文书式时，他还是希望消弭其中的差别。因此他认为在批复臣下奏状这一类型的敕旨中，前面复原的"敕旨式"起头的"敕旨：云云"，其实就是指"敕旨：依奏"或"敕旨：云云，余依奏"等出自皇帝的批示。也即是说，中村先生是将臣僚"奏事而请施行"的奏状部分视为敕旨的"前文"，从而

---

① 中村裕一：《隋唐王言の研究》，第 115—116 頁。

② 参见中村裕一《唐代制勅研究》，第 477 頁；《隋唐王言の研究》，第 115 頁。

将其排除在"敕旨"之外。[1]

我们认为，中村裕一的上述考虑恐怕稍有不妥。因为如此一来，敕旨作为王言，在某些情况下就不能独立传达政令了。我们试举《不空三藏表制集》中的一例予以说明：

制许翻译经论祠部告牒一首

《陀罗尼教金刚顶瑜伽经》等八十部，大小乘经论二十部，计一千二百卷。

　　右，大兴善寺三藏沙门不空奏：不空闻"缵帝业者绍帝位，受佛嘱者传佛教"，省兹格言，曾不改易。流兴万代，散叶千枝。不空杖锡挈瓶，行迈天竺，寻历川谷，跋涉邦方。凡遇圣踪，投请礼敬。辄闻经教，罄竭衷祈。搜求精微，穷博深密。丹诚攸嘱，愿言弘宣。遂得前件经论。自到中京，竟未翻译。既阙书写，又乖授持。特望　圣慈，许令翻译。庶得法筵重敷，更雪住持之路；佛日再举，弥增演畅之功。　天恩允许，请宣付所司。

敕旨：依奏。

　　乾元元年六月十一日

　　中书令阙

　　中书侍郎同中书门下平章事赐紫金鱼袋王与　宣

　　朝散大夫中书舍人兼礼部侍郎上柱国姑臧县开国公李揆　奉行

奉　敕旨如右，牒到奉行。

　　乾元元年六月十六日

---

① 参见中村裕一《隋唐王言の研究》，第117—118页。

特进行侍中弘文馆大学士知太清宫事监修国史上柱国韩国公
晋卿

黄门侍郎阙

通议大夫行给事中赐紫金鱼袋开国男休

尚书祠部　　大兴善寺三藏沙门不空

牒奉　敕如右。牒至准　敕。故牒。

乾元元年六月十八日　　　令史门贵牒

　　　　　　　　　　主事唐国兴

　　　　　　　　　　员外郎韦少游[①]

即如这份文书所示，如果去掉前面不空奏状的内容，它何以成为完整的"敕旨"呢？况且，正如中村先生所指出的那样，批复奏状式敕旨前面的奏状部分相较于臣下原本所进奏状，已经有了很大变化。[②]最显著的两点即是略去奏状末尾的奏上日期，并将进奏者的署衔提到奏状起首的"右"字之后。也即是说，如果皇帝同意官员的奏请，我们就可以结合上举《制许翻译经论祠部告牒一首》，将第一章复原的"奏状式"，修改成作为敕旨正文颁布

---

① 　［唐］圆照集：《代宗朝赠司空大辨正广智三藏和上表制集》卷一，〔日〕高楠顺次郎等编：《大正新修大藏经》第 52 卷，第 828—829 页。按："敕旨：依奏"原在"乾元元年六月十一日"之后，此据中村裕一复原的"敕旨式"及《表制集》中的其他敕旨的格式移改。

② 　参见中村裕一《唐代制敕研究》，第 477-479 页；《隋唐王言の研究》，第 116—118 頁。中村裕一过于倚重《八琼室金石补正》中所收《舜庙置守户状》（参见［清］陆增祥编《八琼室金石补正》，新文丰出版公司编：《石刻史料新编》第 1 辑第 7 册，台湾新文丰出版公司 1982 年版，第 4960—4961 页），认为敕旨或敕牒文书前面所附之状与原状相较，不论是内容还是形式都有很大改变，仅是原状的"取意文"（概括）而已。可是除了他所举的这一特例外，目前没有发现单纯就文书内容而言存在明显的大幅度改动的情况，所谓改动主要还是体现在文书格式方面。

时的面目如下：

> 某事
>
> 　右，具官封臣姓名［等］奏：云云。请（伏望、伏愿等）
> 云云。谨录奏闻（谨具闻奏等），伏听（候）敕旨。

由此可以看出，臣僚所上奏状之所以会被改动，正是为了适应敕旨的文书格式。其目标，就是要将奏状改造成为敕旨不可或缺的一部分。因此我们认为将这部分内容与敕旨剥离，恐怕不够妥当。

其次，中村裕一复原的"敕旨式"，门下省侍中下有门下录事的署位，给事中下有主事的署位。中村先生是根据红叶山文库藏《令义解》所载《养老公式令》"敕旨式"条的注文（"唐令此式，侍中下署一录事，给事中下署一主事"）加以复原。[1] 这一点也可以得到《唐贞观廿二年安西都护府承敕下交河县符为处分三卫犯私罪纳课违番事》中所包含的敕旨的印证。可是问题在于，除了贞观二十二年的这件敕旨之外，其他如《不空三藏表制集》或《句容金石记》等所收录的敕旨中，并不存在门下录事在侍中下与主事在给事中下的署位。对此，中村先生也只能暂时提供两种可能的原因：其一，《不空三藏表制集》或《句容金石记》等所收的敕旨存在脱漏；其二，唐代后半期的敕旨式相较于前半期发生了变化。虽然从其复原的文书式来看，中村先生似乎更倾向于第一种可能性，但他最终还是不得不承认"关于这一点还不能轻易加以判断"。[2]

---

① 参见中村裕一《唐代制敕研究》，第464、493頁；《隋唐王言の研究》，第115頁。
② 中村裕一：《隋唐王言の研究》，第115頁。

　　以上两点至少可以说明将唐代"敕旨式"复原为单一固定的形式，可能会掩盖很多关键的问题。因此，我们综合目前可见保留基本文书格式的敕旨史料，权且复原出以下的两种"敕旨"。

　　第一种为"发布皇命式"敕旨，其文书式暂时可以概括为：

敕旨：云云。

　　　　年月日

　　　　　　中书令具官封臣　姓名　宣

　　　　　　中书侍郎具官封臣　　姓名　奉

　　　　　　中书舍人具官封臣　　姓名　行

奉

敕旨如右，牒到奉行。

　　　　　　年月日

　　侍中具官封　名　　　　　　　　［门下录事名］

　　黄门侍郎具官封　名

　　给事中具官封　名　　　　　　　［主事名］①

第二种为"批复奏事式"敕旨，其文书式大体可以概括为：

----

① 我们如此处理"门下录事名"和"主事名"，正是考虑到唐初这两项在"发布皇命式"敕旨中肯定存在，但在永徽以后、开元以前的某个时间应该已被废除。此外，从"牒到奉行"一语即可看出，门下省在处理敕旨时，实际是利用"牒式"将敕旨传达给尚书省。因此，"门下录事"和"主事"在其中相当于承担了门下省的勾检职能。过去，王永兴认为门下省不设置勾官，参见《唐勾检制研究》，上海古籍出版社1991年版，第6页。现在看来，这个观点还有重新讨论的必要。另外，门下省在处理发日敕时，既然也用到了"牒式"，则我们怀疑至少唐初的"发日敕式"中应该有"门下录事名"和"主事名"的一席之地。

某事

　　右，具官封臣姓名［等］奏：云云。

敕旨：云云（多为"依奏"）。

　　　　年月日

　　　　中书令具官封臣　姓名　宣

　　　　中书侍郎具官封臣　姓名　奉

　　　　中书舍人具官封臣　姓名　行

奉

敕旨如右，牒到奉行。

　　　　年月日

　　侍中具官封　名

　　黄门侍郎具官封　名

　　给事中具官封　名

我们这里之所以用"批复奏事式"而不是"批复奏状式"，是因为如第一章所论，表在唐代也具有承载奏事的功能。因此，部分敕旨"依奏"的对象，准确来讲其实是表而非状。

此外，我们之所以将唐代敕旨的文书式复原为前述两种形式，还考虑到它们的处理程式可能也有一些差异。这里，我们主要围绕二者是否需要覆奏的问题，稍作推测。为便讨论，谨将《养老公式令》"敕旨式"引之如下：

敕旨：云云。

　　　　年月日

　　　　中务卿位姓名

大辅位姓名

少辅位姓名

奉　敕旨如右，符到奉行。

　　年月日　　　　　史位姓名

大辨位姓名

中辨位姓名

少辨位姓名

> 右受敕人，宣送中务省。中务覆奏讫，依式取暑
> （署），留为案，更写一通，送太政官。少辨以上，
> 依式连暑（署），留为案，更写一通施行。其敕处分
> 五卫及兵库事者，本司覆奏。皇太子监国，亦准此
> 式，以令代敕。①

对比前文的复原可知，《养老公式令》"敕旨式"所对应的正是唐代发布皇命式敕旨的文书式。因此，其处理程式可以作为探讨唐代发布皇命式敕旨成立流程的参考。据之可以推测，唐代中书省起草发布皇命式敕旨后，首先需要进行覆奏。对于皇帝主动发布皇命的场合，譬如贞观二十二年为处分三卫犯私罪、纳课、违番等事所颁下的敕旨，中书所草是否符合自己本意，皇帝不得而知。因此，中书省履行"覆奏"这道程序，当然有其必要性。不过，与皇帝审视中书省起草的制书、发日敕后会御画以示同意有所不同，覆奏的敕旨上则"无御画"。②也正因如此，与接到覆奏讫的制书、发日敕后中书省是将有御画者留为案不同，接到覆奏

---

① 黑板勝美、國史大系編修會編輯：《令義解》卷七，第230—231页。

② 参见《唐律疏议笺解》卷一九，第1349页。

讫的敕旨后中书省须"依式取署"，再将有本省官员署名的一份
留为案底。

与发布皇命式敕旨有所不同，如果是臣僚百司"奏事请施
行"的批复奏事式敕旨，恐怕中书省就无须进行"覆奏"。《唐会
要》卷四"储君"目记载：

> 元和十年（815），皇太子侍读、谏议大夫韦绶奏："皇
> 太子学书至'依'字，辄去其傍'人'字。臣问其故，答
> 曰：'君父每以此字可天下之奏，臣子岂合书之？'"上深嘉
> 叹之。①

这就说明，唐代皇帝批准表奏的常用字即为"依"字。唐代批复
奏事式敕旨中出现的"依奏"等内容，可能原本就是皇帝对于臣
僚百司奏请的御批意见。② 既然奏请的内容与御批的意见直接结
合即可准确地传达皇帝命令，则由中书省另行起草敕旨，再覆奏
于皇帝审核，在程序上似乎就有蛇足之嫌。因此我们推测这种批
复奏事式敕旨，既经皇帝批"依奏"，就无须中书省再次覆奏。
中书省的任务，当如前文所论，仅需稍微调整表奏格式，再简单

---

① 《唐会要》卷四，第47页。
② 《中国古代书画图目》中收有一份《行书方丘敕》，卷子后半一纸起首御批"依
　奏"二字并于其上加盖"御书之宝"玺印，其后为观文殿学士、正奉大夫、中
　太一宫使兼侍读郑居中所上的札子，参见中国古代书画鉴定组编《中国古代书
　画图目》（十五），文物出版社1997年版，第33页。张祎认为从内容上讲，这
　一纸包含的郑居中所上札子和皇帝御批与前面的诏敕没有关系，是后来的收藏
　者装裱在一起的，参见"制诏敕札与北宋的政令颁行"，北京大学博士学位论
　文，2009年，第52—53页。因此，这里"依奏"二字也可能是御批原本粘附
　于此纸之前的另一份札子。当然，无论哪种情况，它都可与前引韦绶之语配合，
　说明唐宋时期皇帝可能常用"依奏"一语对臣僚的奏请加以批示。

附注"敕旨：依奏"之类的信息，即可署而行之。

　　显然，这种批复奏事式敕旨的应用，会大大减轻中书舍人起草进画的负担。后来，朝廷甚至规定若奏事篇幅过长，则奏事者自写多份进上，以减少中书省和门下省的誊抄之劳。《唐会要》卷五四《省号上》"中书省"目载：

　　　　乾元三年（760）四月二十六日敕：诸司使、诸州府进奏文状，应合宣行三纸已上，皆自写宣付四本。中书省宣过。中书省将两本与门下省。[1]

这则史料表明，诸司使和诸州府所进奏事文状，如果篇幅过长，中书省誊抄宣行时超过三纸，则由奏事者事先自写宣付流程中所需的四本。这样，皇帝接到奏状后可以首先拨付一本给宰司近臣，令其商量并提出参议意见。皇帝御览参议意见以后，如果认为可行，另取一本批示"依奏"等意见，将御批的这本与其余两本一并发给中书省。中书省则省去大量誊抄的麻烦，仅需将皇帝御批的那一本留案，其余两本简单附注"敕旨"二字和皇帝御批内容后即可送至门下省。同样地，门下官员也就能减少工作量，只需署名后牒送一本至尚书省。尚书省则勾检稽失后，用于发遣施行。

　　综合上述讨论，我们认为前引《唐六典》卷九"中书令职掌"条所提及的敕旨的应用条件，大体可以切分为两个部分。其中，"百司承旨而为程式"一句，可能是针对部分发布皇命式

---

[1]《唐会要》卷五四，第927页。

敕旨而言，典型的例证如前揭《唐贞观廿二年安西都护府承敕下交河县符为处分三卫犯私罪纳课违番事》中所包含的敕旨；至于"奏事请施行者"，则主要是针对批复奏事式敕旨而言，典型的例证如前揭乾元元年《制许翻译经论祠部告牒一首》中所包含的敕旨。

第四节 从颁布"程式"到批复"奏事"：两种敕旨的此消彼长

关于发布皇命式敕旨，至晚在北齐已经开始正式行用。《文馆词林》卷六九一中就收录有不少以北齐武成帝和后主名义颁下的敕旨，从文书形式的角度看皆属于发布皇命式敕旨。[①]至于隋代的情况，中村裕一已经揭举出《历代三宝纪》中的一则史料：[②]

开皇三年（583），降敕旨云："好生恶杀，王政之本。佛道垂教，善业可凭。禀气含灵，唯命为重。宜劝励天下，同心救护。其京城及诸州官立寺之所，每年正月五月九月，恒起八日至十五日，当寺行道。其行道之日，远近民庶，凡是有生之类，悉不得杀。"[③]

---

① 参见［唐］许敬宗编、罗国威整理《日藏弘仁本文馆词林校证》卷六九一《敕上》，第409—415页。不过正如中村裕一已经注意到的，《文馆词林》所存北齐敕旨多用于授官，这与唐代的应用情况有所不同，参见《隋唐王言の研究》，第122页。
② 参见中村裕一《隋唐王言の研究》，第121页。
③ ［隋］费长房：《历代三宝纪》卷一二，〔日〕高楠顺次郎等编：《大正新修大藏经》第49卷，财团法人佛陀教育基金会，1990年，第108页。

紧接上述史料者即是"至四年又敕旨"及"至十一年又诏曰"的相关内容，且"诏曰"部分起首即为"门下"二字。可见这几段史料中的"敕旨"与"诏"，分别对应着隋代的两种王言，即敕旨与诏书。据此可以推知，开皇三年和四年的这两件"敕旨"，应该就属于发布皇命式敕旨。

现存唐代文书形式为发布皇命式敕旨的最早且最为可靠的例证，毫无疑问是前引《唐贞观廿二年安西都护府承敕下交河县符为处分三卫犯私罪纳课违番事》中所包含的敕旨。这件文书虽然残缺，不过基本内容还是比较清楚的，是根据当时西州充实力量的临时需要，在一般的流配之外，特地针对三卫"违番应配西州"的情况，颁下敕旨以为"程式"。① 我们从中不能直接看出"奏事请施行"的痕迹，因此将其视为皇帝主动发布的命令似乎合情合理。② 与前件同出一墓者，还有一件整理者定名为《唐永徽元年安西都护府承敕下交河县符》（73TAM221: 59a, 60a）的文书。③ 该符所奉者，亦为"敕旨"。稍感遗憾的是，这件敕旨的正文部分已不存，无法判断它究竟是一件发布皇命式敕旨抑或是一件批复奏事式敕旨。

从佛道二教文献中，我们还可以找到不少唐代前期所颁敕旨的相关内容。譬如《集沙门不应拜俗等事》收录有龙朔二年

① 参见吴宗国"唐贞观廿二年敕旨中有关三卫的几个问题——兼论唐代门荫制度"，北京大学中国中古史研究中心编：《敦煌吐鲁番文献研究论集》第3辑，北京大学出版社1986年版，第148—159页。
② 李锦绣先前已经指出，《唐贞观廿二年安西都护府承敕下交河县符为处分三卫犯私罪纳课违番事》中所包含的敕旨，是"百司承旨而为程式"者，但并未体现出"奏事请施行"这一特点，参见"唐'王言之制'初探——读《唐六典》札记之一"，李铮、蒋忠新主编：《季羡林教授八十华诞纪念论文集》，第285页。
③ 中国文物研究所等编：《吐鲁番出土文书》（叁），第310—311页。

（662）高宗令有司详议沙门是否应该致拜君亲的敕旨，文云：

> 敕旨：君亲之义，在三之训为重；爱敬之道，凡百之行收先。然释老二门，虽理绝常境，恭孝之躅，事叶儒津。遂于尊极之地，不行跪拜之礼。因循自久，迄乎兹辰。宋朝暂革此风，少选还遵旧贯。朕禀天经以扬孝，资地义而宣礼。奖以名教，被兹真俗。而濑乡之基，克成天构；连河之化，付以国王。裁制之由，谅归斯矣。今欲令道士女官僧尼，于君皇后及皇太子其父母所致拜。或恐爽其恒情，宜付有司，详议奏闻。
>
> 龙朔二年四月十五日光禄大夫右相太子宾客上柱国高阳郡开国公臣许敬宗宣 [1]

司礼总结报告《中台司礼太常伯陇西王博义等执议奏状一首》的末尾部分，亦称"前奉四月十六日敕旨，欲令僧尼道士女官于君亲致拜，恐爽于恒情，宜付有司，详议奏闻者"。[2] 可见，四月十五日右相（中书令）许敬宗所宣应该就是一件发布皇命式敕旨。

此外，《茅山志》中收录有一件调露二年（680）的敕旨，其内容如下：

> 敕旨：润州太平观道士，宜准七寺等例，度满七七人。如后有阙，随即简度讫申。

---

① ［唐］释彦悰纂录：《集沙门不应拜俗等事》卷三，〔日〕高楠顺次郎等编：《大正新修大藏经》第52卷，第455页。

② ［唐］释彦悰纂录：《集沙门不应拜俗等事》卷六，〔日〕高楠顺次郎等编：《大正新修大藏经》第52卷，第472页。

调露二年二月一十五日①

中村裕一早先已经指出，这件敕旨并不属于省略相关奏请文字的情况，而是一件发布皇命式敕旨。②

又，龙门石窟大佛像座下左边刻有《大卢舍那像龛记》，末尾附有一件牒文，其文云：

牒。敕旨：龙花寺，宜合作奉先寺。

开元十年十二月五日

河南县　牒奉先寺

牒，被符奉　　敕旨如右，请录白入司施行，牒举者。牒寺准状者。今以状牒，牒至准状。故牒。

开元十年十二月十二日　史樊宗牒　尉员狎③

这一件牒文不仅省略了不少署名之类的信息，我们从"被符奉敕旨"一语甚至可以推断，尚书省下符等环节都被完全隐去。不过，仅据存留的信息已足以判断，牒文中所包含的敕旨，应该也是一件发布皇命式敕旨。

不过，上述三件发布皇命式敕旨虽无奏事部分，但都明显

---

① ［元］刘大彬编撰，［明］江永年增补：《茅山志》第一篇《诰副墨》上卷之第一，上海古籍出版社 2018 年版，第 53 页。

② 参见中村裕一《隋唐王言の研究》，第 105—106 页。

③ 录文参见〔日〕常盘大定、〔日〕关野贞《晚清民国时期中国名胜古迹图集》第 2 卷，苏红译，中国画报出版社 2019 年版，第 88 页；图版参见中国国家图书馆所藏清嘉庆年间拓本，网址 http://read.nlc.cn/OutOpenBook/OpenObjectPic?aid=418&bid=44392.0&lid=gz00452-1&did= 顾専 452，访问日期：2022 年 9 月 20 日。

体现出皇命是针对某件具体的"事"而颁布的特点。尤其是后面两件，很难想象敕旨颁下之前皇帝没有接到关于太平观简度道士和龙花寺改名的"奏事"表状。而前文提到的开皇三年敕旨是规定"行道之日"不得杀生，贞观二十二年敕旨是规定三卫"违番应配西州"，则都具有鲜明的"程式"色彩。这种情况似乎表明，这一时期发布皇命式敕旨的主要功能，渐渐已不再是颁布"程式"而是批复"奏事"。更为明显的证据，则是开元末期的两件发布皇命式敕旨。

开元二十九年（741），玄宗梦见老君真容，后因博州刺史李成裕奏请，遂令天下开元观将相关敕文刻石。今陕西楼观台和河北易县尚存二碑，不过前者乃宋人摹刻且内容不够完整，故此处参照后者之拓本将相关文字移录如下：

> 敕旨：中书门下兵部尚书兼侍中牛仙客等奏"臣等因奏事，亲承德音。陛下谓臣等曰'朕自临御已来，向卅年，未曾不四更初即起，具衣服，礼　尊容。盖所为苍生祈福也。昨十数日前，因礼谒事毕之后，曙色犹未分，端坐静虑，有若假寐。忽梦见一　真容云："吾是汝远祖，吾之形像可三尺余，今在京城西南一百余里，时人都不知年代之数。汝但遣人寻求，吾自应见。汝当庆流万叶，享祚无穷。吾自度其时，今合与汝于兴庆中相见。汝亦当有大庆。"吾犹未即言，语毕。觉后昭然，若有所睹。朕因即命使，兼令诸道士相随于京城西南求访，果于盩厔县楼观东南山阜间乃遇　真容。一昨迎到，便于兴庆宫大同殿安置，瞻睹与梦中无异'者。伏以　玄元大圣，降见　真容，感通之征，实符睿

德。陛下体至真之道，崇清静之源，何曾不礼谒虔诚，为苍生祈福？故得　真容入梦，　烈祖表灵，求之西南，果与梦协。且兴庆宫者，潜龙旧邸，王业所兴。当此处而告期，与嘉名而相会，斯乃降于紫府，镇我皇家，启无疆之休，论大庆之应。陛下爰舍正殿，以为法堂，是尊是崇，至敬至极。殊常之理，将万福而俱臻；无外皆罩，乃亿兆而同庆。臣等昨日伏承圣恩，赐许瞻礼，自然相好，谅绝名言。开辟以来，典籍所载，未之有也。臣等无任庆悦之至。谨奉状陈贺以闻，仍请宣示中外，编诸简册"者。梦之正者，是为通神。于惟　圣容，果以诚应。岂朕德所致，而大道是兴。再省兴灵，言犹在耳。将贻福业，代祀弥□。□告以行宫，乃置之内殿。兼云大庆，允属朕恭。稽之道经，以慈为宝。当慈育万姓，永答神期。卿等宗臣，愿扬嘉应。所请者依。

　　　　开元廿九年闰四月廿一日

真容应见

右，博州刺史李成裕奏：奉闰四月廿一日　敕"中书门下奏，请宣示中外"者。历观宝牒，曾所未闻。侧捧瑶缄，不胜抃跃。臣谨按落下闳《太初玄》云：后八百年历差一日，有　圣人正之。至　陛下定历之年，正当八百。今又玄元皇帝，以　圣明之代，来见　真容于梦寐之间，再陈灵应，称　陛下庆流万叶，享祚无穷。则知圣历昌期，合符同契者久矣。虽缣缃已载，而琬琰未书，将何以对越神休，光昭睿德？臣之愚昧，敢以上闻。伏请于开元观，具写　纶言，勒于贞石。入仙宫而物睹，知　圣祚之天长。如允臣所请，诸州亦望准此。

敕旨：依奏。

开元廿九年六月一日 ①

不难看出，石刻中包括两件去掉了中书、门下两省官员署名部分的敕旨。从文书式的角度讲，第一件近于我们前面所复原的发布皇命式敕旨，第二件则大体满足批复奏事式敕旨的特征。不过，第一件敕旨虽然从文书格式的角度讲，可以归结为发布皇命式敕旨，但其中中书门下的奏请与玄宗的答复却很容易加以切分。也即是说，这份敕旨所颁布的皇命，实际内容就是中书门下宰相"奏事请施行者"，我们甚至可以很轻易地将其文书结构调整为批复奏事式敕旨。但是，"中书门下兵部尚书兼侍中牛仙客等奏……者"这样的表述，使我们相信其发布时应该确实遵循着发布皇命式敕旨的格式。

应该如何解释上述看似矛盾的现象呢？我们试围绕第一件敕旨成立的过程，稍作分析。《册府元龟·帝王部·尚黄老》记载：

（开元二十九年）四月，漏下后，帝谓侍中牛仙客、中书令李林甫曰："朕自临御以来，向三十年，未尝不四更初起，具衣服，礼谒尊容，盖为苍生祈福也。昨十日前礼谒事毕之后，曙色未分，端坐静意，有若假寐，忽梦见一真容云：'吾是汝远祖，吾之形象可三尺余，在京城西南一百余

---

① 图版参见北京图书馆金石组编《北京图书馆藏中国历代石刻拓本汇编》第24册，中州古籍出版社 1989 年版，第 144 页；录文参见［清］王昶《金石萃编》卷八四，新文丰出版公司编：《石刻史料新编》第 1 辑第 2 册，第 1418—1420 页；拓本还可参见网址 http://read.nlc.cn/OutOpenBook/OpenObjectPic?aid=418&bid=44281.0&lid=gz00494&did=顾專494，访问日期：2022 年 9 月 19 日。

里，时人都不知年代之数。汝但遣人寻求，吾自应见。汝当庆流万叶，享祚无穷。吾自度其时合，吾与汝兴庆中相见，汝当大庆。'吾犹未即言，语毕。觉后，昭昭然若有所睹。朕即命使，兼令诸道士相随，于京都西南求诸，果于盩厔县楼观东南山阜间，乃遇真容。一昨迎到，便于兴庆宫大同殿安置，瞻睹与梦中无异。卿等可入观之。"仙客、林甫俱拜贺，上言曰："玄元大圣，降见真容，感应之征，实符睿德。陛下礼至真之道，崇清静之源，何尝不礼敬虔诚，为苍生祈福？故得真容入梦，列祖表灵，求之西南，果与梦协。且兴庆宫者，潜龙旧邸，王业所兴，当此处而告期，与嘉名而相会，斯乃降于紫府，镇我皇家，启无疆之休，论大庆之应。陛下爰舍正殿，以为法堂，是尊是崇，至敬至极。殊常之理，将万福而俱臻；无外皆罩，及亿兆而同庆。臣等何幸，亲诣瞻礼，自然相好，谅绝名言，开辟以来，典籍所载，未之有也。请宣示中外，编诸简册。"帝手诏报曰："梦之正者，是为通神，于惟圣容，果以诚应。岂朕德所及，而大道是兴，再省神灵，言犹在耳。将贻福业，代纪弥多。初告以行宫，乃置之内殿，兼之大庆，久属朕恭，稽之道德，以兹为宝，当慈育万姓，承答神明。卿等宗臣，宜同朕意。愿扬嘉应，安敢让焉？"[①]

两相对照可知，前引敕旨文书形成所经历的过程：首先，玄宗借牛仙客、李林甫奏事之机，告知自己梦见老君一事，并令他们观

---

① 《册府元龟》卷五三，第561页。

瞻供奉在兴庆宫中的老君真容；其次，牛仙客、李林甫等于次日进状，奏请将此事"宣示中外"并"编诸简册"；再次，玄宗以手诏的形式，同意了牛仙客和李林甫等人的奏请；最后，中书省起草发布皇命式敕旨，经相关署行程序后颁于天下。由这一过程可以看出，臣下的奏请，可能会得到皇帝的批示。史料中往往称之为"手诏""手敕""批答""墨诏""墨敕""御札"等。[①] 可是皇帝的批示本身，具有私的性质。欲将其转换为国家意志而颁行天下，就有必要经过特定的程序，制为正式的王言。而在制为王言的过程中，负责起草进画的中书省会对奏请与批复进行加工。上面所举开元二十九年闰四月二十一日敕旨中比较明显的加工，即是将玄宗手诏中的"卿等宗臣，宜同朕意。愿扬嘉应，安敢让焉"改写为"卿等宗臣，愿扬嘉应。所请者依"。这样就与之前的奏请呼应起来，形成了实质为批复奏事式而格式却为发布皇命式的敕旨。也即是说，虽然从文书格式的角度讲，这件敕旨采用了发布皇命的形式，但就其本质而言，乃是将臣下的奏请与皇帝的批答拼合而成。为符合发布皇命式敕旨的一般格式，遂将大臣的奏状用"……者"的形式包含在了皇命之中。[②]

---

① 中村裕一对唐代史料中的这些名词的含义，都进行过比较详细的分析，参见《唐代制敕研究》，第 331—384、680—711、734—744 页。中村先生该书搜集了大量的相关史料，当然给我们提供了极大的便利，但我们在利用其中的一些结论时，还有必要保持审慎的态度。因为中村先生往往倾向于将"手诏"等俗称与某种具体的王言予以对应。譬如他认为"手诏"其实就是指论事敕书，但仅就其所引《旧唐书·杜如晦传》中的例证，即可知其结论还不够妥当。关于"墨诏"和"墨敕"的研究，还可参考游自勇"墨诏、墨敕与唐五代的政务运行"，《历史研究》2005 年第 5 期；关于"批答"的研究，还可参考叶炜"唐代'批答'述论——以地方官所获'批答'为中心"，《北京大学学报》2010 年第 2 期。

② 中村裕一已经注意到了此点，参见《唐代制敕研究》，第 484 页。

与上面情况如出一辙而时间稍早的例子，还见于《唐令新诫碑》。其碑文部分为：

御制　令长新诫

我求令长，保乂下人。人之不安，必有所因。侵渔浸广，赋役不均。使夫离散，莫保其身。征诸善理，寄尔良臣。与之革故，政在惟新。调风变俗，背囟归真。教先为富，惠恤于贫。无大无小，以躬以亲。青旌劝农，其惟在勤。墨绶行令，孰不攸遵？曷云被之，我泽如春。

敕旨：中书门下奏：圣恩以《令长新诫》赐新除县令等。特垂光宠，载深诫勖。即合人有一本，奉以周旋，不有严饰，诚恐黩慢。望令集贤院，简好手写一百六十三本，仍令吏部连牒，各赐一本，仍望颁示天下县令者。宜依。

　　　　开元廿四年二月七日

　　　　　　承议郎行丞王良辅书

　　　　　　朝议郎上柱国令李知止 [①]

碑文前面的"令长新诫"本身并不属于敕旨，将其放在敕旨之前应是"吏部连牒"的结果。"敕旨"至于"宜依"的部分，可能

---

① 图版参见北京图书馆金石组编《北京图书馆藏中国历代石刻拓本汇编》第 24 册，第 1 页。江川式部参照传世文献的录文，参见"唐玄宗期の県令と誡励—山东临沂『勅処分県令碑』と陕西乾県『令長新誡碑』からみた"，《明大アジア史論集》10，2005 年，第 162 頁；冈野诚对江川式部的录文略有校改，参见"唐玄宗期の県令誡励二碑と公文書書式について—山东临沂『勅処分県令碑』と陕西乾県『令長新誡碑』"，《明大アジア史論集》18，2014 年，第 214 頁。我们主要参据后者，并对其标点略有调整。

才是颁下的敕旨正文。它同样是由中书门下的奏请与皇帝的批复构成，最终颁布时以"……者"的形式将奏请包含于皇命之中，构成了一件发布皇命式敕旨。

以上情况表明，高宗至玄宗统治期间相当数量的发布皇命式敕旨，其主要功能并不是颁布"程式"而是批复"奏事"。除此之外，批复奏事式敕旨似乎也在这一时期开始得到大量行用。

除了前揭开元二十九年（741）批复博州刺史李成裕奏事所形成的敕旨，以及开元二十三年（735）为张九龄考课而批复右丞相萧嵩奏请而形成的敕旨外，① 目前从形式上看比较确切属于批复奏事式敕旨的较早例证，见于开元十一年（723）刻石的《御制赞文碑》：

> 老子赞
>   睿宗大圣真皇帝制
> 爰有上德，生而长年。白发
> 遗象，紫气浮天。函关之右，
> 经留五千。道非常道，玄之
> 又玄
> 孔子赞
>   同前制
> 猗欤夫子，寔有圣德。其道
> 可尊，其仪不忒。刊诗定礼，
> 百王取则。吾岂匏瓜？东西
> 南北。
> 颜回赞

---

① 该敕旨附于张九龄加银青光禄大夫中书令的制书之后，参见熊飞《张九龄集校注》附录二《诰命》，中华书局 2008 年版，第 1140—1143 页。

御制

杏坛槐市，儒述三千。回也

亚圣，丘也称贤。四科之首，

百行之先。秀而不实，得无

恸焉？

孔子赞　老子赞

右，修书副使太子右赞善大夫、丽正殿

学士张悱奏称：先奉恩敕，令臣检校搭

御书

睿宗大圣真皇帝集。臣伏见集中具载

前件赞文，又见孔子庙堂，犹未刊勒。臣

窃以为，尊儒重道，褒贤纪功，本于王庭，

以及天下。一则崇先师之德，一则纪

先圣之文。其兖州孔子旧宅，益州文翁

讲堂，经今千有余载，皆未题颂。臣特望

搭御书赞文，及陛下所制颜回赞，并百

官撰七十二弟子及廿二贤赞，令东都

及天下诸州孔子庙堂，精加缮写。御制

望令刻石，百官作望令题壁。陛下孝理

天下，义冠古今，使海内苍生欣逢圣造。

冀敦劝风俗，光阐帝猷。

敕旨：依奏。　　　　开元十年六月十日 ①

---

① 拓本据中国国家图书馆藏《老子孔子颜子赞》（馆藏信息：各地 6208），参见网址 http://read.nlc.cn/OutOpenBook/OpenObjectPic?aid=418&bid=41965.0&lid=gd06208&did=各地6208，访问日期：2022 年 3 月 11 日；录文参见［清］毕沅、［清］阮元辑《山左金石志》，新文丰出版公司编：《石刻史料新编》第 1 辑第 19 册，台湾新文丰出版公司 1982 年版，第 14521—14522 页。

以上录文所据之刻石立于山东省金乡县，同样内容的刻石亦见于山东省曲阜市。后者虽然仅存其中截及下截靠上的两行，幸运的是末尾的"敕旨"二字恰好清晰可见。① 这些线索，足以证明开元十年六月十日将三种御制赞文颁行天下，所用确实是批复奏事式敕旨。

根据《唐会要》记载的各种批复用语来看，其史料来源可能为唐代敕旨的史料，时间最早者似为以下这条：

> 仪凤二年（677）十一月六日，太常少卿韦万石奏：太常博士弟子等有遭忧者，请百日之后，量追赴上。奉敕：依。②

中村裕一以前归纳过《唐会要》中所载批复奏状的用语，认为它们大体可归结为"敕旨：依奏"和"奉敕：宜依"两种类型。③不过，正如后面章节将要讨论的那样，"奉敕：宜依"是中书门下敕牒中的标志性用语，而此时这种敕牒尚未开始应用。中村裕一在归纳过程中又曾指出，《唐会要》毕竟是经过编纂的史料，因此在记录这类用语时常有改写的情况。④故我们可以在一定程度上怀疑"奉敕：依"就是改写自"敕旨：依奏"。

目前能从石刻文献中找出的最早行用批复奏事式敕旨的较可靠证据，出自高宗统治时期。现仍矗立于曲阜孔庙十三碑亭中的《大唐赠泰师鲁先圣孔宣尼碑》，是高宗在位期间应太子李弘之请

---

① 拓本参据中国国家图书馆藏《孔子颜子赞》（馆藏信息：各地946），参见网址 http://read.nlc.cn/OutOpenBook/OpenObjectPic?aid=418&bid=43537.0&lid=gd00946&did=各地946，访问日期：2022年3月11日。

② 《唐会要》卷三八，第689页。

③ 参见中村裕一《隋唐王言の研究》，第118—121、158—160頁。

④ 同上书，第160頁。

而敕建。李弘所上表文刻于碑阴，起首部分为"右，皇太子弘表称：臣闻……"，结束语为"臣识昧恒规，言惭通理，尘黩听览，追增悚战"。高宗对太子所进之表的处理，则显示为"敕旨：依请"。可见，这段碑文的文本来源，应该就是高宗批复太子李弘奏请立碑一事的批复奏事式敕旨。表文中并云："想仁孝于颜曾，弥深景慕；采风猷于竹帛，冀启颛蒙。所以轻敢陈闻，庶加褒赠。天慈下济，无隔异时，咸登师保，式光泉夜。敢以前恩，重兹干请。"据此可知，上表时间应该是在总章元年（668）二月太子"请赠颜回太子少师，曾参太子少保"①不久之后。而该碑末尾又有"仪凤二年七月讫功"等字，②可见太子进表与高宗批复绝不可能晚于这个时间。当然，事实上李弘上元二年（675）四月即已薨逝。这件批复奏事式敕旨的成立，自应在此以前。

此外，《国家图书馆藏敦煌遗书》的编者将中国国家图书馆藏敦煌文书 BD08679 号，定名为《唐贞观八年五月十日高士廉等条举氏族奏》。③荣新江和陈丽萍都已经指出，这一定名很可能是依据邓文宽的研究成果，只是漏掉了"奏抄"之"抄"字。④不知编者此举乃有特定之深意，抑或是无心之失。单纯从"敕旨：

---

① 《旧唐书》卷八六《孝敬皇帝弘传》，第 2829 页。

② 录文参见［金］孔元措《孔氏祖庭广记》卷一〇，《四部丛刊续编》本。

③ 参见中国国家图书馆编《国家图书馆藏敦煌遗书》第 103 册，北京图书馆出版社 2008 年版，第 385—388 页。

④ 参见荣新江"陈寅恪先生《陈垣敦煌劫余录序》读后"，蔡鸿生、荣新江、孟宪实读解：《中西学术名篇精读·陈寅恪卷》，中西书局 2014 年版，第 54 页注 4；陈丽萍"敦煌本《大唐天下郡姓氏族谱》的缀合与研究——以 S.5861 为中心"，《敦煌研究》2014 年第 1 期，第 80 页注 1。邓文宽的研究成果原题为"敦煌文书位字七十九号——《唐贞观八年五月十日高士廉等条举氏族奏抄》辨证"（《中国史研究》1986 年第 1 期），后更名为"敦煌文献《唐贞观八年高士廉等条举氏族奏抄》辨正"，参见《邓文宽敦煌天文历法考索》，上海古籍出版社 2010 年版，第 452—473 页。

依奏"前面的部分来讲，这一看似漏掉"奏抄"之"抄"字的定名，却更加准确一些。因为这一部分，明显可以理解为原本是一件奏上皇帝的表或状。结合后面"敕旨：依奏"的表述，从整体性的角度看，这件文书就是一件批复奏事式敕旨。如果这一判断成立，似乎早在贞观年间可能就已经出现了批复奏事式敕旨。不过，早已经有研究者陆续指出此卷乃伪作。[①] 李锦绣则进一步确定该卷是以 S.5861 和 P.3191 两份文书缀合件的原本作为底本的伪作。[②] 而 S.5861 等文书是李林甫等撰、天宝八载（749）正月十日颁行的《大唐天下郡姓氏族谱》民间抄本的残片。[③] 所以，即便 S.5861 原件中亦漏掉了"敕旨：依奏"这一标志性信息，我们还是可以推测它的原本作为敕旨，应是天宝八载而非贞观八年颁下。

总之，即便一些年代更早的史料的可靠性存疑，我们还是可以根据前揭《大唐赠泰师鲁先圣孔宣尼碑》中太子李弘的表文与对应的高宗批复，基本确定批复奏事式敕旨至晚在高宗统治后期即得到行用。而这些批复奏事式敕旨，毫无疑问都是针对"奏事"而颁布。结合前文所举高宗调露年间至玄宗开元年间的几件发布皇命式敕旨实亦为批复"奏事"的情况，我们目前可以观察到的一个比较突出的现象是：至晚从高宗统治后期开始，敕旨的主要功能可能已不再是颁布"程式"而是批复"奏事"，批复奏事式敕旨的应用也日益频繁。

---

① 对这份文书研究史的回顾参见陈丽萍"敦煌本《大唐天下郡姓氏族谱》的缀合与研究——以 S.5861 为中心"，《敦煌研究》2014 年第 1 期，第 80 页注 1。

② 参见李锦绣"敦煌文书中的谱牒写本"，《文史知识》2003 年第 5 期，第 39 页；李锦绣更为详细的分析参见张弓主编《敦煌典籍与唐五代历史文化》上卷四"史地章"第七节"谱牒类"，中国社会科学出版社 2006 年版，第 526—535 页。

③ 参见陈丽萍"敦煌本《大唐天下郡姓氏族谱》的缀合与研究——以 S.5861 为中心"，《敦煌研究》2014 年第 1 期，第 86 页。

对于上述现象，我们可以给出一个理论上的初步解释。根据第一章的讨论，我们知道一般情况下，唐代初期的"奏事"应是尚书省诸司郎中或员外郎在朝会时向皇帝面陈政务，听候指示。关于唐初尚书省诸司奏报政务后，皇帝会如何处分，又是如何颁下政令，目前还缺乏一些可以直接作答的证据。而日本《养老公式令》中的部分条文，或许可以给我们一些启发。为方便对照，我们再次将其中的"奏事式"引之如下：

太政官谨奏

其司位姓名等解状云云。谨以申闻。谨奏。

　　年月日

　　太政大臣位臣姓

　　左大臣位臣姓

　　右大臣位臣姓

　　大纳言位臣姓名

奉　敕：依奏。若更有敕语须附者，各随状附，云云。

　　大纳言位姓

　　右，论奏外诸应奏事者，并为奏事，皆据案成乃奏。奉敕后，注奏官位姓。若少纳言奏者，加名。[1]

上引"奏事式"显示，太政官奏报的结果是在奏事文书上附注"奉敕：依奏"。如果天皇还有别的敕语，则一并附上。其后的注文又谓"奉敕后，注奏官位姓"及"若少纳言奏者，加名"，则

---

[1]　黑板胜美、國史大系編修會編輯：《令義解》卷七，第233—234页。

对应的唐制似乎应是：首先，尚书某司郎中或员外郎对仗面奏，皇帝一般当场口头给出"依奏"等指示；其次，奏事的郎中或员外郎在奏状上先写"奉敕"二字，接下来再如实记录皇帝所说的"依奏"等"敕语"；最后，郎中或员外郎在记录后注上自己的个人信息（如果是郎中可能只需注"位姓"；如果是员外郎，可能还需要"加名"）。

以上是我们根据日本《养老公式令》"奏事式"的相关规定推导的唐代尚书省诸司向皇帝面陈政务的过程。那么，尚书省诸司"奉敕"以后又是如何将相关政令颁下的呢？我们试以吐鲁番出土文书《唐景龙三年八月西州都督府承敕奉行等案卷》（Or.8212/529）为参考，稍作解释。先将其内容引录如下：

（前缺）

益思效□□〔

石及雍州奉天县令高峻等救弊状，并臣

等司访知在外有不安稳事，具状如前，其勾

征逋悬，色类繁杂。　　恩敕虽且停纳，于后

终拟征收。考使等所通，甚为便稳，既于公有益，

并堪久长施行者。奉　　敕宜付所司参详，逐

便稳速处分者。谨件商量状如前，牒举者。今以

状下州，宜准状，符到奉行。

　　　　　　　　　　　主事谢侃

比部员外郎　奉古　　　　令史钳耳果

　　　　　　　　　　　书令史

　　　　　　　　景龙三年八月四日下

　　十五日倩

　　　　　　九月十五日录事　　敬　　受

　　　连，顺白

　　　十六日　　　参军摄录事参军　　珪　　付[1]

关于其内容与层次，王永兴已有比较详细的分析，认为是由比部将救弊状、敕与商量状的内容融为一体。[2]我们基本同意王先生的判断，唯对"奉敕宜付所司参详，逐便稳速处分者"一语的理解稍有不同。王先生认为这里的"奉敕"是指"皇帝所下敕文"。参考上引日本《养老公式令》"奏事式"的内容，我们考虑"奉敕"之后的这一句很可能并非正式的制敕，而是皇帝的口敕。也即是说，这是比部在朝会时将"雍州奉天县令高峻等救弊状"与"臣等司访知在外有不安稳事"等情况向皇帝进行汇报，皇帝则当场给出了"宜付所司参详，逐便稳速处分"的口头指示。当然，这个"所司"并不是别的什么部门，其实还是比部。[3]因此，比部接下来拟订出了处理办法，也就是所谓的"商量状"，再将之"牒

---

[1]　图版及录文参见沙知、〔英〕吴芳思编《斯坦因第三次中亚考古所获汉文文献（非佛经部分）》，上海辞书出版社2005年版，第60—61页；录文又可参见陈国灿《斯坦因所获吐鲁番文书研究》，武汉大学出版社1994年版，第271—272页。

[2]　参见王永兴"敦煌吐鲁番出土唐代官府文书中'者'字的性质和作用"，《"开皇之治"与"贞观之治"：王永兴说隋唐》，生活·读书·新知三联书店2019年版，第25—26页。

[3]　类似的情况可参考唐代后期的几件敕旨，譬如《大唐贞元续开元释教录》卷中所收建中二年（781）二月准许三种《四分律疏》并行的敕旨，就是由祠部进状，敕旨批示"宜付所司"，再由祠部下，参见〔唐〕圆照集《大唐贞元续开元释教录》卷中，〔日〕高楠顺次郎等编：《大正新修大藏经》第55卷，第762页；《句容金石记》所收贞元五年（789）二月《旌表唐孝子张府君敕》，就是由礼部进状，敕旨批示"宜付所司"，再由礼部牒下，参见〔清〕杨世沅编《句容金石记》卷三，新文丰出版公司编：《石刻史料新编》第2辑第9册，台湾新文丰出版公司1979年版，第6447页。

举"于都省，通过后再以"尚书省"的名义下符于州府。

上述例证似乎可以说明，如果皇帝正常参与朝会，则尚书诸司就可以"面奉进止"，然后以皇帝的口敕作为处分政务的凭据。作为政务处理的结果，也就不用颁出正式的王言，只需尚书省直接出符即可。[①]然而，高宗朝的情况比较特殊。《唐会要》卷三"皇后"目记载："显庆五年（660）十月已后，上苦风眩，表奏时令皇后详决，自此参预朝政，几三十年。当时畏威，称为'二圣'。"[②]《旧唐书·则天皇后本纪》亦载："帝自显庆已后，多苦风疾，百司表奏，皆委天后详决。自此内辅国政数十年，威势与帝无异，当时称为'二圣'。"[③]这两则史料可以表明，显庆以后高宗经常因为风疾头痛无法视朝，"百司"也就不能面陈政务，只能通过"表奏"向其进行书面汇报。当然，《新唐书·百官志》还记载："高宗临朝不决事，有司所奏，唯辞见而已。"[④]这就说明高宗即便莅临朝会，除了礼仪性的辞见等活动外，也很少当面处理诸司的奏事。综上可知，高宗显庆以后奏上皇帝的政务，主要是通过表、状进行书面奏报；与这种奏报方式相对应的是，处理奏事的敕旨以及附在敕旨后下行的"奉制符"的数量，就比原先要多得多。

当然，正如前面已经提及的那样，上述分析只是一种理论上的初步解释。我们目前甚至无法确定前文所举的那几件高宗朝处

---

① 管俊玮认为唐代尚书省符可以划分为由皇帝主导、附在制敕后下行的"奉制符"和由尚书二十四司主导并独立下行的"诸司符"两类，参见"唐代尚书省'诸司符'初探——以俄藏 Дx02160Vb 文书为线索"，《史林》2021 年第 3 期。我们认为这种分类方法诚为卓识，但唐代前期尤其是尚书省二十四司并未普遍置印以前，是否存在诸司独立颁下的"诸司符"还有待进一步讨论。

② 《唐会要》卷三，第 24 页。

③ 《旧唐书》卷六，第 115 页。

④ 《新唐书》卷四七，第 1208 页。

理奏事的敕旨是否有一件是由尚书诸司所奏，所以还不能很好地用高宗病重导致"进状"替代"面奏"这个理由，来解释它们的出现。更为关键者，是我们不能很好地阐明为何高宗朝以后，诸帝再无长期生病辍朝的记录，但批复"奏事"的敕旨尤其是批复奏事式敕旨仍有大量应用，甚至仅《不空三藏表制集》等佛藏史料中，即保存有不少颁给不空等僧侣的敕旨。因此，我们认为至晚从高宗统治后期开始，唐代批复"奏事"的敕旨逐渐得到大量应用的最主要原因，还要从唐代"奏事"原则的变化中去寻觅。

小　结

在《唐六典》卷九"中书令职掌"条所举七种王言中，册书、慰劳制书与论事敕书主要用于彰显礼仪，并非实际用于处理日常政务。至于敕牒的广泛使用，基本是在开元（713—741）以后。因此，唐代前期皇帝用以治国理政的王言，主要是制书、发日敕与敕旨。

制书与发日敕所处理者，大多是军国重事，因此其成立过程均有御画监督。相较而言，制书所处理的政事更为重大，因此需要门下省覆奏皇帝，请求施行。门下省所述"等言"至"谨言"这部分内容，其陈述对象是皇帝。至于发日敕，因其所处理的事务相较制书而言重要程度稍低，故门下省无须覆奏于皇帝，仅仅"署而行之"即可。因此"奉敕如右，牒到奉行"这句话，其实是门下省告知于尚书省。至于"称扬德泽，褒美功业"，或许确实可以作为制书处理范围内部再细分事务大小的标准，故现存授官制书一般没有这部分内容，除此之外的制书如一些赦书、德音等则有之。

唐代的"敕"有时候是一个宽泛的集合概念，所以我们在处理以"敕：……"起头但又缺乏中书和门下署位部分的史料时，需要仔细甄别。在经过编纂的史料集中，确有一些史料原本出自发日敕，但还有一部分则出唐人所编"格后敕"，其最初的面貌既有可能是发日敕，也有可能是制书或敕旨。

敕旨所涉政务的重要性不如制书与发日敕。因此其成立的过程中，没有"御画"这一环节。综合目前可见保留基本文书格式的敕旨，可以权且归纳出两种"敕旨式"："发布皇命式"敕旨和"批复奏事式"敕旨。前者大体对应于《唐六典》卷九"中书令职掌"条所归纳的敕旨应用条件"百司承旨而为程式"，后者则基本对应于"奏事请施行者"。前者由中书省起草后进行覆奏，然后再依式取署；后者既经皇帝批示，似毋庸再次覆奏，中书省仅需稍微调整表奏格式，再简单附注"敕旨：依奏"之类的皇帝批示情况，即可署而行之。因此，批复奏事式敕旨能够减轻中书舍人起草进画的负担，程序稍显简便，效率相对较高。

从目前所见史料来看，我们可以观察到的一个比较突出的现象是：至晚从高宗统治后期开始，敕旨的主要功能可能已不再是颁布"程式"而是批复"奏事"，批复奏事式敕旨的应用也日益频繁。关于这一现象的出现，我们考虑有可能是因为显庆（656—661）以后，由于风疾头痛较为严重，高宗常常不能正常视朝，诸司奏事不得不以"进状"替代"面奏"。这就导致处理奏事的敕旨以及附在敕旨后下行的"奉制符"的数量，远多于从前。不过这个理由，还不能很好地解释前文举出的高宗朝处理奏事的几件敕旨。因此，我们认为导致前述现象的最主要原因，可能还要从唐代"奏事"原则的变化中去寻觅。

第三章

唐代初期的政务奏报原则及其演变

　　《唐六典》卷九"中书令职掌"条提到唐代"王言之制有七"，其第四种即为"发日敕"，注文则进一步解释称："谓御画发日敕也。"[1]这就说明"发日敕"的得名，乃因中书省起草进上以后，会经皇帝御画发日而后颁下。《唐会要》和两《唐书》称之为"发敕"，应该是漏掉了中间的"日"字。[2]《唐六典》卷九该条注文并记载发日敕的行用条件为"增减官员，废置州县，征发兵马，除免官爵，授六品已下官，处流已上罪，用库物五百段、钱二百千、仓粮五百石、奴婢二十人、马五十匹、牛五十头、羊五百口已上则用之"。[3]同书卷八记载门下省侍中职掌时，又列举了"下之通于上"的六种文书，且称"祭祀，支度国用，

---

① 《唐六典》卷九，第274页。

② 陈仲夫和中村裕一均已有所辨析，参见《唐六典》卷九，第285页注21；中村裕一《隋唐王言の研究》，第88—91页。中村裕一还解释了为何不宜将"发日敕"称为"发日敕书"。

③ 《唐六典》卷九，第274页。

授六品已下官，断流已上罪及除、免、官当者，并为奏抄"。[1] 细
审两条记载，我们可以看出发日敕与奏抄的应用场合颇有关联之
处，譬如都有关于授官和断狱等方面的内容，甚至还都指向"六
品已下官"和"流已上罪"。何以《唐六典》所载发日敕与奏抄
的应用场合会出现此种关联呢？要解答这个问题，我们首先简单
回顾一下两者的文书式。

第一章我们在讨论唐代奏事文书时，已经引用过大庭脩所复
原又经中村裕一修订过的唐代"奏抄式"。[2] 为便于比较，不惮再
次引之如下：

尚书某司谨奏：某某事。

左仆射具官封臣名

右仆射具官封臣名

某部尚书具官封臣名

　[某部侍郎具官封臣名]

某部侍郎具官封臣名　等，云云。谨以申闻。谨奏。

　　　　　年 月 日　某司郎中具官封臣　姓名　上

　　　　　　　给事中具官封臣　姓名　读

　　　　　　　黄门侍郎具官封臣　姓名　省

　　　　　　　侍中具官封臣　姓名　审

闻　御画[3]

① 《唐六典》卷八，第 241—242 页。
② 参见大庭脩 "唐告身の古文書学的研究"，《唐告身と日本古代の位階制》，第
45—46 页；中村裕一《唐代公文書研究》，第 179—180 頁。
③ 中村裕一：《唐代公文書研究》，第 179—180 頁。

至于唐代的"发日敕式"，第二章也已经引用过中村裕一在大庭脩复原的"敕授告身式"的基础上，以开元七年（719）官制为据的如下复原：

敕：云云。
　　　年月御画日
　　　　　　中书令具官封臣　姓名　宣
　　　　　　中书侍郎具官封臣　姓名　奉
　　　　　　中书舍人具官封臣　姓名　行
奉　敕如右，牒到奉行。
　　　年月日
侍中具官封　名
黄门侍郎具官封　名
给事中具官封　名
　　　右，增减官员、废置州县、征发兵马、除免官爵、授［散官］六品已
　　　下［守职事五品已上及视五品已上］、处流已上罪、用库物五百段钱
　　　二百千仓粮五百石奴婢二十人马五十匹牛五十头羊五百口已上则用之。①

我们注意到，单纯从文书格式的角度来讲，奏抄与发日敕已有很明显的区别。大致说来，发日敕的起点可以视为皇帝的命令（皇帝发号施令的标志"敕："），而奏抄的起点则为尚书省的奏请（尚书某司"谨奏："）；奏抄的终点可以视为皇帝的批准（御画"闻"），而发日敕的终点则为门下省官员署名的完成。换而言

---

① 中村裕一：《隋唐王言の研究》，第94頁。

之，发日敕所包含的政令名义上出自皇帝，而御画奏抄所包含的
政务处理意见实际上出自尚书省。

既然二者文书形式差异如此明显，为何其应用范围在《唐六
典》中却颇有关联之处呢？唐代授予"六品已下官"或者处置"流
已上罪"时，究竟是采用哪种文书呢？带着这些问题，我们接下来
试图以授官和断狱二事为中心，对奏抄与发日敕应用范围加以区隔。

第一节　奏抄与发日敕应用范围之区隔
——以授官和断狱为中心

唐代前期建立起了完备的律、令、格、式体系，并围绕这一体
系颁布了大量法典，但迄今为止保存相对完整者仅《唐律疏议》一
种而已。在明抄本《天圣令》发现之前，中国学者很难直接根据某
种传世文献判定出大量的唐令原文。而受唐朝影响形成律令制国家
的日本情况则有所不同，《养老令》仰赖传于后世的注释书《令义
解》和《令集解》，几近全本保存。这也是日本学者中田薫、仁井
田陞等能够着复原唐令之先鞭的客观原因之一。《唐六典》关于奏
抄与发日敕应用范围的记载，很可能就出自唐代某次立法所定公式
令。为厘清二者的相关性，我们有必要参考日本《养老公式令》的
相关令文展开讨论。《养老公式令》所载"论奏式"为：

太政官谨奏：其事。
太政大臣位臣姓名
左大臣位臣姓名
右大臣位臣姓名
大纳言位臣姓名等言：云云。谨以申闻。谨奏。

　　年月日

　　闻御画

　　　大纳言位姓

　　　右大祭祀，支度国用，增减官员，断流罪以上及除
　　名，废置国郡，差发兵马一百匹以上，用藏物五百端
　　以上、钱二百贯以上、仓粮五百石以上、奴婢廿人以
　　上、马五十匹以上、牛五十头以上，若敕授外应授五
　　位以上，及律令外议应奏者，并为论奏。画闻讫，留
　　为案。御画后，注奏官位姓。①

很明显，单纯从文书格式的角度看，日本的"论奏式"与唐的
"奏抄式"大体一致。但日本论奏适用的场合，又远远超出了
《唐六典》所载唐奏抄的应用范围，至少还要加上唐发日敕的诸
应用事项才差相仿佛。日本学者石母田正很早就敏锐地注意到了
这一点，认为体现唐朝皇帝专制权力的发日敕的应用事项既然
被囊括在论奏之中，说明相较而言日本太政官的奏事范围更加广
泛，天皇权力则受到更多制约。②不过，对于这一观点，石母田
正并未详细论证。早川庄八则继承了石母田正的基本看法，并进
一步有所阐释。他指出论奏既然只能画"闻"，可能就意味着从
形式上讲天皇无法否决太政官所上提案。通过列表对照，早川庄
八还推论日本《大宝公式令》中可能只有唐奏抄的诸应用事项，

---

① 黑板勝美、國史大系編修會編輯：《令義解》卷七，第 231—232 頁；仁井田陞
　著，池田温編集：《唐令拾遺補—附唐日兩令對照一覽》，東京：東京大学出版
　會，1997 年，第 1242 頁。
② 参见石母田正《日本の古代国家》，《石母田正著作集》第 3 卷，東京：岩波書
　店，1989 年，第 195 頁。

到制定《养老公式令》时才将唐发日敕的相关事项添加进去。①
为便于讨论，我们先将其所制对照表格移录如下：

表一 论奏事项对照表

《养老令》规定的论奏事项	可以复原为《大宝令》的字句	唐发日敕	唐奏抄式
（1）大祭祀	"大祭祀"		祭祀
（2）支度国用	"支度国用"		支度国用
（3）增减官员	（《古记》无）	增减官员	
（4）断流罪以上及除名	"断流罪以上及除名"	处流以上罪、除免官爵	断流以下罪及除免官当
（5）废置国郡	（《古记》无）	废置州县	
（6）差发兵马一百匹以上	（《古记》无）	征发兵马	
（7）用藏物五百端以上……	（《古记》无）	用库物五百段……	
（8）敕授外应授五位以上	"授五位以上"	授六品以下官	授六品以下官
（9）律令外议应奏	"律令外应论"		

原注：唐发日敕据《唐六典》卷九，唐奏抄式据《唐令拾遗》。

观察上表可知，早川庄八的推论若要成立，首先必须满足一个前
提条件，即确定《古记》中无法复原的条目不是《大宝令》的内
容。但如早川庄八自己在论证过程中已经注意到的那样，并不能
根据《令集解》所引之《古记》缺乏记载，就遽断《大宝令》中
不存在相关的令文。②

---

① 参见早川庄八《日本古代官僚制の研究》，東京：岩波書店，1986 年，第 5 页。
② 参见早川庄八《日本古代官僚制の研究》，第 7 页。否定《古记》中不存在则
《大宝令》亦不存在相关条文的证据，可参考吉村武彦 "律令制的班田制の歴史
的前提について一国造制的土地所有に関する覚書"，井上光貞博士還暦記念
会編：《古代史論叢》中卷，東京：吉川弘文館，1978 年，第 313 页。早川庄
八自己也注意到了相关证验，参见 "奈良時代前期の大学と律令学"，《日本古
代官僚制の研究》，第 405—409 页。

　　此外，早川庄八的论证中还存在一个问题，即如何解释奏抄、发日敕事项与论奏事项的差异问题。譬如唐奏抄式中的"断流以下罪"，在《大宝令》中就变成了"断流罪以上"；唐奏抄式中的"授六品以下官"，在《大宝令》中则变成了"授五位以上"。在森田悌看来，就刑罚和授官这两方面的规定而言，唐奏抄式实际设定的是上限，即对臣下的奏议权力加以限制；而《大宝令》设定的是下限，在此以上的奏事则没有限制。①

　　有鉴于此，坂上康俊致力于从日、唐律令条文的微妙差异入手，解决奏抄、发日敕与论奏三者之间应用场合的关系问题。作者认为《唐六典》所记载的四条唐奏抄的应用条件，其内涵至晚在被吸收进《大宝令》时已经发生了根本性的变化，由每年恒常所奏变成了临时案奏。概言之，唐奏抄应用于诸官司职权范围内日常行政事务的定期上奏，发日敕则用于官僚机构日常行政之外必须请求皇帝下旨的临时情况，日本的论奏也主要用于临时奏事的场合。②

　　坂上康俊提供了一条新的解决问题的思路，具有极为重要的参考价值。不过，他虽然注意到了日本论奏与奏事应用范围的层次性，却对唐奏抄与发日敕应用的层次性有所忽视。因此其论证过程，也还存在一些问题。比如，他认为唐奏抄式中的"支度国用"与日本论奏式中的"支度国用"有所不同，后者可能只是用于节俭经费等消极性的临时提案。③坂上康俊这个观点参考了大津透的研究。后者的关键证据是《令义解》的一条记载："太

---

①　参见森田悌《平安時代政治史研究》，東京：吉川弘文館，1978 年，第 37 頁。

②　参见坂上康俊"発日勅・奏抄事項と論奏事項"，《史淵》138，2001 年，第 1—17 頁。

③　参见坂上康俊"発日勅・奏抄事項と論奏事項"，《史淵》138，2001 年，第 8 頁。

政官准年丰俭，增减用度。假令，年事不入，冢宰留用。年事皆入，乃复其初之类是也。即与主计寮支度国用同文异义也。"大津透认为这条记载明确指出此处之"支度国用"与和唐有密切关系的主计寮的职掌完全不同。[①] 我们则认为，论奏既经太政官奏上，则这里所谓"与主计寮支度国用同文异义"，其实是指最终奏上天皇之论奏即使与主计寮所起草之预算的文字内容完全相同，也已经过太政官"准年丰俭，增减用度"的裁量，其意义已经有所不同。这与度支奏抄奏上过程中会经尚书和左右仆射审署其实是一致的，并不能看出两国的"支度国用"有何区别。

李锦绣也和石母田正与早川庄八一样，注意到了日本论奏的应用场合是对唐奏抄与发日敕相关内容的综合。不过，与日本学者研究的落脚点在日本制度不同，她是以日本《养老公式令》中"论奏式"的相关规定为参照，希望弄清楚《唐六典》中奏抄与发日敕之间的关系。经过逐项比较，李锦绣认为奏抄与发日敕的内容基本上是相符合的，只是《唐六典》在分记二者时，或对一制度未全面概括，仅撮其大要，因此产生了关于奏抄与发日敕的一些不同记载。最终，李锦绣得出的结论为：发日敕即御画后的奏抄。[②]

然而李锦绣的上述结论，不能很好地解释《唐六典》所载奏抄与发日敕应用场合中不能重合的部分。森田悌之前即已经借助于早川庄八早先所列表格，指出唐奏抄与发日敕之间存在的互斥

---

① 参见〔日〕大津透"唐律令制国家的预算——仪凤三年度支奏抄、四年金部旨符试释"，宋金文、马雷译，刘俊文主编：《日本中青年学者论中国史·六朝隋唐卷》，第 474 页。

② 参见李锦绣"唐'王言之制'初探——读《唐六典》札记之一"，李铮、蒋忠新主编：《季羡林教授八十华诞纪念论文集》，第 277—284 页。

关系。①雷闻则以发日敕有而奏抄所无的三条内容（征发兵马、废置州县、增减官员）为例，证明《唐六典》成书的开元前后这些事务皆是以发日敕宣下。②见到雷闻的论证以后，李锦绣放弃了前述结论。她转而认为以奏抄处理国家常务，基本按律令格式等法制法规运行，具有固定性。而以发日敕增加皇帝处理国家行政常务的权力，一方面是为了调解固定常规与突发性事件的矛盾，增加国家常务问题处理的灵活性；另一方面也赋予了皇帝干预国家常务的权力，体现了唐代皇权对国家行政常务的干预及渗透。③

李锦绣后来的看法与前揭坂上康俊的观点比较接近，但仍然存在一些有待解释的问题。譬如有关授予"六品以下官"或者处分"流以上罪"，究竟应该算是固定常规政务抑或是突发性事件呢？究竟应该用奏抄抑或是发日敕予以处理呢？如果是用奏抄，则意味着尚书省要根据律令规定给出具体的处理意见，皇帝只需御画"闻"即可；如果是用发日敕，可能意味着尚书省只需将事务奏上，由皇帝加以具体裁决。如此一来，尚书省在奏报此类政务时可能就会莫衷一是，势必造成政务运作的混乱和无序。

综上所述，中日都有学者已经注意到了奏抄、发日敕与论奏事项的关系问题，也提出了各自的设想并且部分地予以了论证，只是还不同程度地存在着窒碍难通之处。欲在学者此前讨论的基础上有所推进，我们只有将奏抄、发日敕的应用事项与其他更为具体的制度规定及其运作实践结合起来加以讨论。在此，我们尝

---

① 参见森田悌《平安时代政治史研究》，第36页。

② 参见雷闻"从S.11287看唐代论事敕书的成立过程"，荣新江主编：《唐研究》第1卷，第331—332页。

③ 李锦绣的相关更正，参见张弓主编《敦煌典籍与唐五代历史文化》上卷四"史地章"第四节"诏令类"，中国社会科学出版社2006年版，第458—460页。

试对奏抄与发日敕应用场合的重合之处进行解释。

《唐六典》卷二"吏部尚书侍郎职掌"条云：

> 五品已上以名闻，送中书门下，听制授焉。六品已下常参之官，量资注定；其才识颇高，可擢为拾遗、补阙、监察御史者，亦以名送中书门下，听敕授焉。其余则各量资注拟。①

《通典·选举》载唐"选授之法"：

> 五品以上皆制授。六品以下守五品以上及视五品以上，皆敕授。凡制、敕授及册拜，皆宰司进拟。自六品以下旨授。其视品及流外官，皆判补之。凡旨授官，悉由于尚书，文官属吏部，武官属兵部，谓之铨选，唯员外郎、御史及供奉之官则否。供奉官，若起居、补阙、拾遗之类，虽是六品以下官，而皆敕授，不属选司。开元四年，始有此制。
>
> …………
>
> 其六品以降，计资量劳而拟其官；五品以上，不试，列名上中书门下，听制敕处分。凡选，始集而试，观其书判；已试而铨，察其身言；已铨而注，询其便利，而拟其官。已注而唱示之，不厌者得反通其辞，他日，更其官而告之如初。又不厌者，亦如之。三唱而不服，听冬集。服者以类相从，攒之为甲。先简仆射，乃上门下省，给事中读之，黄门侍郎省之，侍中审之。不审者，皆得驳下。既审，然后上闻。主者受旨而奉行焉。②

---

① 《唐六典》卷二，第 27 页。
② 《通典》卷一五，第 359—360 页。按：笔者对标点略有调整。

应该注意的是，《通典》后文称"其视品及流外官，皆判补之"，前文却谓"六品以下守五品以上及视五品以上，皆敕授"，关于视品官除授方式的记载似乎存在一些矛盾。《唐律疏议·职制》"置官过限"条疏议解释"谓非奏授者"时，云"即是视六品以下及流外杂任等"。① 可见，《通典》前面所述无误，后面所谓"视品"，更准确的说法应该是"视六品以下"。实际上，唐开元十年（722）王公以下府佐国官被废以后，视流内官就仅剩萨宝和萨宝府祆正两种而已，五品以上者更是只有前者一种。② 或因萨宝这一职位的特殊性，③ 故长期保留着特敕授官的传统。

我们知道，日本《养老令》中的"敕"相当于《唐令》中的"制"，故"六品以下守五品以上及视五品以上"之记载，与前引日本《养老公式令》"论奏式"条中的"敕授外应授五位以上"其实是一致的。④ 考虑到《养老令》的蓝本为唐《永徽令》，⑤ 我

① 《唐律疏议笺解》卷九，第 693 页。
② 参见李锦绣"唐代视品官制初探"，《中国史研究》1998 年第 3 期。
③ 参见荣新江"萨保与萨薄：北朝隋唐胡人聚落首领问题的争论与辨析"，《中古中国与粟特文明》，生活·读书·新知三联书店 2014 年版，第 163—185 页。
④ 这一点坂上康俊已有提示，参见"発日勅·奏抄事項と論奏事項"，《史淵》138，2001 年，第 11 页。
⑤ 关于日本令与唐令的对应问题，日本学术界经历过很长一段时间的争论，相关学术史梳理可参考榎本淳一"『東アジア世界』における日本律令制"，大津透編：《律令制研究入門》，東京：名著刊行会，2011 年，第 7—11 页。不过，日本《大宝令》和《养老令》是以唐《永徽令》作为直接蓝本，在 20 世纪后半叶已经逐渐成为日本法制史学界的基本共识，参见池田温"唐令と日本令—《唐令拾遺補》編纂によせて"，池田温編：《中國禮法と日本律令制》，東京：東方書店，1992 年，第 167 页。坂上康俊近年又提出日本《养老令》的蓝本可能是唐"开元三年令"，参见"日本舶来唐令的年代推断"，何东译，韩昇主编：《古代中国：社会转型与多元文化》，第 168—175 页。但这种新说，并未被广泛接受。

们推测《永徽公式令》中发日敕的授官范围可能即为"制授外应授五品以上"。

根据现存唐代告身实例不难看出，"制授""敕授"和"旨授"之得名，乃是基于告官时所奉皇帝命令形式之不同，即所谓"制书如右""奉敕如右"和"计奏被旨如右"。其中"奉敕"之"敕"，就是"发日敕"。"计奏被旨"之"奏"就是尚书吏部或兵部"量资注拟"（或言"计资量劳而拟其官"）以后的授官奏请。从"拟官→简仆射→上门下省（'给事中读之，黄门侍郎省之，侍中审之'）→上闻"这一系列程序可以看出，此处之授官奏请其实就是以奏抄奏上。"被旨"之"旨"，则是皇帝以画"闻"表明同意奏抄授官申请后形成的御画奏抄。"旨授"所反映出的，实际就是从奏抄奏上到最终颁下御画奏抄的政务运作流程。因此，"旨授"亦即"奏授"之别称。

在此基础上，若综合前引《唐六典》和《通典》中的两段记载，即可知唐代开元年间授五品以上官属于"制授"，授六品以下官则分为以发日敕授官的"敕授"和以御画奏抄授官的"奏授"两类。虽然"敕授"和"奏授"的对象都可以归为"六品以下官"，但其具体所指还是截然不同。《通典》的记载非常明确，"敕授"的具体对象是"六品以下守五品以上及视五品以上"和"员外郎、御史及供奉之官（若起居、补阙、拾遗之类）"。自此以外的"六品以下官"，才是经过吏部或兵部铨选后以奏抄奏上，经皇帝御画"闻"以示同意后再颁下御画奏抄，从而完成"奏授"。换句话说，"敕授"具有皇帝特敕授官的意味，"奏授"才是"六品以下官"除授的常规路径。故《唐律疏议·职制》"事直代判署"条疏议云："依令，授五品以上画'可'，六品以下画'闻'。"① 这里就只是提到了"制授"和"奏授"两种常规的授官方式。法藏敦煌文书 P.2819 即所谓的《公式令残卷》中"制授告身式"后，紧接着的也是"奏授告身式"而非"敕授告身式"。②

《唐六典》在记载奏抄与发日敕应用范围时为何没有详细注明二者的区别呢？我们认为可能的原因有两个：其一，唐公式令本身对此就是以高度概括的方式加以记载，详细的区分是在《选举令》中，官府机构具体执行时则遵循的是《吏部格》或《吏部式》等具体的格式条文；其二，《唐六典》在"以令式入六司"③的编纂方式摘引唐公式令的相关规定时，为求高度概括从而省略掉了一些附加条件。

无论如何，目前我们已经基本可以确定，唐开元年间奏抄与发日敕应用事项中的"授六品以下官"所指范围截然有别，但合并起来又构成了比较完整的"六品以下官"的范围，这是《唐六典》将"授六品以下官"同时归为奏抄与发日敕应用范围的基本前提。以此作为参照，接下来我们或许能较为合理地解释开元年间奏抄与发日敕各自所适用的断狱范围。

首先需要注意的是，现存南宋以降诸本《唐六典》卷八记载奏抄断狱之范围皆作"断流已下罪及除、免、官当者"，④ 但内

---

① 《唐律疏议笺解》卷一〇，第 792 页。
② 图版参见上海古籍出版社、法国国家图书馆编《法藏敦煌西域文献》第 18 册，上海古籍出版社 2001 年版，第 365 页。丸山裕美子亦认为唐公式令中没有规定敕授告身式的书式，参见"唐代之告身与日本之位记——古文书学视角的比较研究"，黄正建主编：《中国古文书研究初编》，上海古籍出版社 2019 年版，第 183 页。
③ ［南宋］陈振孙：《直斋书录解题》卷六，上海古籍出版社 1987 年版，第 172 页。
④ 参见《唐六典》卷八，第 257 页注 12。

藤乾吉早已经注意到其中可能存在讹误：“《六典》奏抄之注作‘已下’，恐误。其由据下文的《唐律疏议》之文可明之。”① 陈仲夫在点校《唐六典》时，也是根据《唐律疏议》的相关内容和前引日本《养老公式令》中的条文，径将《唐六典》中所记奏抄断狱范围中的“下”字改为“上”。② 坂上康俊在讨论相关问题时，则直接以内藤乾吉和陈仲夫的判断作为前提。③ 李锦绣也认为奏抄所断是流以上罪，并且同样举出了《唐律疏议》中的相关条文加以说明。④

《唐律疏议·断狱》“辄自决断”条疏议曰：

> 依《狱官令》：“杖罪以下，县决之。徒以上，县断定，送州覆审讫，徒罪及流应决杖、笞若应赎者即决配征赎。其大理寺及京兆、河南府断徒及官人罪并后有雪减，并申省，省司覆申无失，速即下知；如有不当者，随事驳正。若大理寺及诸州断流以上，若除、免、官当者，皆连写案状申省。大理寺及京兆、河南府即封案送。若驾行幸，即准诸州例，案覆理尽申奏。”⑤

前述学者正是以这条记载作为重要依据，将《唐六典》奏抄应用范围中的“断流已下罪”校改为“断流已上罪”。不过，我们

---

① 〔日〕内藤乾吉：“唐代的三省”，姚荣涛、徐世虹译，刘俊文主编：《日本学者研究中国史论著选译》第 8 卷《法律制度》，第 244 页。
② 参见《唐六典》卷八，第 242 页。
③ 参见坂上康俊“発日勅·奏抄事項と論奏事項”，《史淵》138，2001 年，第 3—4 页。
④ 参见李锦绣“唐‘王言之制’初探——读《唐六典》札记之一”，李铮、蒋忠新主编：《季羡林教授八十华诞纪念论文集》，第 279 页。
⑤ 《唐律疏议笺解》卷三〇，第 2065—2066 页。

认为这种改动的合理性还稍嫌欠缺。因为《唐律疏议》反映的唐制，一般情况下对应的是永徽年间（650—655）的情况。① 而《唐六典》中的相关条文除非特别注明，则很可能反映的是开元年间（713—741）的情况。② 职是之故，我们认为更适宜作为直接证据以对《唐六典》奏抄应用范围中的"断流已下罪"加以改正者，是《唐六典》卷六"刑部郎中员外郎"条的如下注文：

> 犯罪者，徒已上县断定，送州覆审讫，徒罪及流应决

---

① 关于《唐律疏议》的修纂年代，中外学界主要有三种认识，即仁井田陞和牧野巽等人所力证的"开元律疏说"，杨廷福和蒲坚等人所捍卫的"永徽律疏说"，以及滋贺秀三和冈野诚等人调和前说形成的"折中说"，参见周东平"二十世纪之唐律令研究回顾"，中南财经政法大学法律史室编：《中西法律传统》第 2 卷，中国政法大学出版社 2002 年版，第 96—99 页。笔者认可"永徽律疏说"，理由主要参据杨廷福《〈唐律疏议〉制作年代考》，《唐律初探》，天津人民出版社 1982 年版，第 1—30 页。

② 根据韦述《集贤记注》所述，《唐六典》的编撰原则是"以令式入六司，象《周礼》六官之制，其沿革并入注"（《直斋书录解题》卷六，第 172 页）。日本学者浅井虎夫最早提出《唐六典》所载的唐令为"开元七年令"，仁井田陞则对这一观点进行了较为具体的论证。相关学术史梳理，可参考中村裕一《大唐六典の唐令研究—「開元七年令」説の検討》，東京：汲古書院，2014 年，第 14—27 页。按照中村裕一的说法，此后八十年间，《大唐六典》所引唐令为"开元七年令"之说被完全接受，再无一人提出异议，参见《唐令の基礎的研究》，東京：汲古書院，2012 年，第 9 页。据此可知，《唐六典》所引唐令为"开元七年令"在 20 世纪已经成为学界的基本共识。直到近年霍存福在讨论唐式的制定与修辑时，仍旧认为除有限的吸收之外，根据《唐六典》注对法典的断限可知，被摘要收入《唐六典》中的令、式，是开元七年令、式，参见《唐式辑佚》，社会科学文献出版社 2009 年版，第 30 页。不过近年中村裕一在前揭两本著作中否定了旧说，力证《唐六典》所载的唐令为"开元二十五年令"。我们认为，《唐六典》所引之唐令，如果能确证为"开元二十五年令"且非"开元七年令"，才宜以"开元二十五年令"待之，否则应当尽量以"开元七年令"视之。推而言之，除了能确定具体行用年份的规定，笔者一般将《唐六典》涵括的唐代制度视为开元七年已经形成，并且一直沿用到《唐六典》定稿的开元末期的令、式条文。

杖、笞若应赎者，即决配、征赎；其大理及京兆、河南断徒
及官人罪，并后有雪减，并申省司审详无失，乃覆下之；如
有不当者，亦随事驳正。若大理及诸州断流已上若除、免、
官当者，皆连写案状申省案覆，理尽申奏；若按覆事有不
尽，在外者遣使就覆，在京者追就刑部覆以定之。①

参考这段注文，我们则较有信心将《唐六典》卷八所载奏抄应用
条件"断流已下罪及除、免、官当"校改为"断流已上罪及除、
免、官当"。②

这样看来，奏抄在断狱方面的应用条件"断流以上罪"，就
可以与《唐六典》卷九所载发日敕的应用条件"处流已上罪"对
应起来。二者剩下之重要差别，唯奏抄作"除、免、官当"而发
日敕作"除免官爵"。需要注意的是，"除、免、官当"是唐代标
准的法律术语，屡见于《唐律疏议》《唐六典》等唐代典制。甚
至在《宋刑统》《庆元条法事类》等后世法律文献中，它依然作
为规范术语被广泛使用。而所谓的"除免官爵"，在《唐六典》
中仅此一见。更重要的是，除开史源为论述发日敕应用范围的

---

① 《唐六典》卷六，第189页。对比前文所引《唐律疏议·断狱》"辄自决断"条疏
　议和《唐六典》卷六"刑部郎中员外郎"条注文，我们注意到后者相较于前者缺
　少了"大理寺及京兆、河南府即封案送。若驾行幸，即准诸州例"一句。仁井田
　陞在《唐令拾遗》中尚未将其复原为令文，此后日本和中国学者在复原唐令时，
　均据《唐律疏议·断狱》"辄自决断"条将此句补入开元《狱官令》中，参见雷
　闻"唐开元狱官令复原研究"，天一阁博物馆、中国社会科学院历史研究所天圣
　令整理课题组：《天一阁藏明钞本天圣令校证（附唐令复原研究）》，中华书局
　2006年版，第609—610页。我们认为这种处理方式不够妥当，《唐六典》之所
　以缺少该句，很可能是因为其所据开元《狱官令》已经将其删去。
② 笔者在旧文中，曾主张《唐六典》存世各本所载奏抄应用条件"断流已下罪"无
　误，参见"唐代前期的奏抄与发日敕书"，《文史》2018年第1辑。张雨已经指出
　其不妥之处，参见《唐代司法政务运行机制及演变研究》，第139—140页。

《唐六典》卷九该条注文外，在各种反映唐代制度的史料中，再也找不到任何其他表述为"除免官爵"的情况。因此，我们有理由怀疑《唐六典》卷九此处之"官爵"实为"官当"之讹。也即是说，与前文所论奏抄与发日敕"授六品以下官"的情况类似，《唐六典》所载二者断狱的范围亦同为"流已上罪及除、免、官当"。当然，奏抄与发日敕在处理"流已上罪及除、免、官当"时，其实际范围应该有明显区别。

前引《唐律疏议·断狱》"辄自决断"条疏议云："若大理寺及诸州断流以上，若除、免、官当者，皆连写案状申省。大理寺及京兆、河南府即封案送。若驾行幸，即准诸州例，案覆理尽申奏。"这就说明永徽年间尚书省处理"流已上罪及除、免、官当"有两种方式：如果是诸州所申，则"案覆理尽申奏"，最终是以奏抄提出具体处分意见，等待皇帝御画"闻"以批准；如果是大理寺及京兆、河南府所申，则"封案送"，即将案卷直接封好后送呈皇帝，等待皇帝亲自裁决。参考这种二分模式，我们就容易理解《唐六典》所载奏抄与发日敕的应用范围，何以都包含着处理"流已上罪及除、免、官当"的内容。其关键在于，奏抄所"断"流以上罪及除、免、官当，乃是针对"诸州"所申；发日敕所"处"流以上罪及除、免、官当，则是针对"大理寺及京兆、河南府"所申。①

以上，我们对《唐六典》所载奏抄与发日敕在授官和断狱这两个方面的区别，进行了辨析。参考日本《养老公式令》的相关

---

① 张雨在讨论二者差别时，认为奏抄作为常行公文，适用于律令格式已经作出明确规定的国家常行政务；发日敕属于"王言"，适用于基于身份制国家所带来的特殊问题或特殊案情，以及社会经济发展本身所带来的超出既有法典规定的新问题，参见《唐代司法政务运行机制及演变研究》，第138页。作者的这个结论，可以认为是前揭坂上康俊和李锦绣相关论点在断狱方面的延展。

条目，目前大体可以将《唐六典》所据唐代令文中发日敕的应用范围还原为"增减官员，废置州县，征发兵马，授六品已下 ［守五品已上及视五品已上］官，处 ［大理寺及京兆、河南府所申］流已上罪 ［及］除、免、官爵（当），用库物五百段、钱二百千、仓粮五百石、奴婢二十人、马五十匹、牛五十头、羊五百口已上"。而奏抄的应用条件，则可以概括为"祭祀，支度国用，授六品已下 ［九品已上］官，断 ［诸州所申］流已上罪及除、免、官当"。

第二节　唐代初期"一切先申尚书省"的奏事原则

如第一节所讨论的那样，此前很多学者已经注意到，日本论奏之应用范围大体相当于唐奏抄与发日敕应用范围之总和。至于形成这一情况的原因，石母田正等人试图从日本天皇与唐朝皇帝专制权力对比的角度加以解释。这当然有其合理性。不过，我们认为最直接的原因，恐怕应该归结于日、唐的奏事制度既具有差异性，又具有一致性。而最为根本的一致性，就是理论上只有统一的中央机构（太政官或尚书省）才是向最高统治者（天皇或皇帝）奏报政务的绝对主体。

核对《养老公式令》相关条文即不难看出，日本的论奏（起首为"太政官谨奏：其事"）属于太政官之直接奏事，奏事（起首为"太政官谨奏：其司位姓名等解状云云"）和便奏（起首为"太政官奏：其司所申其事云云"）则具有太政官转奏之性质。[1]

---

[1]　引文参见黑板勝美、國史大系編修會編輯《令義解》卷七，第 231、233、234 頁。

不过无论如何，有权力直接向天皇奏事者均是太政官。《令集解》卷三一"论奏式"条解题中所征引的注释谓："律令内应奏诸事，大者为论奏，中者为奏事，小者为便奏，是合唐律令。"①这就说明唐代初期律令范围内应奏诸事，原则上也是经由与太政官相对应的尚书省进行奏报。

当然，即便是所谓"律令外"应奏诸事，唐初也与日本《大宝令》和《养老令》所描述的情况类同，主要是由尚书省议定奏闻。早川庄八所制"论奏事项对照表"（表一）显示，《养老公式令》"论奏式"的应用事项中有一条是"律令外议应奏"，《大宝公式令》中可能存在的"律令外应论"的规定，则与之非常接近。实际上，类似的表述亦见于唐代初期的律令中。《唐律疏议·职制》"律令式不便辄奏改行"条云："诸称律、令、式，不便于事者，皆须申尚书省议定奏闻。若不申议，辄奏改行者，徒二年。即诣阙上表者，不坐。"疏议部分则曰：

> 称律、令及式条内，有事不便于时者，皆须辨明不便之状，具申尚书省，集京官七品以上于都座议定，以应改张之议奏闻。若不申尚书省议，辄即奏请改行者，徒二年。谓直述所见，但奏改者。即诣阙上表，论律、令及式不便于时者，不坐。若先违令、式而后奏改者，亦徒二年。所违重者，自从重断。②

很明显，这里的"称律、令及式条内，有事不便于时者"，即近

---

① 黑板勝美、國史大系編修會編輯：《令集解》卷三一，第786頁。
② 《唐律疏议笺解》卷一一，第908—909頁。

于日本令文中的"律令外"。

我们知道，唐代前期用来修改律、令、式的王言，当然包括发日敕，甚至可能确实是以发日敕为主，故唐人后来会将修订律、令、格、式的王言汇编起来统称为"格后敕"。其条目，正如俄藏 Дx.06521 号、英藏 S.1344 号和中国国家图书馆所藏周字 69 号等敦煌残卷所反映的那样，皆是以"敕"字起首。^① 不过，在第二章我们亦曾论及，唐代发布王言时需要根据政事本身之性质与大小，来确定究竟是用制书、发日敕抑或是敕旨予以颁下。譬如龙朔二年（662）尚书省议定沙门是否应该致拜君亲之事后，由司礼（尚书礼部）将讨论结果向皇帝进行奏报，最终朝廷颁下制书，确立了"今于君处勿须致拜；其父母之所慈育弥深，祗伏斯旷，更将安设？自今已后，即宜跪拜"的新规。^② 因此，唐代前期处理"律令外应论"或"律令外议应奏"之事的王言，既可能是发日敕，也有可能是制书或敕旨。故"律、令及式条内，有事不便于时者"这样的条文，当然不能直接归入发日敕的应用事项中。

同样地，既然所奏本身即为"律、令及式不便于时"之事，尚书省自不可能如《仪凤三年度支奏抄》那样"依常式"进行"支配"并"处分"，即同样不应通过奏抄奏上。参考龙朔二年尚书省议定沙门是否应该致拜君亲之事后，是用奏状进行奏报，则我们推断仅就"律令外议应奏"或"律令外应论"这一条而言，与日本论奏相对应的唐代奏事文书应是奏状而非奏抄。这可以作

---

① 参见戴建国《唐宋变革时期的法律与社会》，上海古籍出版社 2010 年版，第 140—141 页。

② ［唐］释彦悰纂录：《集沙门不应拜俗等事》卷六，〔日〕高楠顺次郎等编：《大正新修大藏经》第 52 卷，第 472 页。

为前文所述日、唐奏事制度具有差异性的佐证之一。不过正如我们在第一章已经讨论论过的那样，原则上唐初使用奏状奏报政务的主体是尚书省。因此我们认为针对所谓"律令外"应奏诸事，唐代初期的申奏程序还是与《养老令》所载的"论奏式"存在相通之处，即奏请者必须先申尚书省或太政官议定，再由后者将"应改张之议"奏报给皇帝或天皇。

关于唐代前期尤其是初期不论奏抄、发日敕抑或是其他王言所涉政务，其奏报主体都是尚书省，我们还可以参考一个具体的事例。《唐会要》卷四"储君"目记载："咸亨二年（671）五月十三日敕：尚书省与夺事及须商量拜奏事等文案，并取沛王贤通判；其应补拟官及废置州县，并兵马刑法等事，不在判限。"① 这里的"尚书省与夺事"，应是指代奏抄所奏政务。皇帝既然只能在奏抄上御画"闻"，则这类政务实际是由尚书省负责处理，故可以称其为"尚书省与夺事"。"须商量拜奏事"则如上引"律令式不便辄奏改行"条所言，须尚书省"议定奏闻"者。② 其余"应补拟官及废置州县，并兵马刑法等事"，则主要包括奏抄所奏报授官和断狱事与须发日敕所处分之事（授六品以下守五品以上及视五品以上官、废置州县、征发兵马、处大理寺及京兆河南府所申流以上罪及除、免、官当等）。中间负责连接的"其"字显示，

---

① 《唐会要》卷四，第 42 页。
② 王孙盈政认为"尚书省与夺事"即奏抄，"须商量拜奏事"即商量状。不论是奏抄还是商量状，沛王皆亲身判案。这一诏书清楚表明了商量状在尚书省内的大量应用及其在国家常务运行中仅次于奏抄的地位。天下百司奏状皆交由尚书省，或形成奏抄，或形成商量状，可见律令格式规定范围之外的事务也须经过尚书省的商量，参见"唐代后期的尚书省研究"，浙江大学博士学位论文，2011 年，第 42—43 页。

它们的共同之处即是都需要由尚书省来拟订奏上之文案，即尚书省通过奏抄或奏状进行奏报。

　　总之，唐代前期尤其是初期，尚书省是政务统合与奏报的中心。正如严耕望所概括的那样："然则唐代中外各级之行政机关如九寺、诸监、诸卫、东宫官属以及诸道州府，纵不皆直接统辖于尚书省，然在行政上皆承受于尚书省，则无疑也。故有事皆申尚书省取裁闻奏，不能径奏君相。"①严先生这段精辟归纳的史料依据，应该主要本于《唐六典》。不过，其中涉及"中外各级之行政机关……有事皆申尚书省取裁闻奏"这一点，不仅不见于《唐六典》，在其他直接反映唐代前期政事申奏制度的史料中也未见踪迹，很可能源自《唐会要》卷五七"尚书省"目所收录的两则史料。谨将其引之如下：

　　永泰二年（766）四月十五日制：周有六卿，分掌国柄，各率其属，以宣王化。今之尚书省，即六官之位也。古称会府，实曰政源。庶务所归，比于喉舌，犹天之有北斗也。朕纂承丕绪，遭遇多难，典章故事，久未克举。其尚书宜申明令式，一依故事。诸司、诸使及天下州府有事准令式各申省者，先申省司取裁，并所奏请。敕到省，有不便于事者，省司详定闻奏，然后施行。自今以后，其郎官有阙，选择多识前言、备谙故事、志业正直、文史兼优者，勿收虚名，务取实用。六行之内，众务毕举。事无巨细，皆中（申）职司。酌于故实，遵我时宪。凡百在位，悉朕意焉。

---

① 严耕望："论唐代尚书省之职权与地位"，《严耕望史学论文选集》，中华书局2006年版，第380页。

…………

（大历）十四年（779）六月敕：天下诸使及州府，须有改革处置事，一切先申尚书省，委仆射以下商量闻奏，不得辄自奏请。[1]

如所周知，安史之乱爆发以后，唐朝野上下开始深刻反思叛乱爆发的原因。时人总结出的相当重要的一条，就是旧的典章制度遭到破坏，久未遵行。因此，代宗屡屡颁下制敕，希望恢复旧章。严先生于此取材来概括唐代前期的制度，亦无不可。吴丽娱也曾分析上述敕令出台的背景，指出："永泰二年制和大历十四年敕的意义不在于说明当时坚持有事要申尚书省的原则，而是告诉我们奏事先'申省司取裁'是曾经的'故事'。这个'故事'就是唐前期三省制下尚书主掌政务的旧制。"[2] 吴先生的判断无疑非常有见地，但是将大历十四年六月敕与前引《唐律疏议·职制》"律令式不便辄奏改行"条相对照，我们认为把"唐前期"修订为"唐初期"可能更为贴切一些。

严耕望和吴丽娱两位先生都已经指出唐代曾经存在过的"一切先申尚书省取裁"的奏事原则。不过，两位先生对于"取裁"的内涵并没有展开论述，我们这里试着结合相关制度条文稍作推衍。

关于唐初尚书省"裁决"的基本情况，我们可以参考前揭《唐律疏议·断狱》"辄自决断"条疏议的相关规定，划分为以下的三个层次：

---

[1] 《唐会要》卷五七，第986—987页。

[2] 吴丽娱："试论'状'在唐朝中央行政体系中的应用与传递"，邓小南等主编：《文书·政令·信息沟通——以唐宋时期为主》，第15页。

首先，对于部分政务，比如《唐律疏议·断狱》"辄自决断"条疏议所云"其大理寺及京兆、河南府断徒及官人罪并后有雪减"的情况，尚书省的处理方法就是"覆审无失，速即下知；如有不当者，随事驳正"，简而言之，无须奏报皇帝而是直接下符进行处分。

其次，如《唐律疏议·断狱》"辄自决断"条疏议所述，针对诸州所申"流以上，若除、免、官当者"，尚书省则须"案覆理尽申奏"，提出具体处分意见并以奏抄奏上，由皇帝御画"闻"加以批准。又，根据前节的讨论可知，如果是一般意义上的"授六品以下官"，也是由吏部、兵部等铨选以后"以类相从，攒之为甲"，拟订出授官意见，然后以奏抄奏上。需要注意的是，如同《仪凤三年度支奏抄》中所描述的那样，尚书省进行"支配"并"处分"，须"依常式"进行。也即是说，奏抄中给出的"裁决"意见，原则上要有律、令、格、式作为依据。

最后，则是上述两种情况以外需要向皇帝奏报的政务，其实主要也就是景龙年间（707—710）姚庭筠所称之"军国大事及牒式无文者"。[①] 参考前引《唐会要》卷四"储君"目所载咸亨二年（671）五月十三日敕，可知针对这部分政务，尚书省主要有两种具体的奏报方式。第一种是对于所谓的"军国大事"，具体就是指发日敕应用范围以上的"应补拟官及废置州县，并兵马刑法等事"，尚书省需要直接奏报给皇帝，由皇帝与宰相等商议，最后颁下制书或发日敕予以处理。具体的例证，则如《唐律疏议·断狱》"辄自决断"条疏议提到的"大理寺及京兆、河南府"所断流以上罪及除、免、官当的情况。第二种则是"军国大事"

---

① 《通典》卷二四《职官六》，第 667 页。

以外一般性的"牒式无文者",也就是所谓的尚书省"须商量拜奏事"。对于这部分政务,原则上尚书省商量之后,将商量的意见("商量状")一并奏报给皇帝。譬如前引《唐律疏议·职制》"律令式不便辄奏改行"条所云"诸称律、令、式,不便于事者,皆须申尚书省议定奏闻"的情况。

总之,唐代初期存在着"一切先申尚书省"的政务奏报原则。不论《唐六典》所载奏抄抑或是发日敕应用范围中的诸事项,一般而言在唐代初期都需要先申尚书省取裁,再以尚书省的名义奏报皇帝。不过这种政务奏报原则,在皇权专制政体中也存在着非常明显的缺陷。

首先,站在皇帝的立场上看,"一切先申尚书省"的政务奏报原则,容易遮蔽自己对于政务的优先知情权。这显然是皇帝非常忌讳的一点,也是其最为根本的缺陷之一。

其次,即使较为纯粹地从理性行政的角度来讲,唐代初期的政务奏报机制在程序设计上也不够合理,以致某些情况下行政效率相对较低。关于这一点,我们可以结合前述奏抄与发日敕的应用范围,从两个方面加以讨论:

其一,对于奏抄应用范围内之政务,皇帝如果不予批准,可能会浪费大量行政时间。如前所论,奏抄所奏请者,需要皇帝御画"闻"以示批准。不过现存唐代史料对于皇帝不同意此类奏请时会如何处理,缺乏明确记载。以前,日本学者对于天皇画"闻"之意义也曾进行过反复争论。[1]实际上《令集解》卷三一

---

[1] 参见早川庄八《日本古代官僚制の研究》,第4页;森田悌《平安時代政治史研究》,第37页;飯田瑞穂"太政官奏について",《日本歴史》381,1980年,第16頁;吉川真司《律令官僚制の研究》,東京:塙書房,1998年,第59頁。

"论奏式"条注文对此已有明确解释：

> 穴云："问：'若有不依奏者，其不依之状可御画以不？'
> 答：'师云：若不依奏者，返却令改，改后乃画闻耳。'"[①]

这就说明天皇当然有权否定太政官之论奏。不过，在最终颁布的御画论奏上，天皇只能画"闻"而不能有其他任何表示。据此，我们可以推知唐代皇帝如果不同意奏抄所请，原则上也是将其驳下，令尚书省重新商议，拟订新的奏抄，再经门下省审核后奏上画"闻"。可是这样一来，政务就在尚书省、门下省与皇帝本人三者之间来回倒转，徒耗时间，无疑将导致朝廷政务处理效率整体偏低。

其二，对于发日敕应用范围内之部分政务，尚书省并无实际处理之权限，然诸司、诸州却不得不经此转奏，而不能直达于具有裁决权之皇帝手中，徒费周折。譬如，根据前文分析，永徽年间（650—655）诸州所断"流已上罪及除、免、官当"申尚书省比较容易理解。因为此类案件需要尚书省"案覆"，然后根据律令规定进行最终裁决，再报请皇帝批准。但是，对于大理寺及京兆、河南府所断"流已上罪及除、免、官当"，只要皇帝没有外出巡幸，尚书省就只能将案卷直接封好后转呈皇帝。既然尚书省没有任何实质性的处理权限，则此类事项"申省"实无必要，纯属浪费行政资源。

再次，我们还希望从尚书省权力结构内在矛盾的角度，对唐代初期政务奏报机制的缺陷稍作分析。过去，雷闻已经从都省二丞与六部尚书地位职权的矛盾这一角度进行过探讨，认为这种矛

---

① 黑板勝美、國史大系編修會編輯：《令集解》卷三一，第787頁。

盾导致都省与六部很难纳入一个层次分明的四等官体系中，作为一个整体而存在。一旦条件发生变化，二者的分化势不可免。①其实简言之，最为关键者就是尚书都省的勾检职能与六部二十四司的判案职能之间的矛盾。限于本章的主旨，我们这里着重从奏事这一侧面稍作阐释。

如前所论，唐代中外各级之行政机关在"一切先申尚书省取裁"时，其实皆是申于尚书省六部二十四司。比如吐鲁番文书《仪凤三年度支奏抄》就反映各单位需在"八月上旬申到度支"。②吐鲁番文书《唐五谷时估申送尚书省案卷》（64TAM29: 93）中言"五谷时价以状录申□书省户部听裁"，③敦煌文书《唐开元廿四年岐州郿县县尉判集》（P.2979）中称"据状重上州司户，请乞据实为申尚书户部，请裁垂下"，④其中的"户部"严格来讲都是指代尚书户部下的"户部司"。这一点，通过地方州府申省之"解"的文书式，也可以获得佐证。⑤不过，这些申省之"解"却

① 参见雷闻"隋与唐前期的尚书省"，吴宗国主编：《盛唐政治制度研究》，上海辞书出版社 2003 年版，第 92—93 页。

② 参见〔日〕大津透"唐律令制国家的预算——仪凤三年度支奏抄、四年金部旨符试释"，宋家钰、马雷译，刘俊文主编：《日本中青年学者论中国史·六朝隋唐卷》，第 433—449 页。

③ 中国文物研究所等编：《吐鲁番出土文书》（叁），第 342 页。

④ 录文及分析参见薄小莹、马小红"唐开元廿四年岐州郿县县尉判集（敦煌文书伯二九七九号）研究——兼论唐代勾征制"，北京大学中国中古史研究中心编：《敦煌吐鲁番文献研究论集》第 1 辑，中华书局 1982 年版，第 615—649 页。

⑤ 刘安志复原的"县解式"是"某县"申于"都督府某曹（州某司）"，"折冲府解式"是"某府"申于"都督府某曹（州某司）"，参见"吐鲁番出土文书所见唐代解文杂考"，《吐鲁番学研究》2018 年第 1 期；"唐代解文初探——以敦煌吐鲁番文书为中心"，《西域研究》2018 年第 4 期；"唐代解文续探——以折冲府申州解为中心"，《西域研究》2021 年第 4 期。据此，不难推测"都督府某曹（州某司）"申解于尚书省时其实就是申于"尚书某司"。

不是直接送于具体裁决的诸司，而是需要先送都省，再由都省发付。天一阁藏《天圣令》附唐《仓库令》记载："诸庸调等应送京者，皆依见送物数色目，各造解一道，函盛封印，付纲典送尚书省，验印封全，然后开付所司，下寺领纳讫具申。若有欠失及损，随即征填。其有滥恶短狭不依式者，具状申省，随事推决。"① 可见，唐代前期地方州府送庸调进京时所造之解，先要递交都省"验印封全"，然后才能"开付"发给户部度支司。建中三年（782）正月，尚书左丞庾准希望恢复唐代前期旧制，即奏请："省内诸司文案，准式，并合都省发付诸司判讫，都省句检稽失。近日以来，旧章多废。若不由此发句，无以总其条流。其有引敕及例不由都省发句者，伏望自今以后，不在行用之限。庶绝舛缪，式正彝伦。"② 据此可知，唐代前期一般情况下尚书诸司"裁决"的所有政务，都是经由都省"发付"。《唐六典》卷一"左右司郎中员外郎职掌"条谓："左右司郎中、员外郎各掌付十有二司之事，以举正稽违，省署符目；都事监而受焉。"③ 说明"发付"的完整过程是先由都事"受"事，再由左右司郎中"付"司。

上引庾准奏请中的"发句（勾）"一词告诉我们，之所以诸司裁决之事须由都省"发付"，是因为裁决完毕以后（"判讫"）还需要都省"勾检"，以限定政务处理之期限。《唐六典》卷一"尚书都省职掌"条谓："凡内外百司所受之事，皆印其发日，为之程限：一日受，二日报。小事五日，中事十日，大事二十日，

① 天一阁博物馆、中国社会科学院历史研究所天圣令整理课题组：《天一阁藏明钞本天圣令校证（附唐令复原研究）》，第496页。
② 《唐会要》卷五七，第987页。
③ 《唐六典》卷一，第10页。

狱案三十日，其急务者不与焉。小事判勾经三人已下者给一日，四人已上给二日；中事，每经一人给二日；大事各加一日。内外诸司咸率此。"① 类似的规定，亦见于《唐律疏议·名例》"公事失错自觉举"条和《唐律疏议·职制》"稽缓制书官文书"条等。② 这些有关都省"勾稽"违程的情况，王永兴已经结合相关史料进行过详细的讨论，③ 兹不赘述。这里我们主要从都省"勾稽"判案内容即"举正稽违"的角度，对王先生的相关论述加以补充。

从《唐六典》《旧唐书·职官志》等典制的相关记载中，我们可以看到尚书省以外的诸寺监及诸州府等，其勾官的职责均记为"勾检稽失"。《新唐书·百官志》记载尚书都省都事的职责时，亦有"察稽失"这一条。④ 这里的"失"，即"失错"，后者在《唐律疏议》中经常出现，说明这是当时常见的一种职务犯罪。然而，上引《唐六典》卷一"左右司郎中员外郎职掌"条记载左右司郎中的职责之一却是"举正稽违"。关于"举正稽违"的内涵，《唐六典》卷一"左右丞相职掌"条称"左右丞相掌总领六官，纪纲百揆"，"左右丞职掌"条称"左右丞掌管辖省事，纠举宪章，以辨六官之仪制，而正百僚之文法，分而视焉"。⑤ 这些条文所讲，还都比较抽象，需要结合时人具体的言行方能更好地理解。

《旧唐书·刘洎传》记载贞观十五年（641），刘洎转治书侍御史，曾上疏曰：

① 《唐六典》卷一，第 11 页。
② 参见《唐律疏议笺解》卷五、九，第 412、771 页。
③ 参见王永兴《唐勾检制研究》，第 35—48 页。
④ 《新唐书》卷四六，第 1185 页。
⑤ 《唐六典》卷一，第 7 页。

> 比者纲维不举，并为勋亲在位，品非其任，功势相倾。凡在官僚，未循公道，虽欲自强，先惧嚣谤。所以郎中抑夺，唯事谘禀；尚书依违，不得断决。或惮闻奏，故事稽延，案虽理穷，仍更盘下。去无程限，来不责迟，一经出手，便涉年载。或希旨失情，或避嫌抑理。勾司以案成为事了，不究是非；尚书用便僻为奉公，莫论当否。递相姑息，唯务弥缝。①

刘洎的这番言论，表明尚书都省对于尚书六部二十四司的"裁决"意见本身，拥有"举正稽违"的权力。它所关注者，已经超越了法律层面的"失"，而是上升到了情理层面的"违"。故刘洎希望都省左右丞和左右司郎中"举"纲维，来勾检六部二十四司的判案，避免出现"希旨失情"或"避嫌抑理"的情况。换句话说，都省对于诸司判案内容的勾检，远非对错那么简单，深度与广度都远远超过其他官府机构勾官的勾检。②

我们甚至可以认为，在"一切先申尚书省取裁"的奏事原则下，都省才是政务最终的和真正的裁决者。《唐会要》卷五八"左右丞"目记载：

> 龙朔二年（662），有宇文化及子孙理资荫，所司理之。至于勾曹，右肃机杨昉未详案状。诉者自以道理已成，而复疑

---

① 《旧唐书》卷七四，第 2607—2608 页。
② 楼劲认为，都省对六部有比之其他机关更直接的管辖。在某种情况下，都省接受六部的判案并非只是勾检，还存在着一种长官"统摄"属官，都省判断六部文案的"监临"关系。此时尚书省方为一个紧密的整体。参见"伯2819号残卷所载公式令对于研究唐代政制的价值"，《敦煌学辑刊》1987年第2期，第84页。

滞，劾而逼防。昉谓曰："未食，食毕详之。"诉者曰："公云
未食，亦知天下有累年羁旅诉者乎？"昉遽命案，立判之曰：
"父杀隋主，子诉荫资，生者犹配远方，死者无宜使慰。"①

　　显然，宇文化及子孙理资荫这件案子，最终的裁决就是依右肃机
（尚书右丞）杨昉所判。这也就意味着，一件政务究竟是否需要
奏上皇帝，其核准的最终权力就在都省手中。《旧唐书·宇文融
传》记载："祖节，贞观中为尚书右丞，明习法令，以干局见称。
时江夏王道宗尝以私事托于节，节遂奏之，太宗大悦，赐绢二百
匹，仍劳之曰：'朕所以不置左右仆射者，正以卿在省耳。'"②江
夏王李道宗之所以要托事于宇文节，就是因为在未置左右仆射的
情况下，左右丞实际上成了政务是否需要奏上皇帝的最终裁决者。
　　最后，在左右仆射和左右丞裁决的过程中，因为都省与六部
各有一套四等官系统，所以二者之间往往还需要通过"牒"进行沟
通。敦煌文书 P. 2819 号《公式令残卷》中载有"牒式"，其内容为：

　　尚书都省　　　为某事
　　某司云云。案主姓名，故牒
　　　　　年月日

　　　　　　　主事姓名
　　左右司郎中一人具官封名　　　令史姓名
　　　　　　　　　　　　　　书令史姓名

① 《唐会要》卷五八，第999页。
② 《旧唐书》卷一〇五，第3217页。

> 右尚书省牒省内诸司式。其应受
>
> 判之司，于管内行牒，皆准此。判官署位
>
> 皆准左右司郎中。[1]

这种类型的"牒式"，主要是都省传达对于诸司"裁决"结果的审核意见。至于诸司向都省进行汇报的文书，其实也是"牒式"，只不过属于下之牒于上的类型，所以"故牒"处应是"谨牒"。其具体的例证，可以参考吐鲁番文书《唐尚书省为怀岌等西讨给果毅傔人事牒》（Or.8212/521）。[2] 这件文书的后半部分，主要内容就是兵部司将作为商量处分结果的"商量状"牒上都省核准。我们在第二章所举吐鲁番出土文书《唐景龙三年八月西州都督府承敕奉行等案卷》（Or.8212/529），[3] 其中所谓"牒举"，就是"谨牒"之前"谨以牒举"的省写，可知比部司"逐便稳速处分"后拟订的"商量状"也经过了都省的审核。

通过上述讨论可知，这套都省勾检诸司判案的程序，当然有助于将真正重要的政务筛选出来加以奏报，避免琐屑小事也叨扰皇帝。但是它也不免烦琐之弊，容易造成政务稽滞。比如都省接到地方之解后，仅仅开拆转发一项可能就需要耗费不少时间。大中六年（852）七月，吏部考功就批评一直延续到唐代后期的由

---

① 图版参见网址 http://idp.bl.uk/database/oo_scroll_h.a4d?uid=27465358126;recnum=59979;index=5，访问日期：2023 年 4 月 24 日；录文参见刘俊文《敦煌吐鲁番唐代法制文书考释》，第 222—223 页。

② 图版及录文参见沙知、〔英〕吴芳思编《斯坦因第三次中亚考古所获汉文文献（非佛经部分）》，第 56 页。

③ 图版及录文参见沙知、〔英〕吴芳思编《斯坦因第三次中亚考古所获汉文文献（非佛经部分）》，第 60—61 页；录文又可参见陈国灿《斯坦因所获吐鲁番文书研究》，第 271—272 页。

都省开拆诸道考解的制度："又诸道所申考解，从前十月二十五日到都省。都省开拆、郎官押尾后，至十一月末方得到本司。开拆多时，情故可见。"①

因此，这套程序要做到高效运转，就需要尚书省官员尤其是都省官员勇于任事，不惧"嚣谤"。但在帝制政体中，臣下往往会顾忌自己是否侵犯皇权的问题，譬如戴至德任尚书右仆射时，即谓："夫庆赏刑罚，人主权柄，凡为人臣者，岂得与人主争权柄耶？"高宗知道后，"深叹美之"。②也正是在此种观念的浸润下，中国古代的能臣干吏往往容易遭到诽谤。魏徵任尚书右丞时尽管"晓达吏方，质性平直，事应弹举，无所回避"，仍有人诽谤其"阿党亲戚"。③在这种氛围中，程序愈繁复，行政效率必然就愈低下。其结果，往往就如前揭刘洎所批评的那样，尚书省各个机构"递相姑息，唯务弥缝"，反而容易导致"诏敕稽停，文案壅滞"的局面。④

第三节 "事无大小，皆悉闻奏"局面的形成

针对政务奏报机制存在的上述缺陷，唐代前期历任统治者也在不断采取调整措施。这些措施中最为核心者，无疑就是逐步打破"一切先申尚书省"的奏事原则。其结果，或者导致了不分事务大小皆悉奏于皇帝的路径依赖，或者一些非制度性的行为干脆变成了制度性的规定。关于唐代随着使职差遣发展带来的文书

---

① 《唐会要》卷八二，第 1510 页。
② 《册府元龟》卷三二一《宰辅部·慎密》，第 3632 页。
③ 《唐会要》卷五八，第 999、997 页。
④ 《旧唐书》卷七四，第 2607—2608 页。

形态的转变和政务申报与裁决机制的变迁，刘后滨已有较为系统的分析。① 此处我们首先结合前文的相关讨论，从奏抄与奏状应用范围伸缩的角度，对唐代前期政务奏报机制的变动稍作补充。

唐代前期朝廷调整政务奏报机制的方式之一，就是不断压缩尚书省使用奏抄处理政务的范围。即以授官而言，参考日本《养老公式令》的规定可知，直到永徽年间（650—655）制定律令时，属于发日敕授官的范围可能还只有"六品以下守五品以上及视五品以上"者。而至晚在开元年间（713—741），已经将六品以下的"员外郎、御史及供奉之官（若起居、补阙、拾遗之类）"等原先属于"奏授"之群体，纳入了"敕授"的范围中。

当然，制度条文的调整，只能反映奏事原则明面上的改变。而这只是奏事原则变化的一小部分内容而已，其实真正占据主流者，是尚未宣于纸面的潜规则的变动。苏冕《会要》引杜易简《御史台杂注》云："监察御史，自永徽以后，多是敕授。虽有吏部注拟，门下过覆，大半不成。至龙朔中，李义府掌选，宠任既崇，始注得御史。李义府败，无吏部注者，员外、左右通事舍人等亦然。"苏冕对此有驳议曰："员外郎、御史，并供奉官，进名敕授，是开元四年六月十九日敕。杜易简著《杂注》以后，犹四十年为吏曹注拟矣。"② 苏冕的驳议当然不是全无道理，因为制度条文的正式调整，确实应该从开元四年六月十九日敕开始算起。不过，杜易简本人在高宗朝即曾担任过殿中侍御史，所言乃亲身观察而得，显然具有不可替代的重要参考价值。据其所述，

---

① 参见刘后滨《唐代中书门下体制研究——公文形态、政务运行与制度变迁》，第 136—181 页。
② 《唐会要》卷六〇，第 1055 页。

尽管根据朝廷明文规定监察御史等官当由吏部奏授，但这种理论上的正途在大多数时间根本无法实现，只有李义府这种君主宠臣掌选时才能博得些许例外。反倒是本应属于例外情况的"敕授"，在开元四年以前早已经大行其道，成为朝廷政务运作实践中的"制度"。从这个角度讲，开元四年六月十九日敕的出台，就颇有水旱到而渠后成的意味了。

又，《资治通鉴》记载姚崇拜兵部尚书、同中书门下三品不久后发生的一件事，也颇有可与前述分析相互印证之处：

> 姚元之尝奏请序进郎吏，上仰视殿屋，元之再三言之，终不应；元之惧，趋出。罢朝，高力士谏曰："陛下新总万机，宰臣奏事，当面加可否，奈何一不省察？"上曰："朕任元之以庶政，大事当奏闻共议之；郎吏卑秩，乃一一以烦朕邪！"会力士宣事至省中，为元之道上语，元之乃喜。闻者皆服上识君人之体。①

《考异》曰："此出李德裕《次柳氏旧闻》，不知郎吏为何官。若郎中、员外郎则是清要官，不得云秩卑；恐是郎将，又不敢必，故仍用旧文。"其实，尽管唐代"郎吏"有时仍可以指郎中、员外郎等郎官，但此处实际是指兵部诸司的主事、令史、书令史等。除主事为从八品下或从九品上的流内官，余下之令史、书令史等皆属于流外官，当然可以说是"卑秩"。虽然高力士劝谏时所言为"宰臣奏事"，玄宗也称"任元之以庶政"，都在强调姚崇"同中书门下三品"的宰相身份，但姚崇本人，实际是代表尚书兵部请求序进郎吏。当然，即便如此，根据我们前文的讨论，六品以下流内官选授的正常程序，应是兵部拟为奏抄，先由都省检视，再经门下省审核后奏上；如是流外官，则由各司拟订，再经兵部和都省判补即可。因后者属于"细务"，所以在都省时不用关仆射，仅尚书左右丞判署即可。①对于此前已经担任过兵部尚书乃至中书令的姚崇而言，不可能不知道奏授与判补授官的相关规则。此时他以兵部尚书的身份，仍将此类事务奏上玄宗裁决，恐怕正是因为这一时期政事不分大小悉奏于上的路径依赖已经形成。玄宗提出批评意见，倒恰恰反映出他刚刚即位，可能对此类潜在的规则尚未洞悉。

我们认为，比较明显的变化，可能从高宗统治时期已经开始发生。为了改变在信息接受方面所处的被动地位，专制君主往往会督促臣下奏事，确保自己掌握更多的政务信息。《册府元龟·帝王部·招谏》载：

> （永徽五年）九月，帝谓五品已上曰："往日不离膝下，旦夕侍奉，当时见五品已上论事，或有仗下而奏，或有进状而论者，终日不绝。岂今时无事，公等何不言也？自今已后，宜数论事，若不能面奏，任各进状。"②

显然，高宗督促五品以上大臣奏事，并不是因为当时在京诸司及各地州府无事奏报，而是因为这类奏事皆是按常规政务奏报机制，先申上尚书省"取裁"，再由尚书省将必要的事项向皇帝进

---

① 参见《唐会要》卷五七，第 990 页。
② 《册府元龟》卷一〇二，第 1121 页。

行转奏。太宗与高宗正是为了尽可能掌握更多的政务信息，所以督促大臣在常规政务奏报机制以外，尽可能通过"面奏"或"进状"的方式直接向皇帝奏事论事。这正是专制君主希望争取主动权，以全面掌控政务信息的一种表现。值得注意的另一现象是，太宗时规定"惟大事应奏者，乃关左右仆射"。[①] 而恰是在高宗永徽以后的十余年时间，再没有任命过左右仆射。[②] 这至少能够部分说明，高宗本人不希望有官员遮蔽自己对政事尤其是大事的知情权。因此，距褚遂良解任二十年后，接任右仆射的戴至德说出"凡为人臣者，岂得与人主争权柄耶"这样的话，显然是把握住了这种趋势，因此也得到了高宗的"叹美"。[③]

楼劲认为，律、令、格、式体系的形成，自应以格、式这两部法典及其与律、令并行为标志。以此来衡量，这一法律体系的形成时间，既不应定在隋代，也不应定在唐武德或贞观时期，而应断在高宗永徽二年。[④] 在律、令、格、式完备，且官僚较为严格地履行章程的情况下，可能就会形成高宗所说的"无事"的局面。高宗要求"自今已后，宜数论事"，显然就是要打破常规定制。对官员而言实际上相当于要"无事生非"，即将本不须上请之事奏上，听候皇帝裁决。[⑤]

---

① 《唐会要》卷五七，第 990 页。
② 参见严耕望《唐仆尚丞郎表》卷二，中华书局 1986 年版，第 27—30 页。
③ 参见《册府元龟》卷三二一《宰辅部·慎密》，第 3632 页。
④ 参见楼劲《魏晋南北朝隋唐立法与法律体系》，中国社会科学出版社 2014 年版，第 373 页。
⑤ 关于省司裁决而不须上请之事，如《唐律疏议·名例》"犯死罪应侍家无期亲成丁"条疏议曰："犯流罪者，虽是五流及十恶（而祖父母、父母老疾应侍，家无期亲成丁者），亦得权留养亲。会赦犹流者，不在权留之例。其权留者，省司判听，不须上请。"（《唐律疏议笺解》卷三，第 269—270 页）更多的例证，可参考吴丽娱"试论'状'在唐朝中央行政体系中的应用与传递"，邓小南等主编：《文书·政令·信息沟通——以唐宋时期为主》，第 16—17 页。

论者或谓，前引《册府元龟》所载高宗针对者仅为"五品以上官"，何以能对政务奏报原则带来全局性的影响呢？正如第一章所论，唐代初期实际上进状奏事的主要力量就是尚书诸司。高宗督促奏事的主要对象，其实也就是尚书六部二十四司的官员。他们将本不须上请之事奏上听裁，意味着尚书诸司此前所享有的按照"程序"裁决政务的权力渐遭削减。可与此相印证者，是唐代《留司格》的卷数出现了递减的趋势。顾名思义，所谓"《留司格》"即留于尚书省二十四司"本司行用"者，所涉为"曹司常务者"，[①] 简而言之，其实就是尚书省诸司的处理日常政务的"程序"，亦即办事章程。故贞元二年（786）刑部侍郎韩洄奏称："又先有敕：当司格令并书于厅事之壁。此则百司皆合自有程序，不惟刑部独有典章。"[②] 马小红认为，《留司格》的确立，减少了皇帝对法律的干涉渠道，便于法律的正常实施，同时也便于国家机关行政制度的进一步完善。[③] 然而参考刘俊文对唐格形态和卷数的总结，大体可知永徽时《留司格》为十八卷，垂拱时《留司格》则减至六卷，至于神龙时《留司格》则仅为一卷。[④] 根据滋贺秀三的考证，《开元后格》十卷中，《留司格》亦仅一卷而已。[⑤] 既然已经逐步失去按照程式裁决政务的权力，则尚书诸司"承旨而为程式"也就渐渐成了一纸空文。因此，作为"百司承旨而为

① 《唐会要》卷三九，第702页。
② 《通典》卷一六五《刑法三》，第4244页。
③ 参见马小红"'格'的演变及其意义"，《北京大学学报》1987年第3期，第114页。
④ 参见刘俊文《唐代法制研究》，台湾文津出版社1999年版，第134—135页。
⑤ 参见滋贺秀三《中国法制史論集——法典と刑罰》，東京：創文社，2003年，第75页。

程式"的发布皇命式敕旨，逐渐淡出了唐代的王言体系。

从另一方面讲，既然尚书省对于诸司诸州所申之政务丧失了裁决权，则此类政务再"申省"经其转奏也就没有太大的必要，否则即背离了行政运作的效率原则。因此，唐王朝事实上逐渐打破了"一切先申尚书省取裁"的奏事原则，放开了对于"不应奏而奏"的限制。

《唐律疏议·职制》"事应奏不奏"条云："诸事应奏而不奏，不应奏而奏者，杖八十。"疏议则曰："应奏而不奏者，谓依律、令及式，事应合奏而不奏；或格、令、式无合奏之文及事理不须闻奏者，是'不应奏而奏'：并合杖八十。"[1] 这就说明唐初明令禁止"不应奏而奏"。但高宗督促官员奏事的间接后果，是鼓励了官员群体中"唯皇帝之命是从"的风气。这就导致上引唐律中禁止"不应奏而奏"的相关条文，逐渐成了一纸空文。"一切先申尚书省取裁"的奏事原则，开始遭到破坏。

唐王朝逐渐放开进状奏事限制的一个重要的具体举措，即是自武则天统治时期开始设置匦使以专知受状。《唐六典》卷九"匦使院"条注文载："垂拱元年（685）置，常以谏议大夫及补阙、拾遗一人为使，专知受状，以达其事。事或要者，当时处分；余出付中书及理匦使据状申奏。理匦使常以御史中丞及侍御史一人为之。"[2] 可见当初置匦，主要目的其实就是要绕过尚书省，由皇帝专使直接接受奏状，帮助皇帝获取掌握政务信息的主动权。

正因为此前高宗与武则天均致力于推行向皇帝进表状直接奏事的措施，故其弊端很快开始显露。甚至太学生告假回家这样的

---

① 《唐律疏议笺解》卷一〇，第 790 页。
② 《唐六典》卷九，第 282 页。

小事，竟然也有向武则天上表请示者。《唐会要》卷五一"识量上"目记载：

> 天授二年（691），太学生王修之上表，以乡有水涝，乞假还。上临轩曰："情有所切，特宜许之。"地官侍郎狄仁杰跪而言曰："臣闻君人者，当深视高居，黈纩塞耳。唯生杀之柄，不以假人。至于簿书期会之间，则有司存之而已。故左右丞［徒］已下不勾，左右丞相流已上方判，以其渐贵所致，况天子乎！且学生假，盖一丞簿事耳。若特降一敕，则效者相寻，胄子三千，凡须几敕？为恩不普，聚怨方深。若圣旨宏慈，不欲违愿，请降明制以论之。"上曰："微卿之言，何以闻善？"①

如狄仁杰所言，太学生请假这样一件鸡毛蒜皮的小事，至多需要向国子监丞或主簿请示即可。且根据《永徽律》，官员奏事如果出现"不应奏而奏者"，尚且"杖八十"。而这位太学生此时胆敢将此琐屑小事直接奏于皇帝，而武则天还"特宜许之"，说明此时"应奏"与"不应奏"之间已经丧失了明确的界限，任何事情只要向最高统治者汇报就可以豁免其"不应奏"之罪，甚至得到特殊的表彰和鼓励。原先逐级核准、汇总于尚书省以分层奏报的奏事原则已被破坏殆尽。狄仁杰阻止武则天"特降一敕"，而是请求"降明制以论之"，显然是希望通过设制立范，以重新明确有司处理这类小事的权力。

---

① 《唐会要》卷五一，第 888 页。补字"徒"据《资治通鉴》卷二〇四，第 6476 页。另，"王修之"在《资治通鉴》中作"王循之"。

　　从上述史料看，武则天似乎表面上接受了狄仁杰的建议。但此后情况并没有好转，甚至变得更为糟糕。《通典·职官》"御史中丞"条注文记载：

　　　　景龙二年（708）十二月，御史中丞姚庭筠奏称："律令格式，悬之象魏，奉而行之，事无不理。比见诸司寮案，不能遵守章程，事无大小，皆悉闻奏。臣闻为君者任臣，为臣者奉法。故云'汝为君目将思明'，则知万几务综，不可遍览也。所以设官分职，委任责成，百工惟时，以成垂拱之化。比者或修一水窦，或伐一枯木，并皆上闻旒扆，取断宸衷，岂代天理物至化之道也？自今以后，若缘军国大事及牒式无文者，任奏取进止。自余据章程合行者，各令准法处分。其有故生疑滞，致有稽失者，请令御史随事纠弹。"上从之。[①]

　　这就说明，狄仁杰的前述努力和武则天的闻过则喜不过是昙花一现，"事无大小，皆悉闻奏"的奏事规则得到统治者的鼓励和支持，逐渐成为潮流。一个有意思的对比是，高宗统治初期尚忧惧大臣"不言"；待到中宗统治末期，诸司"或修一水窦，或伐一枯木，并皆上闻旒扆，取断宸衷"，已经到了皇帝应接不暇的程度。既然尚书诸司对于州府、寺监所奏之政务不能"据章程"进行"准法处分"，而是"事无大小，皆悉闻奏"，则如我们前文所论，此类政务再"先申尚书省"经其转奏也就没有太大的必要

---

① 《通典》卷二四，第 667—668 页。

了。这种恶性循环似乎意味着，"一切先申尚书省取裁"的奏事原则至晚在 8 世纪初已经基本瓦解。在此过程中，皇帝逐渐被"万几"包围，不得不对政务裁决与政令颁行机制进行调整，以应对纷繁芜杂的局面。

最后，我们通过简单分析尚书都省左右仆射地位的浮沉，对前面的论述稍作补充。《唐会要》卷五七"左右仆射"目记载：

> 尚书左右仆射，自武德（618—626）至长安四年（704）已前，并是正宰相。初，豆卢钦望自开府仪同三司拜左仆射，既不言同中书门下三品，不敢参议政事。数日后，始有诏加知军国重事。至景云二年（711）十月，韦安石除左仆射、东都留守，不带同三品。自后空除仆射，不是宰相，遂为故事。①

此前学者引用上述史料，多为说明尚书仆射被逐出宰相队伍这一事实。②但有必要追问的一个问题是，何以在这个时间段，尚书省的实际首长会被逐出宰相队伍呢？我们认为，这恐怕不纯粹是偶然事件。其深层次的原因之一，正是唐代初期"一切先申尚书省取裁"的奏事原则至此已经基本瓦解。

正如第二节所论，唐初都省是真正把控尚书省政务裁决权力的"勾曹"。③而左右仆射作为都省实际上的首长，则把控着

---

① 《唐会要》卷五七，第 990 页。按："同三品"原文讹为"同一品"。
② 参见王素《三省制略论》，齐鲁书社 1986 年版，第 199—200 页；张国刚《唐代官制》，三秦出版社 1987 年版，第 6 页。
③ 前引《唐会要》卷五八"左右丞"目所载龙朔二年（662）案例中，即称右肃机（尚书右丞）杨昉所为"勾曹"。同书同卷同目所载永昌元年（689）三月二十日敕则更为明显，直接称"都省勾曹"。

筛选政务以奏报给皇帝的权力。因此，如果说皇帝忌惮官员遮蔽自己对于政务的优先知情权，则其眼中钉就是左右仆射。这应该也是长孙无忌、房玄龄等先后请辞仆射的重要原因之一。如果说太宗朝解决这一问题的思路，还主要是靠断断续续地"不置"左右仆射的话，高宗朝前期则延续并强化了这一策略。永徽六年（655）九月褚遂良被贬为潭州都督后，即不再任命右仆射；显庆四年（659）四月于志宁迁太子太师后，即不再任命左仆射。直到上元二年（675）八月，才分别任命刘仁轨和戴至德为左右仆射。[1]

　　我们认为之所以在整整二十年后，高宗较为放心地再度任命了左右仆射，原因可能就在于，正是从这一时期开始，唐代的奏事制度已经发生了明显变化，"一切先申尚书省取裁"的原则已经开始走向崩坏。诸司逐渐绕开都省，形成了直接进状奏事的风气，并且获得了皇帝的认可。因此在第一章已经引用过的景龙三年（709）二月二十六日敕和开元二年（714）闰三月敕中，都在反复强调诸司进状奏事需"长官亲押"和"长官封题"的问题，却并没有关于"关左右仆射"的只言片语。[2] 可见，仆射在此以前应该就已经丧失了唐初所拥有的审核"大事应奏者"的权力。又，《唐会要》卷五七"尚书省"目记载："故事，除兵部、吏部外，共用都司印。至圣历二年（699）二月九日，初备文昌台二十四司印，本司郎官主之，归则收于家。"[3] 管俊玮在《俄藏敦煌文书》中找出了一件唐开元五年前后尚书户部为长流人事而下

---

① 参见严耕望《唐仆尚丞郎表》卷二，第 27—30 页。
② 参见《唐会要》卷二五、二六，第 477、505 页。
③ 《唐会要》卷五七，第 985 页。

于沙州的符文，其中就钤有"尚书户部之印"。① 这似乎说明，尚书省诸司置印以后，可能已经逐步摆脱了都省监管，并且渐次获得了直接出符指挥行政的权力。

既然不论是从政务奏报还是政令颁下的角度看，都省都已经丧失"总领六官""管辖省事"的枢纽地位，则其长官被摈弃于宰相队伍之列，也就势所必然。豆卢钦望能够"作相两朝，前后十余年"，② 对这一趋势自能洞若观火，所以在未加同中书门下三品的情况下，自觉地放弃参议政事，明智地主动退出宰相行列。果然，其后空有尚书省首长身份而不带同三品者即非宰相，也就成了不成文的规矩。

小　结

唐代奏抄属于奏事文书，而发日敕属于王言。根据学者复原的"奏抄式"和"发日敕式"可以看出，奏抄属于尚书省预裁政务后的奏请，需要奏上皇帝御画"闻"后再颁下执行；而发日敕从形式上讲则是将皇帝的命令直接颁出。尽管性质明显不同，但《唐六典》所载二者的应用范围却存在粘连。针对这一问题，中日学者引入日本《养老令》所载的"论奏式"，进行了长期探索。不过，前贤得出的结论始终不同程度地存在着窒碍难通之处。我们则尝试从授官和断狱两个方面入手，将奏抄与发日敕的应用

---

① 图版参见俄罗斯科学院东方研究所圣彼得堡分所等编《俄藏敦煌文献》第 9 册，上海古籍出版社 1998 年版，第 54 页；录文及分析参见管俊玮"唐代尚书省'诸司符'初探——以俄藏 Дx02160Vb 文书为线索"，《史林》2021 年第 3 期。
② 《旧唐书》卷九〇《豆卢钦望传》，第 2922 页。

范围加以切分。经过辨析，我们认为，尽管《唐六典》记载奏抄与发日敕皆用于"授六品已下官"，但发日敕授官的具体对象是"六品以下守五品以上及视五品以上"和"员外郎、御史及供奉之官（若起居、补阙、拾遗之类）"，自此以外的"六品已下官"，才是利用奏抄进行"奏授"。同样地，经过校勘，我们发现，尽管《唐六典》记载奏抄与发日敕均用于处理"流已上罪及除、免、官当"，但奏抄所"断"流以上罪及除、免、官当，乃是针对"诸州"所申而言；发日敕所"处"流以上罪及除、免、官当，则是针对"大理寺及京兆、河南府"所申。结合《养老公式令》的相关记载，我们认为不论《唐六典》所载奏抄抑或是发日敕的应用事项，在唐代初期都需要先申尚书省，由其判断以后根据情况再将部分政务以尚书省的名义奏报皇帝。

不过，"一切先申尚书省"的政务奏报原则，在皇权专制政体中也存在着非常明显的缺陷。它既阻碍了皇帝对于政务的优先知情权，又会导致行政效率较为低下。尤其是尚书省内部存在着的都省"勾检"诸司判案的程序，使得政务处理的流程相对繁复，且极易导致尚书都省左右仆射权力过于集中的问题。因此，唐代前期诸帝一方面不断压缩尚书省使用奏抄处理政务的权限，另一方面则督促臣僚在常规政务奏报机制以外，尽可能通过"面奏"或"进状"的方式径直向皇帝奏事论事。发展到后来，甚至直接设置匦使"以达万人之情状"，事实上等于放开了进状奏事的权限。这样，尚书省所享有的按照"程式"裁决政务的权力逐渐被削夺，其处理日常政务所遵照的"程序"——《留司格》，卷数也从永徽（650—655）初年的十八卷减少到了神龙年间（705—707）的一卷。原先尚书都省对于六部二十四司的"勾检"之权，也就自然地走向了消解。

　　总之，至晚在中宗统治末期，"一切先申尚书省取裁"的奏事原则已经基本瓦解。尚书省预裁政务的旧制既在走向崩溃，皇帝又是如何处理直接奏上的大量政务的呢？这些举措又是如何彼此连通，最终导引出新的政务运作机制的呢？这将是第四章我们所要着力解决的核心问题。

第四章

唐代前期政务裁决机制的更革

第三章我们从授官和断狱两个方面入手，对奏抄与发日敕的应用范围进行了切分，揭示了唐代初期存在着的"一切先申尚书省取裁"的政务奏报原则。不过，这种政务奏报原则在皇权专制政体中也存在着非常明显的缺陷。它既阻碍了皇帝对政务的优先知情权，又可能造成朝廷政务处理的效率低下，还会导致左右仆射权力过大等一系列问题。因此，唐代前期诸帝不断采取各种手段对其进行突破乃至加以破坏。其结果，至晚在中宗统治末期，"一切先申尚书省取裁"的奏事原则已经基本瓦解。尚书省裁决政务的旧制在走向崩溃的过程中，新的"事无大小，皆悉闻奏"的局面也在逐渐形成。然而，皇帝本人根本不可能独立处理如此之多的日常政务，势必需要寻找辅助裁决政务的新生力量。本章我们所拟讨论者，主要就是唐王朝组建裁决日常政务的新型中枢机构的过程与由此带来的唐代前期政务裁决机制的蜕变。

第一节　皇太子监国与高宗朝的分层决策机制

　　《唐会要》卷三"皇后"目记载："显庆五年（660）十月已后，上苦风眩，表奏时令皇后详决，自此参预朝政，几三十年。当时畏威，称为'二圣'。"①《旧唐书·则天皇后本纪》载："帝自显庆已后，多苦风疾，百司表奏，皆委天后详决。自此内辅国政数十年，威势与帝无异，当时称为'二圣'。"②何以武则天通过"详决"表奏，就得以参与朝政，威势与高宗无异呢？实际上，根据第一章的讨论，不难知道这里的"表奏"主要就是指"表"和"状"这两种奏事文书。在第二章我们又结合《新唐书·百官志》所载"高宗临朝不决事，有司所奏，唯辞见而已"的情况，说明其实即便在没病的情况下，高宗也习惯于让政务通过"书奏特达"，③很少当朝裁决政务。在第三章我们又围绕"一切先申尚书省取裁"奏事原则的瓦解，讨论了奏状使用群体的扩大及其所囊括的政务的扩充。总括起来，我们认为高宗显庆以后，朝廷的政务已经主要是通过表状尤其是奏状进行奏报。因此，不难理解武则天拥有了"详决"表奏的权力，就可以参与甚至操控朝政。

　　不过，随着表状奏事愈来愈向着"事无大小，皆悉闻奏"的局面发展，仅武则天一人也不足以逐一"详决"。作为临时补充，在高宗统治中期以后，不时出现皇太子与武则天共同代理朝政的情况。

　　不过，与武则天一起分享处理政务之权的皇太子，所能处理之政事的范围实则非常有限。《唐大诏令集》所收《大帝命皇

---

① 《唐会要》卷三，第 24 页。
② 《旧唐书》卷六，第 115 页。
③ 《唐律疏议笺解》卷一〇，第 787 页。

太子领诸司启事诏》记载："宜令皇太子弘每五日于光顺门内坐，诸司有奏事，小事并启皇太子。"①《册府元龟·储宫部·监国》则有诏书发布的明确时间："（龙朔三年，663）十月辛巳朔，诏皇太子弘每五日于光顺门内监诸司奏事，其小事并太子决之。"②综合两则记载可知，当时皇太子有权裁决者，仅为所谓"小事"而已。这与贞观末期太宗命太子李治监国时，所赋予的权力有明显区别。《唐大诏令集》所收贞观十九年（645）正月《太宗征辽命皇太子监国诏》谓："皇太子治……委以赏罚之权，任以军国之政。详诸前载，实惟令典。发定州巡辽左之后，宜令太子治监国。其宗庙社稷百神，咸令主祭。军国事务，并取决断。"③又，贞观二十年三月《太宗破高丽回怡摄命皇太子断决机务诏》称："方今兆庶殷阜，六合廓清，垂拱无为，允在兹日。而皇太子某令德远彰，所有机务，可令断决。百辟卿士，咸宜受其节度。"④显然，太宗在出征以及回銮需要调理身体之际，将包括所谓"军国事务"和"所有机务"在内的全部朝政，全权托付给了皇太子李治。而高宗在苦于风眩的情况下，只赋予了太子处理诸司所奏小事的权力。论者或谓，此时太子李弘还处于总角之年，与其父在贞观末期监国时已近弱冠截然不同，既出于初期训练的目的，自然只宜让其处理小事。

　　不过，即使太子李弘亦已年近弱冠，在监国之际所获得的权力仍非常有限。《唐大诏令集》所收《册谥孝敬皇帝文》中，的确将太子生前厘务的情形刻画为"抚军监国，大阐良图，百揆万

---

① 《唐大诏令集》卷三〇，第 111 页。
② 《册府元龟》卷二五九，第 2942 页。
③ 《唐大诏令集》卷三〇，第 111 页。
④ 同上。

机，仵令居摄"。① 但我们不能忽略这些话语出自李弘死后之哀册文，颇多虚饰之词。太子李弘监国时实际拥有的处理政务的权限，在《唐会要》卷四"储君"目中有较为明确的记载：咸亨二年（671），皇太子弘监国，令母弟沛王贤辅助，又"敕尚书省与夺事及须商量拜奏事等文案，并取沛王贤通判；其应补拟官及废置州县，并兵马刑法等事，不在判限"。② 因为李弘本人也多病虚弱，所以高宗命其弟李贤加以辅佐，也即是说，名义上监国理政的皇子如李弘、李贤等所能判决的只是"尚书省与夺事及须商量拜奏事等文案"而已。其中"须商量拜奏事"，应该就是龙朔三年（663）李弘在光顺门所监诸司奏事中可由皇太子"决之"之"小事"而已；至于"尚书省与夺事"，其实就是尚书省依据律令条文提出实际处理意见的奏抄。③ 学者所复原的《仪凤三年度支奏抄》正是后来李贤以皇太子身份监国时所处理的"尚书省与夺事"中的一件。④ 而最为核心的军国大政如"其应补拟官及废置州县，并兵马刑法等事"，则不在监国的太子李弘的判限。这类政务须通过"表状"奏于高宗，最终以制书或发日敕的形式来颁示皇帝的处分意见。⑤

由于高宗苦于风疾，很多时候并不能逐一对这些关涉补拟

---

① 《唐大诏令集》卷二六，第 86 页。
② 《唐会要》卷四，第 42 页。
③ 王孙盈政亦认为"尚书省与夺事"即奏抄，参见"唐代后期的尚书省研究"，浙江大学博士学位论文，2011 年，第 42—43 页。
④ 录文参见〔日〕大津透"唐律令制国家的预算——仪凤三年度支奏抄、四年金部旨符试释"，宋金文、马雷译，刘俊文主编：《日本中青年学者论中国史·六朝隋唐卷》，第 433—449 页。
⑤ 正如雷闻所观察到的那样，武则天称帝期间及此前"废置州县"基本是用制书，参见"从 S.11287 看唐代论事敕书的成立过程"，荣新江主编：《唐研究》第 1 卷，第 331 页。

官员及废置州县并兵马刑法等比较重要的军国大政进行细致处理，其背后的实际裁决者常常为武则天。麟德元年（664）处理完上官仪事件之后，情形更是如此，《资治通鉴》即载："自是上每视事，则后垂帘于后，政无大小，皆与闻之。天下大权，悉归中宫，黜陟、杀生，决于其口，天子拱手而已，中外谓之'二圣'。"《考异》所引《唐历》则更显夸张："群臣朝谒，万方表奏，皆呼为'二圣'。帝坐于东间，后坐于西间。后随其爱憎，生杀在口。"[①] 因此，我们认为李弘和李贤作为太子时监国理政的权限，远小于其父在贞观末期为太子时所获权限的一个重要原因，就在于他们与母后武则天存在权力竞夺关系，并且他们在这种关系中明显处于劣势。这种竞夺甚至带来了一种间接的影响，即后来相当长一段时期内皇太子在监国过程中所能处理的政事，大体不能逸出奏抄应用范围的上限。譬如直到景云二年（711）二月睿宗命皇太子监国时，在制书中依然规定："宜令监国，俾尔为政。其六品以下授官及徒罪以下，并取处分。"[②]

在高宗统治后期的一些时间段里，实际是由武则天与监国的皇太子分享皇帝处理政务的权力。这就使得二者之间，存在着微妙的竞夺关系。这种关系曾对唐王朝统治局面的稳定性形成冲击，甚至可能间接地导致了两位太子的猝然薨逝。《资治通鉴》卷二〇二"高宗上元二年（675）四月己亥"条载：

> 太子弘仁孝谦谨，上甚爱之；礼接士大夫，中外属心。天后方逞其志，太子奏请，数迕旨，由是失爱于天后。义

---

① 《资治通鉴》卷二〇一，第 6343 页。
② 《唐大诏令集》卷三〇，第 112 页。

阳、宣城二公主，萧淑妃之女也，坐母得罪，幽于掖庭，年逾三十不嫁。太子见之惊恻，遽奏请出降，上许之。天后怒，即日以公主配当上翊卫权毅、王遂古。己亥，太子薨于合璧宫，时人以为天后鸩之也。《考异》曰：《新书·本纪》云："己亥，天后杀皇太子。"《新传》云："后将逞志，弘奏请数忤旨，从幸合璧宫，遇鸩薨。"《唐历》云："弘仁孝英果，深为上所钟爱。自升为太子，敬礼大臣鸿儒之士，未尝居有过之地。以请嫁二公主，失爱于天后，不以寿终。"《实录》《旧传》皆不言弘遇鸩。按李泌对肃宗云："高宗有八子，睿宗最幼。天后所生四子，自为行第，故睿宗第四。长曰孝敬皇帝，为太子监国，仁明孝悌。天后方图临朝，乃鸩杀孝敬，立雍王贤为太子。"《新书》盖据此及《唐历》也。按弘之死，其事难明，今但云时人以为天后鸩之，疑以传疑。[1]

《旧唐书·章怀太子贤传》又载：

　　上元二年，孝敬皇帝薨。其年六月，立为皇太子，大赦天下，寻令监国。贤处事明审，为时论所称。……时正议大夫明崇俨以符劾之术为则天所任使，密称"英王状类太宗"。又宫人潜议云，"贤是后姊韩国夫人所生"，贤亦自疑惧。则天又尝为贤撰《少阳政范》及《孝子传》以赐之，仍数作书以责让贤，贤逾不自安。调露二年（680），崇俨为盗所杀，则天疑贤所为。俄使人发其阴谋事，诏令中书侍郎薛元超、黄门侍郎裴炎、御史大夫高智周与法官推鞫之，于东宫马坊搜得皂甲数百领，乃废贤为庶人，幽于别所。永淳二年（683），迁于巴州。文明元年（684），则天临朝，令左金吾将军丘神勣往巴州检校贤宅，以备外虞。神勣遂闭于别室，逼令自杀，年三十二。①

　　尽管两位皇太子都是在接触朝政尤其是监国的时段内，逐渐引发了武则天的不满，甚至可能最终导致了他们的英年早逝，但客观地讲，武则天与监国的皇太子分享皇帝治国理政之权的局面，有利于提升或者至少是维持着高宗朝政务裁决的效率。

　　正如前文所及，在高宗的督促和引导下，唐初仅需尚书省拟订处理方案甚至直接裁决的庶政，在永徽以后大量奏报给了皇帝，由其亲自裁决。可是，皇帝本人精力有限，尤其是高宗本人还长期苦于风疾，日常的大部分时间根本不可能独立处分如此之多的朝廷政务。②而高宗在武则天的协助下裁决"应补拟官及废置州县，并兵马刑法"等军国大政，监国皇太子则处理此外的一般小事，这种分层决策的机制显然可以暂时缓解这一问题。也正因如此，大致从龙朔三年（663）"诏皇太子弘每五日于光顺门内监诸司奏事，其小事并太子决之"开始，皇太子监国以帮助皇帝分担小事的机制就已经初具雏形。③而吐鲁番出土的《永淳元

① 《旧唐书》卷八六，第2831—2832页。
② 《旧唐书·高宗本纪》载："（龙朔三年二月）庚戌，诏曰：'天德施生，阳和在节，言念幽圄，载恻分宵。虽复每有哀矜，犹恐未免枉滥。在京系囚应流死者，每日将二十人过。'于是亲自临问，多所原宥，不尽者令皇太子录之。"（《旧唐书》卷四，第84页）可见先前除武则天外，皇太子亦已开始协助高宗处理政务，唯其时尚未探索出分层决策的机制来。
③ 《资治通鉴》卷二〇〇记载显庆四年（659）八月乙卯长孙氏、柳氏、于氏贬谪情况后，即谓"自是政归中宫矣"（第6317页）；闰十月戊寅，又称"上发京师，令太子监国"（第6318页）。单从这两条记载来看，"二圣"与皇太子分层决策机制的雏形似在此时已经形成。但《资治通鉴》紧接着就记载"太子思慕不已，上闻之，遽召赴行在"（第6318页），可见当时太子因为年幼，根本无力监国理政，很快就终止了监国之任。

年氾德达告身》显示，即便文书形式采用了本为代换皇帝制书的太子令书，但其所涉及的政事却是在奏抄的应用范围之内。[①]这就说明监国皇太子与武则天分层决策的机制，可能到中宗即位的弘道元年（683）都还在发挥作用，前后大约断断续续地维持了二十年的时间。前引《旧唐书·章怀太子贤传》载："上元二年（675），孝敬皇帝薨。其年六月，立为皇太子，大赦天下，寻令监国。"一个"寻"字，已足证实唐王朝当时对于监国皇太子与武则天分层裁决政务的机制，可能已产生一定程度的依赖。故李贤被立为皇太子后不久，即令其监国。

并且，虽如前文所言，武则天与监国皇太子之间存在微妙的竞夺关系。不过两位皇太子李弘和李贤奉命监国，却并不是造成他们殒命的直接原因。武则天所要着力预防的，是太子监国时乃至即位后权力的扩张，她其实并不反对太子监国处理小事这种制度本身。这一点，从武则天并没有阻止李贤被立为皇太子后随即监国的安排即不难看出。

而武则天并不反对太子监国处理小事这种制度的重要原因之一，就在于她最初独立应付以军国大政为主的"表奏"已力有不逮。对此，我们可以参考《资治通鉴》的如下记载：

---

① 对于这份授官告身的异常之处，王永兴、李志生认为："按唐制，五品以上官制授，六品以下敕授，氾德达为飞骑尉，乃比六品勋官，应适用敕授告身式，但就文书的格式讲，乃制授，非敕授，这可能是由于此告身乃太子留守时的文书的缘故。"（"吐鲁番出土《氾德达告身》校释"，北京大学中国中古史研究中心编：《敦煌吐鲁番文献研究论集》第2辑，第502页）中村裕一认为可能的原因是永淳元年（682）监国时授六品以下官的、与"奏授告身式"相当的告身样式尚无明确规定，故使用了"令书式"，参见《唐代官文书研究》，第60页。按：《唐六典》"司勋郎中员外郎职掌"条记载："凡有功效之人合授勋官者，皆委之覆定，然后奏拟。"（《唐六典》卷二，第41页）据此，则王、李两位先生似将"奏授"混淆为了"敕授"。

天后多引文学之士著作郎元万顷、左史刘祎之等，使之撰《列女传》《臣轨》《百僚新戒》《乐书》，凡千余卷。朝廷奏议及百司表疏，时密令参决，以分宰相之权，时人谓之北门学士。[①]

而《旧唐书·职官志》"翰林院"条注文则称："乾封中，刘懿之刘祎之兄弟、周思茂、元万顷、范履冰，皆以文词召入待诏，常于北门候进止，时号北门学士。"[②]前引《资治通鉴》所载"天下大权，悉归中宫，黜陟、杀生，决于其口，天子拱手而已"是在麟德元年（664）十二月上官仪被杀之后，紧接着乾封年间（666—668）武则天即援引文学之士于禁中修书，时密令参决"朝廷奏议及百司表疏"。由此可见，北门学士这一群体恰好在这个时间出现，绝非偶然。他们最迫切的核心使命，恐怕并不是修书，而是参决"朝廷奏议及百司表疏"，实际也就是辅助武则天处理朝政。他们相当于武则天的私属，所分割者就包括政事堂宰相商讨军国大政的权力。故《旧唐书》中的《刘祎之传》《元万顷传》等，皆称北门学士参议政务是要"分宰相之权"。[③]

总之，大概是在上官仪事件之后，唐王朝就在高宗"幸东都""久疾""服饵"等情况下，相对稳定地形成了一种监国皇太子与武则天分层处理政务的决策机制，维持着朝廷裁决政务的较高效率。不过高宗驾崩，导致这种机制的运作出现了危机。关于

---

① 《资治通鉴》卷二〇二，第6376页。
② 《旧唐书》卷四三，第1853页。
③ 参见《旧唐书》卷八七、一九〇，第2846、5011页。袁刚认为将决策机构撵出宫禁，降低宰相的权力地位，是武则天打击政敌，扫除唐开国以来把持中枢政权的关陇集团的绝妙一招，参见《隋唐中枢体制的发展演变》，台湾文津出版社1994年版，第64页。

此一阶段种种曲折，《资治通鉴》有较为清晰扼要的记载：

> （弘道元年，683）十二月，丁巳，改元，赦天下。上欲御则天门楼宣赦，气逆不能乘马，乃召百姓入殿前宣之。是夜，召裴炎入，受遗诏辅政，上崩于贞观殿。遗诏太子柩前即位，军国大事有不决者，兼取天后进止。废万泉、芳桂、奉天等宫。庚申，裴炎奏太子未即位，未应宣敕，有要速处分，望宣天后令于中书、门下施行。甲子，中宗即位，尊天后为皇太后，政事咸取决焉。
>
> …………
>
> （光宅元年，684）中宗欲以韦玄贞为侍中，又欲授乳母之子五品官；裴炎固争，中宗怒曰："我以天下与韦玄贞何不可！而惜侍中邪！"炎惧，白太后，密谋废立。二月，戊午，太后集百官于乾元殿，裴炎与中书侍郎刘祎之、羽林将军程务挺、张虔勖勒兵入宫，宣太后令，废中宗为庐陵王，扶下殿。中宗曰："我何罪？"太后曰："汝欲以天下与韦玄贞，何得无罪！"乃幽于别所。己未，立雍州牧豫王旦为皇帝。政事决于太后，居睿宗于别殿，不得有所预。①

应该说，高宗所留遗诏（"军国大事有不决者，兼取天后进止"）本身解释幅度的不确定性，已经埋下了中宗与武则天冲突的伏笔。不过，当时受遗诏辅政的裴炎等人主张"有要速处分，望宣天后令于中书、门下施行"，实际也就是延续过去皇太子与武则天分层决策的机制，即小事由中宗处分，军国大政则决于武则

---

① 《资治通鉴》卷二〇三，第6416—6418页。

天，由其颁下"令书"加以处分。即使做不到"政事咸取决（于武则天）"，如果中宗能够恪守仅处理小事的原则，支持武则天"处分要速"的权威，也可以与后者长期和平共处，保持自己皇帝的名分。①

不过，中宗偏偏昏聩，早早触碰了禁区，想要任命自己的岳父为侍中，还要授乳母子五品官。如前文所论，这些任命尤其是授侍中，确实属于皇帝制书"授大官爵"的范畴，但此时已转移至太后令书的处分范围中。因此，武则天果断废掉越界插手军国大政的中宗，另立幼子李旦为帝。惩于中宗的前车之鉴，武则天干脆将大小政事全操之于己手，"居睿宗于别殿，不得有所预"，彻底终结了此前与监国皇太子分层决策的旧制。

第二节　"五花判事"抑或"六押"：
中书舍人的"参议表章"之权

睿宗即位以后，年号被定为"垂拱"（685—688）。实际上他空有皇帝名号，根本不能与闻朝政，政事皆"决于太后"。武则天在此前后既然已经比较稳固地把持皇权，自然也就不再需要北门学士假修书之名秘密地在内朝参决"朝廷奏议及百司表疏"。因为北门学士此前所分割者，就包括宰相商讨军国大政的权力，现在则将这部分权力复归于政事堂宰相即可。当然，原先曾任北门学士者，此时本就已经在外朝占据着大量要职乃至出任

---

① 在这一方面，睿宗就保持着清醒，故《资治通鉴》卷二〇三"则天后垂拱二年（686）正月辛酉"条记载："春，正月，太后下诏复政于皇帝。睿宗知太后非诚心，奉表固让；太后复临朝称制。"（第6437页）

宰相。① 比如《旧唐书·刘祎之传》记载："则天临朝，甚见亲委。
及豫王立，祎之参预其谋，擢拜中书侍郎、同中书门下三品、赐
爵临淮男。"② 其墓志中甚至记载："于时，天子谅阴，独决朝政。
举无遗策，动不失机。燮理惟和，中外无事。"③ "独决朝政"这
样的用词放在刘祎之身上未免稍嫌夸张，不过认为他当时协助武
则天控制着朝政，恐怕不算太过虚妄。又，《旧唐书·文苑传》
记载："范履冰者……垂拱中，历鸾台、天官二侍郎。寻迁春官
尚书、同凤阁鸾台平章事，兼修国史。"④ 因此，这部分权力的过
渡和交接较为平顺，也无须进行制度的重大调整。

情况稍显复杂者，是"朝廷奏议及百司表疏"中除军国大
政以外的一般庶务，以及原先监国皇太子所能处分的"尚书省与
夺事及须商量拜奏事"等"小事"的参议权，应该托付给谁的问
题。正如前文所及，皇太子监国时所掌"尚书省与夺事"，其实
主要就是批示除"补拟官""废置州县""兵马刑法"以外的奏
抄。这类奏抄本身已经由尚书省裁量过，武则天只要御画以示批
准即可，无须再托付给其他机构参议。因此，从文书体式的角度

---

① 不过需要注意的是，并非所有北门学士都是在同一时间解除其学士身份的，比
  如刘祎之充任北门学士后，因私自担任内官的姐姐，故遭流放巂州，《刘祎之
  墓志》记载上元（674—676）初年，才因"今上抗表"，"特敕追还"，墓志录
  文参见毛阳光："洛阳新出土唐《刘祎之墓志》及其史料价值"，《史学史研究》
  2012年第3期，第39页。此外，也并非所有北门学士解除学士身份后都获得
  超擢，占据要职，比如《李元轨墓志》就记载志主李元轨解北门学士后，先
  "迁秘书省校书郎"，继又"奉敕检校婺州常山县丞"，墓志录文参见周绍良主
  编《唐代墓志汇编》，上海古籍出版社1992年版，第690—691页。武则天称
  制前后占据要职的前北门学士，应该是如刘祎之这样彼时"甚见亲委"者。
② 《旧唐书》卷八七，第2847页。
③ 毛阳光："洛阳新出土唐《刘祎之墓志》及其史料价值"，《史学史研究》2012
  年第3期，第39页。
④ 《旧唐书》卷一九〇，第5011页。

看，武则天需要托付的参议对象其实主要就是涉及一般常务（所谓"小事"）的"表"和"状"。①

前面几章我们已经分析过，唐代前期针对奏上之表状，事大者则颁下制书、发日敕，事小者则颁下敕旨。而当时敕旨的主流，还是须由中书舍人重新起草的发布皇命式敕旨。因此，中书舍人无疑是承担参议表状任务最为理想的对象之一。这些涉及一般常务的表状预先由中书舍人参议，相关意见经最高统治者定夺后再由中书舍人中间的知制诰者起草为正式的王言，就可以在一定程度上实现决议与出令的一体化，无疑有助于提高朝廷处理政务与颁下政令的效率。因此，可能是在永徽五年（654）督促大臣"宜数论事""任各进状"以后，皇帝需要亲自处理的表状已日渐增多，为提高行政效率，高宗已开始将尚书省所奏部分常务委托中书舍人参议。《通典·职官》"中书省中书舍人"条记载："龙朔（661—663）以后，随省改号，而舍人之名不易。专掌诏诰，侍从，署敕，宣旨，劳问，授纳诉讼，敷奏文表，分判省事。"② 这就说明中书舍人"敷奏文表，分判省事"之职，可能是在龙朔以后不久就已获得。

武则天把持皇权以后，中书舍人也就自然而然地延续了先前的"敷奏文表，分判省事"的职责。《唐六典》卷九"匦使院知匦使职掌"条注文谓："垂拱元年（685）置，常以谏议大夫及补阙、拾遗一人为使，专知受状，以达其事。事或要者，当时处分；余出付中书及理匦使据状申奏。理匦使常以御史中丞及侍御史一人为之。"③ 从御史中丞和侍御史自身的主要职掌（御史中丞

---

① 在相关史料中，往往又作"表奏""表章""奏报"等。
② 《通典》卷二一，第 564 页。
③ 《唐六典》卷九，第 282 页。

需要处理的主要是"凡天下有称冤而无告者"与"凡中外百僚之事应弹劾者"，侍御史的职掌为"纠举百僚，推鞫狱讼"）不难看出，理匦使受付的可能主要是"怀冤负屈，无辜受刑者"所投之"申冤"表状，其余主要就是由中书舍人"据状申奏"。① 这也可以旁证，至晚在垂拱元年，中书舍人其实就已经获得了参议"事或要者"以外之"（表）状"的权力，因此新置的匦使院所"专知"之"受状"才会"出付中书"。景龙三年（709）二月有司甚至奏请："凡须奏请者，皆为表状，不得辄牒中书省。"② 这应是有官员考虑到表状迟早须由中书舍人参议，为求便捷省时，故直接将相关奏请牒送中书省。有司既专门奏请禁止，说明这一现象此前可能已经较为普遍。因此，我们大致可以推断景龙三年以前，中书舍人已经稳定地获得了"参议表章"的权力。

至于中书舍人"参议表章"的具体方法，应即史料中所说的"六押"。过去，学者往往将之与"五花判事"混为一谈。故我们在这里首先尝试辨明"六押"与"五花判事"之区别，以求更好地理解"六押"的运作方式及其优缺点。

《通典》卷二一《职官三》"中书省中书舍人"条注文谓：

> 故事：舍人六员，各押尚书省一行，天下众务，无不关决。开元二年（714）十一月，紫微令姚崇奏："紫微舍人六员，无（每）一头商量事，诸舍人同押连署状进说。凡事有是非，理均与夺，人心既异，所见不同者，望请别作商量。连状同进，若状语交互，恐烦圣思。臣既是官长，望于两状复略言二理优劣，奏听进止，则人各尽能，官无留事。"敕

---

① 参见《唐六典》卷一三、九，第378—380、282页。
② 《唐会要》卷二六，第505页。

曰："可。"因是舍人唯知撰制，不复分知机务。既文书填委，遂令书录，委之堂后人。其权势倾动天下，姚竟因主书赵诲赃犯所累罢相。姚诚多才，而黩政擅权，以成斯弊，可哀哉。[1]

《唐会要》卷五五"中书舍人"条载：

> 开元二年十二月二十日，紫微令姚崇奏："中书舍人六员，每一人商量事，诸舍人同押连署状进说。凡事有是非，理均与夺，人心既异，所见或殊，抑使雷同，情有不尽。臣令商量，其大事执见不同者，望请便作商量状，连本状同进。若状语交互，恐烦圣思。臣既是官长，望于两状后略言二理优劣，奏听进止，则人各尽能，官无留事。"敕曰："可。"[2]

《南部新书》乙篇载：

> 凡中书有军国政事，则中书舍人各执所见，杂署其名，谓之"五花判事"。其舍人中选一人明练军国政事者，专典机密，谓之"解事舍人"。[3]

《资治通鉴》卷一九三"太宗贞观三年（629）四月甲午"条按语谓：

---

① 《通典》卷二一，第 565 页。
② 《唐会要》卷五五，第 944 页。
③ ［北宋］钱易：《南部新书》乙篇，大象出版社 2019 年版，第 170 页。

> 故事：凡军国大事，则中书舍人各执所见，杂署其名，
> 谓之五花判事。中书侍郎、中书令省审之，给事中、黄门侍
> 郎驳正之。上始申明旧制，由是鲜有败事。①

除此之外，关于"六押"，《资治通鉴》卷二三二"德宗贞元三年
（787）六月壬寅"条记载德宗曾谓李泌曰："自今凡军旅粮储事，
卿主之；吏、礼委延赏；刑法委浑。"李泌则回答："不可。陛下
不以臣不才，使待罪宰相。宰相之职，不可分也，非如给事则有
吏过、兵过，舍人则有六押；至于宰相，天下之事咸共平章。若
各有所主，是乃有司，非宰相也。"②根据语境，我们基本可以确
定李泌所说的"六押"，就是前引《通典·职官》"中书省中书舍
人"条注文所谓的"舍人六员，各押尚书省一行"的制度。也即
是说，就现有史料而言，已经可以说明"六押"是唐人对唐制的
概括；"五花判事"的情况则略有不同，就目前资料来看，还只
能说是宋人对唐制的概括。③上引《南部新书》该条可能的史源
《职林》即将"五花判事"称为"唐故事"。④当然，抛开对于某
一名称出现时间的纠结，根据前引《资治通鉴》中的相关记载，

---

① 《资治通鉴》卷一九三，第 6064 页。
② 《资治通鉴》卷二三二，第 7490 页。
③ 此前学者已经有所概括，参见熊燕军"再论唐朝'六押'与'五花判事'制
　度"，《兰台世界》2011 年第 6 期，第 64—65 页。牟润孙就是因为没能厘清其
　中差别，故以舍人人数的名义去否定五花判事的北朝渊源，并将南朝"六押"
　之制的雏形与"五花判事"混为一谈，参见"从唐代初期的政治制度论中国文
　人政治之形成"，《注史斋丛稿》，中华书局 1987 年版，第 357—358 页。
④ 陈志坚和梁太济指出《南部新书》此条史源可能出自《职林》，今人对《职林》
　此条的引用，当系据宋阙名《锦绣万花谷·前集》卷一一"五花判"条所录转
　引，参见"《南部新书》研读札记六题"，《中国典籍与文化》2012 年第 2 期，
　第 113 页。

我们至少可以明确地将"五花判事"这种"制度"的确立推究为
贞观之前。

　　对于"五花判事"与"六押"之关系，学者已有不少分析。
孙国栋认为："且舍人押六曹佐宰相判事之制于贞观四、五年始
建，贞观四、五年以前，中书省组织未完密益明。……虽温公之
按语未知所本（两《书》不载，《政要》卷一载太宗责两省语，然
无申明旧制），然以情理度之，五花判事始于贞观四、五年，必无
大误。"① 孙先生这里应该是误记《资治通鉴》此条的系年为贞观四
年。在另文中，他对制度起始时间的表述稍有不同："自贞观三年
（629）中书舍人五花判事开始，天下众务都由舍人先提意见，同押
连署进状呈天子御览。……到了开元二年（714）十一月，中书令
姚崇建议舍人六押应先由中书令综合各说，然后进呈，于是中书舍
人的权责转轻。"② 不过，以上两段文字显示，孙先生始终是将"五
花判事"与"六押"等同，视为"舍人押六曹佐宰相判事之制"。

　　袁刚和刘后滨两位先生也都曾以前文所列的几条史料为基
本参考资料，对"五花判事"与"六押"进行过专门探讨。袁
刚认为，"五花判事"与"六押"实乃唐代同一种中书舍人代表
皇帝协助宰相批札百司奏抄表章的制度。"五花判事"可被视为
"六押"制度的一个方面，即舍人一员分押尚书之一部，批札本
"行"表奏后，交另外五位舍人提意见，五舍人分别提供商量状
之后又分别画押，"五花判事"后供宰相作最优选择。正因为二
者实乃同一种制度，故唐官修政典和正史两《唐书》官制以及

---

① 孙国栋："唐代三省制之发展研究"，《唐宋史论丛》，上海古籍出版社 2010 年
　　版，第 169 页。
② 孙国栋："唐代中书舍人迁官途径考释"，《唐宋史论丛》，第 99 页。

《唐会要》等书仅记载"六押"而未提及"五花判事"。① 刘后滨则对袁刚的观点提出了一系列修正。比如，他认为中书舍人押判的上奏的文书，当不是奏抄而是各种章表；"六押"强调的是中书舍人对尚书六部章表的押判，"五花判事"的重点是中书舍人各执己见。此外，他视"五花判事"为"六押"的改进，并断定这项改进是由姚崇在开元二年（714）作出的。不过，归根结底，在肯定"五花判事"与"六押"是同一种"参议表章"的制度这一点上，刘后滨的立场还是去袁刚未远。②

重新检视前文条列的几种基本史料后，我们不同意此前学者所认为的"五花判事"与"六押"实为同一种"参议表章"制度的基本判断。③ 我们认为，这种判断表明论者可能在不同程度上忽视了史料所透露的二者的如下差别：其一，"五花判事"之恢复在贞观三年，"六押"之变革在开元二年；其二，"五花判事"之对象乃"军国大事"，"六押"之对象乃"天下众务"；其三，"五花判事"之执行方式乃中书舍人"各执所见，杂署其名"，"六押"之执行方式乃中书舍人六员"各押尚书省一行"，"每一人商量事，诸舍人同押连署状进说"。综合这些差别，我们可以判断"五花判事"应是中书舍人针对涉及军国大事的"准制敕"提出异见，而"六押"则是中书舍人针对皇帝托付的章表进行预

---

① 参见袁刚"唐朝的五花判事和六押制度"，《安徽史学》1996 年第 4 期。
② 参见刘后滨《唐代中书门下体制研究——公文形态、政务运行与制度变迁》，第 157—168 页。
③ 周道济虽未展开论述，但亦认为所谓"五花判事"或"舍人六押"，即旨在参议表章也，参见《汉唐宰相制度》，台湾大化书局 1978 年版，第 312 页；戴显群同样认为，中书舍人参议表章的两种形式为"六押"与"五花判事"，参见《唐五代政治中枢研究》，厦门大学出版社 2001 年版，第 34 页。

裁，二者具有根本的不同。^①作为与"起草并署行制敕"相配合的中书舍人的职能，它们发挥突出作用的历史时段也有所不同，而这种不同恰好可以反映唐代前期中书省尤其是中书舍人职权重心的转移。以下结合史料对此略作补充说明。

试看前引《资治通鉴》卷一九三"太宗贞观三年四月甲午"条按语的正文：

> 上始御太极殿，谓群臣曰："中书、门下，机要之司，诏敕有不便者，皆应论执。比来唯睹顺从，不闻违异。若但行文书，则谁不可为，何必择才也！"房玄龄等皆顿首谢。^②

很明显，这里太宗明确指出应论执的对象为"诏敕"，也即是说，该条按语及《南部新书》中所言中书舍人"各执所见，杂署其名"者当为诏敕，而非表章。这样与按语后半部分所言"中书侍郎、中书令省审之，给事中、黄门侍郎驳正之"那样的制敕宣行程序方能契合。如此，太宗在贞观三年申明的制度并非"六押"，而是"五花判事"。因制敕所处分者多为军国大事，所以太宗强调中书、门下在署行之前，如果发现有不稳便之处，皆须执论。《贞观政要·政体》亦载：

> 贞观三年，太宗谓侍臣曰："中书、门下，机要之司。擢

---

① 雷家骥虽对"五花杂判"与"六押"的精神有所区别，但在利用史料时又多有混淆，故认为"六押"制度的意义在助理长官判案，亦为唐初以来的制度，参见《隋唐中央权力结构及其演进》，台湾东大图书公司1995年版，第250页。
② 《资治通鉴》卷一九三，第6064页。

才而居，委任实重。诏敕如有不稳便，皆须执论。比来惟觉阿旨顺情，唯唯苟过，遂无一言谏诤者，岂是道理？若惟署诏敕、行文书而已，人谁不堪？何烦简择，以相委付？自今诏敕疑有不稳便，必须执言，无得妄有畏惧，知而寝默。"①

其实，在此前后，太宗为杜绝颁下未稳之诏敕，还有多次申令。如《贞观政要·政体》另载：

> 贞观元年，太宗谓黄门侍郎王珪曰："中书所出诏敕，颇有意见不同，或兼错失而相正以否。元置中书、门下，本拟相防过误。人之意见，每或不同，有所是非，本为公事。或有护己之短，忌闻其失，有是有非，衔以为怨。或有苟避私隙，相惜颜面，知非政事，遂即施行。难违一官之小情，顿为万人之大弊，此实亡国之政，卿辈特须在意防也。……卿等特须灭私徇公，坚守直道，庶事相启沃，勿上下雷同也。"②

《册府元龟·帝王部·发号令》亦载：

> （贞观）四年七月，令诸司："若诏敕颁下有未稳者，必须执奏，不得顺旨便即施行，务尽臣下之心也。"③

---

① ［唐］吴兢撰，谢保成集校：《贞观政要集校》卷一，中华书局2009年版，第30页。
② 《贞观政要集校》卷一，第27—28页。
③ 《册府元龟》卷六三，第671页。

后面两条史料分别是针对门下省和诸司而言，将之与前引贞观三年太宗对侍臣所述内容结合起来，即可知针对颁下之制敕，太宗设计了三道防止"不稳便"或"未稳"的防线，布防的部门分别为中书省、门下省及负责具体执行的有司。其中，中书省承担执论任务者主要就是中书舍人。《唐六典》卷九"中书舍人职掌"条按语称中书舍人"一人专掌画，谓之知制诰"，"余但分署制敕"。① 这就说明对于关涉军国大事的重要制敕，需要"知制诰"以外职在"分署制敕"的中书舍人进行"执论"。具体来讲，就是如果发现有不稳便处，要"各执所见，杂署其名"以奏上皇帝，防止过误。《通典》卷二一《职官三》"中书省中书舍人"条记载："大唐初，为内史舍人，至武德三年（620），改为中书舍人，置六员。"② 据此，似可推断"五花判事"之得名，当是因为命名者考虑唐初除开知制诰一人外，其余"各执所见，杂署其名"的中书舍人数额就该为五员。

综上，我们认为"五花判事"反映的主要是唐代初期中书舍人针对涉及军国大事的"准制敕"提出异见的一种防误之制。③ 其制度内核，应是"凡军国大事，则中书舍人各执所见，杂署其名"。

① 《唐六典》卷九，第276页。

② 《通典》卷二一，第564页。按：刘后滨认为："《大唐六典》并没有说明唐朝何时始置中书舍人六员。但是，从实际情况看，在高宗咸亨（670—674）以前，中书舍人基本是不足六员的。"（《唐代中书门下体制研究——公文形态、政务运行与制度变迁》，第164页）不过刘先生似对所引史料稍有误解，且其举证方式也不够妥当。

③ 如前所及，刘后滨主张"五花判事"是姚崇在开元二年（714）对"六押"制度作出的改进，参见《唐代中书门下体制研究——公文形态、政务运行与制度变迁》，第157页。宋靖则承袭了刘后滨的此观点，参见《唐宋中书舍人研究》，黑龙江大学出版社2010年版，第136页。不过，两位先生恐怕忽视了史料所反映的具体时段。

　　至于"六押"，凡史料提及时皆是以"舍人分押尚书六曹（司）"之意进行表述。如《新唐书·百官志》载："以（舍人）六员分押尚书六曹，佐宰相判案，同署乃奏，唯枢密、迁授不预。"[1]又，《唐六典》"中书舍人职掌"条注文谓："六人分押尚书六司，凡有章表，皆商量可否，则与侍郎及令连署而进奏。"[2]可见前引《通典》所载"舍人六员，各押尚书省一行"的"故事"和《唐会要》等史料所载"中书舍人分押尚书六曹，以凭（平）奏报"的"旧制"，皆是指代"六押"之制。[3]从这些记载中不难看出，"六押"实际就是六位中书舍人，分别押判尚书省六部分管的吏、户、礼、兵、刑、工之事。

　　虽然《唐六典》"中书舍人职掌"条正文称中书舍人的主要职掌之一是"参议表章"，注文中又称他们"商量可否，则与侍郎及令连署而进奏"的具体对象为"章表"，但如我们前文所讨论的那样，"尚书六司"奏上政务的文书主要是奏状，因此中书舍人"六押"的对象实际上主要就是尚书省诸司所进奏状。也即是说，过去尚书省司所拥有的"取裁"政务之权，现在部分转移到了中书舍人手中。当然，二者还是存在根本性的不同。尚书省所"取裁"的是"诸司、诸使及天下州府有事准令式各申省者"，[4]因此在尚书省取裁之前皇帝尚不知情。这就在一定程度上遮蔽了皇帝的优先知情权，故为其所不能容忍。而中书舍人所"参议"的"表章"，相当于皇帝接受之后再出付给中书舍人，由

①　《新唐书》卷四七，第1211页。
②　《唐六典》卷九，第276页。按：此处标点略有调整。
③　参见《唐会要》卷五五，第945页；《旧唐书》卷一一八《杨炎传》，第3423—3424页；《新唐书》卷一四五《杨炎传》，第4725页。
④　《唐会要》卷五七，第986页。

其提供初步处理意见供皇帝决策时采择。① 这种差异，是导致中书舍人"六押"之制部分地取代了尚书省预先"取裁"之制的一个重要原因。

第三节 "六押"之制的虚化与中书门下的成立

中书舍人获得"参议表章"之权后，地位俨然达到了顶峰。《通典》卷二一《职官三》"中书省中书舍人"条记载：

> 中书舍人……梁用人殊重，简以才能，不限资地，多以他官兼领。后除"通事"字，直曰中书舍人，专掌诏诰，兼呈奏之事。自是诏诰之任，舍人专之。陈置五人。后魏有舍人省，而不言其员。北齐舍人省掌署敕行下，宣旨劳问，领舍人十人。后周有小史上士二人，此其任也，属春官。隋内史舍人八员，专掌诏诰。炀帝减四人，后改为内书舍人。大唐初，为内史舍人，至武德三年，改为中书舍人，置六员。龙朔以后，随省改号，而舍人之名不易。专掌诏诰，侍从，署敕，宣旨，劳问，授纳诉讼，敷奏文表，分判省事。自永淳已来，天下文章道盛，台阁髦彦，无不以文章达。故中书舍人为文士之极任，朝廷之盛选，诸官莫比焉。②

我们认为，永淳（682—683）以后中书舍人为"文士之极任，

---

① 参见刘后滨《唐代中书门下体制研究——公文形态、政务运行与制度变迁》，第 162 页。

② 《通典》卷二一，第 563—564 页。

朝廷之盛选"的最关键因素，恐怕并不在于"文章道盛"。因为根据该条前面的叙述，中书舍人"专掌诏诰"和"自是诏诰之任，舍人专之"等情况，至晚是从萧梁就已经开始，历陈、隋未改而一直延续到唐。然而实际上直到唐初，其地位恐怕仍难称"极任"，故李肇《翰林志》即谓："初，国朝修陈故事，有中书舍人六员，专掌诏诰，虽曰禁省，犹非密切。"①那么，何以待到"永淳已来"，中书舍人偏偏就成了"文士之极任，朝廷之盛选"呢？

　　第二节我们已经引用过《通典》该条的内容，推测龙朔（661—663）以后不久中书舍人就已经获得"敷奏文表，分判省事"之权力。然而正如本章第一节所分析的那样，在高宗统治后期的相当多时间内，朝廷采用的是监国皇太子与武则天分层处理政务的决策机制。而武则天本人，又主要是利用北门学士在内朝参决"朝廷奏议及百司表疏"。因此，中书舍人"参议表章"的职能，尚未得到充分的发挥。②其真正开始大放异彩，应该是在武则天较为稳固地把持皇权以后。

　　前文我们曾推断垂拱元年（685）前后武则天已经比较稳固地把持了皇权，因而北门学士大体也是在这段时间最终解散，大量先前曾充任学士者陆续在外朝尤其是中书省占据了大量要职。这里的"垂拱元年前"，似还可以进一步推定为永淳年间。《旧唐

---

① ［南宋］洪遵编：《翰苑群书》卷一，傅璇琮、施纯德编：《翰学三书》，辽宁教育出版社 2003 年版，第 1 页。

② 北门学士与中书舍人职任的相似性（一在内朝参决"朝廷奏议及百司表疏"，一在外朝"参议表章"），应该是部分北门学士解职后即充任中书舍人的重要原因之一，比如刘祎之特敕追还后"未几，授中书舍人"（毛阳光："洛阳新出土唐《刘祎之墓志》及其史料价值"，《史学史研究》2012 年第 3 期，第 39 页）。又《旧唐书·元万顷传》即载："则天临朝，迁凤阁舍人。无几，擢拜凤阁侍郎。"（《旧唐书》卷一九〇，第 5011 页）

书》和《资治通鉴》均记载永淳二年（683）十一月高宗在奉天宫时"疾甚"，"宰臣已下并不得谒见"。①而《大唐新语》则谓："高宗末年，苦风眩头重，目不能视。则天幸灾逞己志，潜遏绝医术，不欲其愈。"②《资治通鉴》没有交代其史料依据，然亦称武则天"不欲上疾愈"。③可见，高宗驾崩以前的永淳之末，武则天可能就已经"逞己志"，基本控制了皇权，走到了政务处理的前台。

在这种背景下，朝廷的政务处理机制就有必要回复到皇帝乾纲独断时的正常轨道上去。就参议机制而言，应是宰相协助皇帝参决军国大政，而中书舍人负责"参议表章"以"分判省事"。前引《通典·职官》"中书省中书舍人"条省略的部分谓："宋初，又置中书通事舍人四员，入直阁内，出宣诏命。凡有陈奏，皆舍人持入，参决于中，自是则中书侍郎之任轻矣。齐永明（483—493）初，中书通事舍人四员，各住一省，时谓之'四户'，权倾天下，与给事中为一流。"④可见，宋齐之际中书舍人就是通过"参决"奏事和分判省事（"各住一省"），得以"权倾天下"，以至该条注文中举例称："茹法亮久为中书通事舍人，后出为大司农。中书势利之职，法亮恋之，垂涕而去。"⑤因此，我们就不难理解在武则天基本控制皇权的背景下，中书舍人较为稳定地获得了"参议表章"以"分判省事"的权力，实际也就是拥有了预裁朝廷庶政的权力，地位已甄于极盛。甚至相较于宋齐时期"与给事中为一流"的境况，客观上还要更胜一筹。故《封氏闻见记》记

---

① 参见《旧唐书》卷五《高宗本纪》，第 111 页；《资治通鉴》卷二〇三，第 6416 页。
② ［唐］刘肃：《大唐新语》卷九，中华书局 1984 年版，第 141 页。
③ 《资治通鉴》卷二〇三，第 6415 页。
④ 《通典》卷二一，第 563 页。
⑤ 同上。

载的宦途"尤为俊捷，直登宰相，不要历余官也"的"八俊"中，就有中书舍人，而"给事中不入"。① 中书舍人此时地位既然如此重要，当然需要"朝廷盛选"，享受"诸官莫比"之誉了。

不过，中书舍人地位的过于突出，虽然从整体上抬升了中书省的地位，譬如前引景龙三年（709）二月有司奏报显示，当时百官诸司奏请甚至"辄牒中书省"，但如所周知，在中书省内部，中书令和中书侍郎才是中书舍人之上的正副长官，中书舍人地位的突显，就会打乱省内旧有的权力格局。上引《通典·职官》"中书省中书舍人"条就显示宋初中书舍人获得"参决于中"之权后，"自是则中书侍郎之任轻矣"。祝总斌认为宋齐之际统治集团内部斗争激烈，皇帝对寒族出身的恩幸比较放心，因此以之充任中书通事舍人并"参决于中"。但是这种权力并没有与"大位"结合，相反，是与舍人之位不相衬，因而也就存在不稳定性。当舍人恩宠衰落或中断之时，权势便又理所当然地全部回归到大位者手中。② 与祝先生所分析的南朝的情况相似，唐代中书舍人在地位达到顶峰之后不久，就因为权力与位阶的不匹配，催生出了新的矛盾，亟待加以变革调整。

第二节所引《通典·职官》"中书省中书舍人"条注文所记"六押"之"故事"后，立即接上的就是姚崇开元二年（714）奏请改革的内容。根据姚崇所奏，"六押"是"每一人商量事，诸舍人同押连署状进说"，即由一位对口负责的舍人提出商量意见，其余舍人只是同押连署，并不提出异议。姚崇认为这种处理方式

---

① 参见［唐］封演撰、赵贞信校注《封氏闻见记校注》卷三，中华书局 2005 年版，第 18—19 页。

② 参见祝总斌《两汉魏晋南北朝宰相制度研究》，第 358 页。

容易导致"情有不尽",所以力促改革,以使"人各尽能"。不过,这又会导致一个新的问题。即如其所言,"凡事有是非,理均与夺,人心既异,所见或殊",那么舍人之间意见发生冲突时,政务预裁就会迟滞,反给皇帝增添困扰,与"六押"之制设定的初衷不符。对此,姚崇提供的解决方法是"臣既是官长,望于两状后略言二理优劣,奏听进止"。① 这样一来,舍人"六押"后所进之状就不是直接呈于皇帝,而是交给中书令押判。所以我们可以注意到前引关于"六押"的史料中,譬如《唐六典》这种反映开元时期面貌的史料,明确提到中书舍人"六押"之后需要与中书侍郎、中书令连署而进奏。但在《通典》和《唐会要》所记反映姚崇开元二年改革以前"六押"施行情况的记录中,则不见与后二者连署的任何记录。就中书省而言,这项改革绝不仅仅是为了协调诸舍人对于政务处理的意见,其更重要的意义在于解决了省内旧有的矛盾冲突。

实际上,姚崇奏请改革之前中书舍人参议表章的情况,类似于原先的北门学士,是直接将参议意见上给皇帝。尽管如前文所及,这可以在一定程度上实现朝廷决策与出令的一体化;不过,这种一体化的实现需要一个前提,那就是中书省内部对于中书舍人参议表章后提出的意见并不存在任何分歧。毕竟,根据公式令所规定的诸王言的运作流程来看,制书、发日敕、敕旨等颁下时,还需要中书省正长官中书令和副长官中书侍郎的审署通过。如果他们有不同意见的话,也很可能会阻滞制敕的顺畅颁行。关于其中的道理,我们以姚崇开元二年改革以前的一个例子予以简要说明。

---

① 引文参见《唐会要》卷五五,第 944 页。

《旧唐书·李昭德传》记载李昭德"专权用事，颇为朝野所恶"，前鲁王府功曹参军丘愔上疏言其罪状，有言曰：

> 臣闻百王之失，皆由权归于下；宰臣持政，常以势盛为殃。……陛下创业兴王，拨乱英主，总权收柄，司契握图。天授（690—692）已前，万机独断，发命皆中，举事无遗，公卿百僚，具职而已。自长寿（692—694）已来，厌怠细政，委任昭德，使掌机权。然其虽干济小才，不堪军国大用，直以性好凌轹，气负刚强，盲聋下人，刍狗同列，刻薄庆赏，矫枉宪章，国家所赖者微，所妨者大。天下杜口，莫敢一言，声威翕赫，日已炽盛。臣近于南台见敕目，诸处奏事，陛下已依，昭德请不依，陛下便不依。如此改张，不可胜数。昭德参奉机密，献可替否，事有便利，不预谘谋，要待画旨将行，方始别生驳异。扬露专擅，显示于人，归美引慝，义不如此。州县列位，台寺庶官，入谒出辞，望尘慑气。一切奏谳，与夺事宜，皆承旨意，附会上言。今有秩之吏，多为昭德之人。陛下勿谓昭德小心，是我手臂。臣观其胆，乃大于身，鼻息所冲，上拂云汉。[①]

我们应该注意到丘愔上疏的时间，是在长寿中李昭德成为检校内史（中书令）以后。其内容，主要是抨击李昭德屡屡对皇帝已经批依并准备以制敕下发的皇命别生驳异。实际上，抛开权谋的因素，仅仅从制度规定本身的角度来看，李昭德的表现根本算不得

---

① 《旧唐书》卷八七，第 2855—2856 页。

什么违逆之举。

为予说明，我们试对丘悋的这段上疏略加解析。前面一大段吹捧的话语，实际讲的就是武则天在登上皇帝宝座的过程中，通过各种手段揽权，实现了"总权收柄，司契握图""万机独断，发命皆中，举事无遗"的独裁统治。不论是之前内朝的北门学士，还是后来外朝的中书舍人，在武则天的眼里，都是帮助自己"参议表章"的私臣。这个时候外朝的"公卿百僚"，就只有无条件奉行武则天的决断。就负责署行的中书省官员而言，从中书令到中书舍人，亦概莫能外地不敢忤旨，只能以驯服之姿对武则天颁下的制敕加以宣奉行。况且，武则天还经常颁下不经中书省和门下省的、带有密旨意味的"墨诏"或"墨敕"。[①] 因此我们可以推想，这一时期朝廷的政务处理与政令颁行，应该还是比较流畅的。

但是，在李昭德升为中书令后，政令颁下的环节却出现了问题。根据丘悋所见南台敕目显示，对于诸处奏事，皇帝根据中书舍人"六押"后提供的意见已经批准，但是发往中书省制为制敕颁下时，却遭到了中书令李昭德拒绝署宣、偏要提出改张意见的对待。此时武则天已经"厌怠细政"，[②] 又依照之前的体察无比信任李昭德，所以使得改张的情况屡屡出现，严重影响了政令的流畅颁下。丘悋集中攻击的主要也就是这一点，认为昭德既然"参奉机密，献可替否"，就应该及早乘便提供咨询意见，结果非要

---

① 参见游自勇"墨诏、墨敕与唐五代的政务运行"，《历史研究》2005年第5期，第36页。

② 实际上倒未必是武则天主观上"厌怠细政"，而可能是自天授二年（691）开始，她迫于政务繁多的客观现实，不得不听从狄仁杰之劝（狄仁杰谏曰："臣闻君人者，当深视高居，黈纩塞耳。唯生杀之柄，不以假人。至于簿书期会之间，则有司存之而已。"见《唐会要》卷五一，第888页），对细政适当放手。

待画旨将行，"方始别生驳异"。

实际上，丘愔更多是从主观情理而非客观的制度现实出发对李昭德予以攻击，是以绝对理想的状态来理解当时的政务裁决机制，从而苛刻地曲解李昭德的行为。如前所论，在姚崇开元二年改革以前，中书舍人的"六押"其实是由一位对口负责的舍人提出，其余五位舍人并不提供不同意见，只需同署奏上。中书令既不提供意见，也不需要同署连奏。所以对于李昭德而言，虽然的确因其宰相身份得以"掌机权"或说"参奉机密"，但其实对于皇帝批依的很多非机密性的常规政务，在发往中书省签署行下之前他是不得而知的。因此才会在画旨将行之际，"方始别生驳异"，倒并不一定是刻意扰乱政务运行。武则天之所以听信他人对李昭德的攻击而将其贬官，部分原因可能是认识到如果政令——依照李昭德的意见进行改张，事实上等于中书省长官中书令就可以在外朝实现专权，将威胁自己的独裁统治。[①] 当然，李昭德所作所为对政务处理效率的负面影响，应该也是促使武则天不得不作出如上决断的重要原因。

总之，中书令毕竟是中书省的首长，却在署行制敕时反受制于其属下中书舍人的政见，这不符合基本的行政原则。因此才会出现李昭德这种较为关心政务而又比较强势的中书令，屡屡要求改张的情况。但武则天罢去李昭德，并没有从制度上解决这个问题。这种矛盾的情形亟待解决。故如前文所引《通典》和《唐会

---

① 《旧唐书·李昭德传》又载："时长上果毅邓注又著《硕论》数千言，备述昭德专权之状，凤阁舍人逢弘敏邃奏其论。则天乃恶昭德，谓纳言姚璹曰：'昭德身为内史，备荷殊荣，诚如所言，实负于国。'延载（694）初，左迁钦州南宾尉，数日，又命免死配流。"（《旧唐书》卷八七，第2857页）而中书舍人逢弘敏"邃奏其论"的行为，似亦可佐证中书舍人和中书令在参议与出令方面的矛盾。

要》的相关记载那样，姚崇在开元二年（714）奏请改革，使中书令于"两状后略言二理优劣，奏听进止"。也即是说，原本中书舍人享有的"参议表章"或者说"预裁奏议"的独立权力，现在已经控制在中书令手中了。《新唐书·百官志》称中书舍人"佐宰相判案"，所讲即为姚崇改革以后的情况。自此以后，中书令既可以在中书省裁决日常细政，又可以以宰相的身份参决军国大政，将中书省和政事堂两个机构首长的权力集于一身，在政务裁决机制中的地位进一步提升。[①] 故《旧唐书·姚崇传》记载："是时，上初即位，务修德政，军国庶务，多访于崇，同时宰相卢怀慎、源乾曜等，但唯诺而已。崇独当重任，明于吏道，断割不滞。"[②]

当然，姚崇开元二年改革的意义，远不止于提升了中书令在唐代政务裁决机制中的地位，还在于理顺了中书省内部参议政务与颁下政令的权力层次。改革之后，从理论上讲，所谓"天下众务"既先经中书舍人参议商量，复由中书令审核优劣，经皇帝批准后起草为制敕颁下时，在中书省即可顺畅署行。至于中书侍郎，毕竟只是中书令之"副贰"，往往难以有所作为。《旧唐书·李乂传》记载李乂任黄门侍郎，在门下省"多所驳正"，"开元初，姚崇为紫微令，荐乂为紫微侍郎，外托荐贤，其实引在己下，去其纠驳之权也"。[③] 姚崇荐举李乂为中书侍郎，就能轻易"去其纠驳之权"，原因就在于中书侍郎恰在中书令之"下"，归

---

① 此后的"首相""权相"基本上是中书令。以玄宗统治时期为例，开元初期的姚崇，开元中期的张嘉贞、张说，开元后期的张九龄及其后长期专权的李林甫和杨国忠等，都是以中书令的职位成为首相的，参见刘后滨《唐代中书门下体制研究——公文形态、政务运行与制度变迁》，第171页。
② 《旧唐书》卷九六，第3025页。
③ 《旧唐书》卷一〇一，第3136页。

其管隶。又《唐会要》卷五四"中书舍人"目载：

> （开元）十二年（724）六月，中书令张说荐崔沔为中书
> 侍郎。或谓沔曰："今之中书，皆是宰相承宣制命。侍郎虽是
> 副贰，但署位而已，甚无谓也。"沔曰："不然。设官分职，
> 上下相维，各申所见，方为制理，岂可俯然偷安，而怀禄仕
> 也。"自是每有制敕及南曹事，沔多异同。张说颇不悦焉。[1]

不论是张说本人还是其中"或"所指代者，都认为中书侍郎只是
中书令之附庸。可见中书侍郎"但署位而已"在开元前期已是既
定的事实，其地位与作用"甚无谓也"在当时已成一种较为普遍
的观念。崔沔想要有所作为，常常针对"制敕及南曹事"提出异
见，结果得罪了中书令张说，很快就落得"出为魏州刺史"的下
场。[2] 而这里的"南曹事"，显然就是中书舍人所押尚书六曹之
"奏报"。可见，《唐六典》"中书舍人职掌"条注文所谓"六人
分押尚书六司，凡有章表，皆商量可否，则与侍郎及令连署而进
奏"的制度，应该在开元十二年以前，甚至极有可能就是在姚崇
开元二年改革以后不久已经形成。

　　要言之，姚崇开元二年改革基本理顺了中书省内部参议政务
与署行制敕的权力层次，打通了政令下行的部分环节，有利于提
升朝廷政务处理的效率。然而，正如第二章我们已经分析过的那
样，唐代不论是制书、发日敕抑或是敕旨，不仅需要中书省起草
宣行，还需要经过门下省审核才能真正成立，原则上正如刘祎之

---

[1] 《唐会要》卷五四，第 934 页。
[2] 《旧唐书》卷一八八，第 4928 页。

所言："不经凤阁鸾台，何名为敕？"① 所以，姚崇开元二年改革
尽管疏通了政务参议至中书省署行的环节，却并没有贯穿至门下
省。如果遇上李义这样偏要"多所驳正"的门下省官员，政令颁
行仍易遭遇阻滞。况且正如《唐会要》所载，中书舍人"六押"
的对象是"枢密、迁授"之外的"他政"，② 亦即军国大政之外的
常务而已，显然可以而且有必要尽可能地考虑效率问题。因此，
如何进一步打通政务参议与政令颁下的环节，换而言之，就是要
在政令颁下之前的参议环节尽可能疏通门下省的意见，遂成了接
下来摆在执政者面前的任务。

　　解决上述问题的直接办法，就是将门下省也纳入政务参议的
环节中去。最简单者，就是继续走唐初组织政事堂以协调中书和
门下两省意见的老路。《续资治通鉴长编》记载宋哲宗元祐四年
（1089），司马康奏上其父司马光的遗稿。其中有一封是乞合中
书、门下两省为一的奏稿：

> 　　唐初，始合中书、门下之职，故有同中书门下三品、同
> 中书门下平章事，其后又置政事堂，盖以中书出诏令，门下
> 掌封驳，日有争论，纷纭不决，故使两省先于政事堂议定，
> 然后奏闻。③

根据司马光的意见，唐初为出令顺畅，故让署制敕的中书、门下
两省的长官，先于政事堂议定，避免制敕到了颁行之环节才被阻
滞，难于行下。因此，若要让中书省"连署而进奏"的商量意

---

① 《旧唐书》卷八七《刘祎之传》，第 2848 页。
② 参见《唐会要》卷五五，第 947 页。
③ ［南宋］李焘：《续资治通鉴长编》卷四三一，中华书局 2004 年版，第 10409 页。

见，更加顺畅地转化成王言并颁下，最简单的办法就是将其带入政事堂，事先一并取得门下省首长侍中的认可。

其实，最早将这一方法加以实践者，亦是开元初期的中书令姚崇。故前引《通典》卷二一《职官三》"中书省中书舍人"条注文中会有"既文书填委，遂令书录，委之堂后人"的记载。也即是说，姚崇在奏请改革"六押"之制后不久，就已经命令中书主书将本由中书舍人参议之政务转移到了政事堂。因此，前引《通典》卷二一《职官三》"中书省中书舍人"条注文所云"因是舍人唯知撰制，不复分知机务"，描述的应该就是在此之后的情况。至是，朝廷参议政务与颁下政令的诸环节已经基本打通，政务处理的效率遂得大幅提升。因此我们认为，姚崇任中书令期间能对军国庶政"断割不滞"，除了其本身的才干、性格等因素外，显然政务处理环节得以打通也是一个重要的客观原因。

经过上述一系列改革之后，政事堂的职责，就从过去单纯商讨军国大政，拓展到了预裁日常庶务。因此，政事堂宰相所处理的政务越来越庞杂，其办公制度亦不得不加以调整。《新唐书·选举志》载："初，诸司官兼知政事者，至日午后乃还本司视事。兵部、吏部尚书侍郎知政事者，亦还本司分阙注唱。开元以来，宰相位望渐崇，虽尚书知政事，亦于中书决本司事以自便。"① 又《新唐书·杨国忠传》载："先天（712—713）以前，诸司官知政事者，午漏尽，还本司视事，兵、吏部尚书、侍郎分案注拟。开元末，宰相员少，任益尊，不复视本司事。"② 综合两

---

① 《新唐书》卷四五，第 1177 页。刘后滨已引用该条进行过说明，参见《唐代中书门下体制研究——公文形态、政务运行与制度变迁》，第 176 页。

② 《新唐书》卷二〇六，第 5848 页。

条史料可知，开元以前尚书省官员兼宰相任者尚能于午后回省视事，开元以后则只能在宰相办公的政事堂或中书门下决本司事。自开元末期起，随着员额减少，宰相甚至不能再理其本省司之事。《新唐书》将背后的原因归结为宰相"位望渐崇"或"任益尊"，似乎还稍欠火候。其中最为关键的转折，应是相较于过去中书令只是"佐天子而执大政"而侍中只是"佐天子而统大政"等，① 自开元初期开始，中书门下宰相肩负起了预裁日常庶务之责，已再无精力视本司事。刘后滨将其总结为"宰相的政务官化"，认为宰相与君主的联系更多地作为"参总庶务"的政务官而不是"坐而论道"的咨询者，② 所论甚为精辟。

　　既然此后无论大小政务，几乎皆由宰相参议，而政事堂宰相，很多时候甚至仅二三人而已，况且伴随着需要处理的政务越来越琐细，宰相本身也需要咨询相关人员，并利用律令规定或旧有文案作为预裁政务的凭借。自然地，政事堂由原先附丽于中书省的宰相商讨军国大政的小型组织，转变为综合处理政务的中枢机构，就显得很有必要。这个任务由中书令姚崇起头，最终则是在开元十一年（723）由中书令张说完成。《通典·职官》"宰相"条云："开元十一年，张说奏改政事堂为'中书门下'，其政事印亦改为中书门下之印。"③《新唐书·百官志》载："开元中，张说为相，又改政事堂号'中书门下'，列五房于其后：一曰吏房，二曰枢机房，三曰兵房，四曰户房，五曰刑礼房，分曹以主众务焉。"④ 根据五房的具体名称即可看出，它们基本上对口于尚书省

---

① 参见《唐六典》卷九、八，第 273、241 页。
② 参见刘后滨《唐代中书门下体制研究——公文形态、政务运行与制度变迁》，第 60—62 页。
③ 《通典》卷二一，第 542 页。
④ 《新唐书》卷四六，第 1183 页。

六部的政务。它们"分曹以主众务"所主要取代的，实际就是此前中书舍人"分押尚书六曹"的职责。

在《唐代中书门下体制研究——公文形态、政务运行与制度变迁》一书中，刘后滨曾言及："对于中书门下'分曹以主众务'和'分掌庶政'在制度史上的意义，已经越来越多地为学界所重视和揭示出来，它是唐代政治体制的一次重大变革，意味着政事堂从宰相议事之所变成为宰相裁决政务、指挥行政运作的施政机关，标志着最高决策和行政的合一。"①我们认为这种表述，恐怕稍嫌夸大了开元十一年奏改政事堂之号为中书门下的意义。实际上刘先生本人已经看出"当时人们对这个事件并不特别重视"，并且推测其原因乃是"由于政事堂改为中书门下是顺理成章的事情"。②从前文的分析也不难看出，中书门下"主众务"或"掌庶政"，可以视为预裁政务，但算不得"指挥行政运作"，更不宜用来标志"最高决策和行政的合一"。政事堂或中书门下要变成为"指挥行政运作的施政机关"，意味着其必须拥有能够直接指挥行政机关的文书工具。这种文书工具，就是我们第五章将要讨论的由中书门下颁下的"敕牒"。

小　结

在高宗的督促和引导下，唐初仅需尚书省拟订处理方案甚至直接加以裁决的庶政，在永徽（650—655）以后大量奏报给

---

① 刘后滨：《唐代中书门下体制研究——公文形态、政务运行与制度变迁》，第183页。

② 参见刘后滨《唐代中书门下体制研究——公文形态、政务运行与制度变迁》，第179页。

了皇帝，须由其亲自裁决。鉴于裁决结果须由中书舍人起草为王言，从决策与出令合一的角度考虑，高宗可能在永徽以后不久已开始将尚书省所奏部分常务委托中书舍人参议。不过，高宗本人自显庆（656—661）以后即长期苦于风疾，不得不让武则天参决表状，内辅国政，协助自己处理甚至直接裁决"应补拟官及废置州县，并兵马刑法"等军国大政。自龙朔三年（663）开始，又"诏皇太子弘每五日于光顺门内监诸司奏事，其小事并太子决之"，初步形成皇太子监国以帮助皇帝分担小事的机制。唐王朝遂渐渐发展出了一种监国皇太子与"二圣"分层处理政务的决策机制，在相当长的时间内维持着朝廷裁决政务的较高效率。与此相应，中书舍人"参议表章"的职能遂在相当长时期遭到了压制，尚未得到充分的发挥。中宗即位以后，妄图凭借皇帝的身份挑战武则天把持军国大政的决策机制，结果反噬自身，导致被废。惩于中宗的前车之鉴，武则天干脆不让继立的睿宗与闻政事，彻底终结了此前与监国皇太子分层决策的旧制。

此外，武则天完全把控皇权以后，也就不再需要北门学士在内朝参决"朝廷奏议及百司表疏"。因此，在解除了北门学士参议表疏之职能后，又废除了原先监国的皇太子和现在的皇帝裁决小事的权力，"敷奏文表，分判省事"的职责就自然而然地落到了中书舍人身上。后者的地位也就达到了巅峰，以至《通典》中有总结称永淳（682—683）以后中书舍人为"文士之极任，朝廷之盛选"。

中书舍人"敷奏文表，分判省事"的职责，实即史料所载"六押"之制。这种制度的优点是可以在一定程度上实现决议与出令的一体化，有助于提高朝廷处理政务与颁下政令的效率。但其缺点也非常明显，即打乱了中书省省内旧有的权力格局，导致作为上级的中书令和中书侍郎在署行制敕时，反受制于其属下中书舍人的政见。这不符合基本的行政原则，必然催生出新的矛盾，迟早需要加以变革调整。对此，姚崇在开元二年（714）提出改革方案，主张中书令对中书舍人的预裁意见进行评判后再奏上皇帝。

姚崇开元二年的改革，基本理顺了中书省内部参议政务与署行制敕的权力层次，打通了政令下行的部分环节，有利于进一步提升朝廷政务处理的效率。然而，唐代前期不论是制书、发日敕抑或是敕旨，不仅需要中书省起草宣行，还需要经过门下省审核才能真正成立。姚崇最初的改革，尽管疏通了政务参议至中书省署行的环节，却并没有贯穿至门下省。为进一步打通政务参议与政令颁下之间的壁垒，在政令颁下之前的参议环节尽可能疏通门下省的意见，姚崇在奏请改革"六押"之制后不久，就开始命令中书主书将本应由中书舍人参议之政务转移到了政事堂。政事堂的职责就从过去单纯商讨军国大政，拓展到了预裁日常庶务。最终，开元十一年（723）张说奏改政事堂为"中书门下"，列五房于其后，分曹以主众务。政事堂遂由附丽于中书省的宰相商讨军国大政的小型组织，开始朝着综合处理政务的中枢机构演变。

第五章

中书门下敕牒与唐代后期王言体系

在第四章，我们讨论了中书舍人"六押"之制的成立过程和随后对它进行的一系列调整，尤其是姚崇在开元初年所进行的改革。这些调整和改革始终贯穿着一条主线，那就是打通参议政务与颁下政令的诸环节。"六押"之制，打通了参议政务与中书舍人起草制敕的环节。姚崇开元二年（714）的改革，则进一步贯通至整个中书省署行制敕的环节。随后，姚崇又将本应由中书舍人参议的这部分政务转移至政事堂，以便在政令颁下之前的参议环节尽可能疏通门下省的意见。政事堂的职责就从过去单纯商讨军国大政，拓展到了预裁日常庶务。最终，开元十一年（723）张说奏改政事堂为"中书门下"，列五房于其后，分曹以主众务。政事堂也就由原先宰相商讨军国大政的小型组织，开始朝着综合处理政务的中枢机构演变。

不过，单纯将政事堂改成中书门下，设立五房以"主众务"或"掌庶政"，还算不得"指挥行政运作"，更不宜以之作为"最高决策和行政的合一"的标志。中书门下要变成为"指挥行政运作的施政机关"，意味着其必须能够直接指挥行政机关，拥有能够直接指挥行政机关的文书工具。此外，先前王言不论是制书、发日敕抑或是敕旨，其颁下既需要中书省"宣署申覆"，又需要门下省"审署申覆"。① 尽管两省长官中书令和侍中作为政事堂（中书门下）当然的宰相，中书侍郎和门下侍郎往往加"平章事"衔也兼任着宰相，但他们毕竟不能完全代表中书和门下两省的意见。从制度规定的角度讲，其参议结果经皇帝同意而制为"制"或"敕"的过程中（亦即制敕起草与署行的环节），可能还会被中书舍人和给事中等予以封驳。② 因此，中书门下拥有承敕后独立颁下的文书工具，才是其作为决策和行政合一的机关的标志。

从史料中可以看出，唐代后期中书门下确实开始大量使用一种新型的文书工具，即由中书门下承"敕"后直接颁下的"敕牒"。过去，中村裕一、李锦绣、刘后滨、王孙盈政等学者已经对唐代敕牒进行过比较细致的探讨，基本澄清了敕牒的文书形式及其运作特征。③ 不过，他们的部分意见还有可以继续讨论及深

---

① 参见《唐六典》卷九、八，第 274、242 页。

② 关于唐代中书舍人拒绝草诏书或者拒绝署行下而形成广义上的封驳，可参考李全德"宋代给舍封驳的成立——以书读、书行为中心"（《国学学刊》2012 年第 2 期）中的相关举证。关于给事中行使封驳权的例证，可参考中村裕一《唐代制敕研究》，第 192—256 页；毛汉光"论唐代之封驳"，《中正大学学报》第 3 卷第 1 期，1992 年。

③ 参见中村裕一《唐代制敕研究》，第 513—545 页；中村裕一《唐代公文书研究》，第 303—337 页；中村裕一《隋唐王言の研究》，第 144—164 页；李锦绣"唐'王言之制'初探——读《唐六典》札记之一"，李铮、蒋忠新主编：《季羡林教授八十华诞纪念论文集》，第 287—288 页；刘后滨"从敕牒的特性看唐代中书门下体制"，荣新江主编：《唐研究》第 6 卷，北京大学出版社 2000 年版，第 221—232 页；刘后滨《唐代中书门下体制研究——公文形态、政务运行与制度变迁》，第 341—354 页；王孙盈政"唐代'敕牒'考"，《中国史研究》2013 年第 1 期。

化的空间。本章拟在前述学者的研究基础上，对唐代中书门下敕牒作进一步的探讨。

第一节　两种"敕牒式"的复原

根据此前学者对敕牒文书形式的探讨，我们了解到，可以判定为敕牒的史料不但在传世文献（包括著录石刻的金石类文献）中有大量留存，而且在敦煌吐鲁番出土文书中也能屡觅踪迹，这就为探讨其"文书式"提供了相当丰富的样本。中村裕一在《唐代制敕研究》一书中，主要就是利用石刻文献和《不空三藏表制集》中的例证，将唐代"敕牒式"复原为：

> 某某之事
> 右，某奏：云云。
> 中书门下牒某
> 牒，奉敕：云云（宜依；依奏；余依）。牒至准　敕。故牒。
> 　　　　　　　　　　年月日　牒
> 　　　　　　　　　　　宰相具官姓名[①]

不过，作者已经注意到，《不空三藏表制集》卷二所收《请降诞日度三僧制一首》和《金石萃编》卷一一九所收《赐长兴万寿禅院牒》显示，原本应该在"中书门下"之前的奏请部分被移置到了"敕牒"之中。即便如此，这部分敕牒至少还是能看出奏请

---

① 中村裕一：《唐代制敕研究》，第529頁。

的痕迹。然而敦煌文书 P.2504《职官表》中的《新平阙令》、《不空三藏表制集》卷三所收《敕置天下文殊师利菩萨院制一首》和《句容金石记》卷三所收《文宗禁山敕牒》等诸例，则完全看不出官府或官员的奏请，只是中书门下将皇帝的意志以牒式进行传达。综合来看，敕牒应是宰相府中书门下接到对官府或官员奏请进行处分的皇帝意志或者单纯的皇帝意志后，用牒式加以传达的一种王言。[①] 为兼顾皇帝单方面发布命令的情况，作者在《唐代公文书研究》一书中所列"敕牒式"已经修订为如下的面貌：

中书门下牒　　某

牒，奉敕：云云。牒至准　敕。故牒。

年月日　牒

宰相具官姓名[②]

中村裕一的上述复原，也得到了《唐令拾遗补》一书编者的认可。[③] 在《隋唐王言研究》一书中，中村裕一又继续解释了何以删去最初复原出的"宜依""依奏""余依"等补字，并且特别说明其复原"宰相具官姓名"只是一个比较简便的标记而已，并不代表宰相仅有一人而已，也不表示宰相连署时的官称中有"宰相"字样。[④]

然而，如同前面章节在讨论敕旨时所碰到的问题一样，即针

---

① 参见中村裕一《唐代制敕研究》，第 530—534 页。

② 中村裕一：《唐代公文書研究》，第 628 页。

③ 参见仁井田陞著、池田温编《唐令拾遺補—附唐日兩令對照一覽》，第 732 页。

④ 参见中村裕一《隋唐王言の研究》，第 160—161 页。

对批复臣下奏事的情况，如果没有奏请的内容，上述"敕牒式"如何能传达完整的"皇帝意志"呢？中村裕一应该也认识到了这个问题，所以在《隋唐王言研究》一书中称上述复原仅仅适用于皇帝单方面发布命令的场合。①

有鉴于此，我们认为有必要从目前可见的史料出发，以更为接近唐人行用原貌的方式对敕牒的格式进行分类复原。我们暂且遵从中村裕一的最新看法，将其在《唐代公文书研究》一书中复原的上述"敕牒式"视为"发布皇命式"敕牒。②此外，参考史料中具体的例证，我们将中村裕一过去在《唐代制敕研究》一书中所复原的"敕牒式"略加修订，调整为如下的格式：

某事

右，某奏：云云。

中书门下　牒某

牒，奉　敕：云云（多为"宜依"二字）。牒至准　敕。故牒。

年月日　牒

宰相具官姓名

对照先前关于"敕旨式"的讨论，我们将复原的上述"敕牒式"称为"批复奏事式"敕牒。目前看来，将"敕牒式"复原为上述两种形式，就能够涵括当下可见的绝大多数唐代敕牒实例。

需要注意的是，中村裕一在《唐代制敕研究》一书中专辟两

---

① 参见中村裕一《隋唐王言の研究》，第160页。

② 至于文书式本身，我们认为所需调整者，仅在"奉敕"二字之间保留一个字符的空格以示平阙即可。

节举出了五种不符合"批复奏事式"敕牒的所谓"异常形式"，对此我们需要稍作解释。

就其所举《不空三藏表制集》卷三所收《敕置天下文殊师利菩萨院制一首》而言，其实就是一件典型的"发布皇命式"敕牒。为予说明，我们将之引录如下：

> 中书门下　牒不空三藏
> 牒，奉　敕：京城及天下僧尼寺内，各简一胜处，置大圣文殊师利菩萨院。仍各委本州府长官，即句当修葺，并素文殊像。装饰彩画功毕，各画图其状闻奏。不得更于寺外别造。
> 牒至准
> 　敕，故牒。
> 　大历七年十月十六日　牒
> 中书侍郎平章事元载
> 门下侍郎平章事王缙
> 兵部尚书平章事李使
> 司徒兼中书令使①

就内证的角度看，我们从这件敕牒中看不到任何奏事的痕迹。从外证的角度论，在不空随后所上的《谢敕置天下寺文殊院表一首（并答）》中，起首即言："沙门不空言：伏见今月十六日特敕'京城及天下僧尼寺内，各简一胜处，置大圣文殊师利菩萨

---

① 〔唐〕圆照集：《代宗朝赠司空大辨正广智三藏和上表制集》卷三，〔日〕高楠顺次郎等编：《大正新修大藏经》第 52 卷，第 841 页。

院，并素文殊像装饰彩画'者。"① 既用到"特敕"这一说法，表文后面又提到"不谓忽然天慈普洽"，② 意味着不空此前并未奏请于天下僧尼寺内置文殊师利菩萨院并塑像。这就说明，大历七年（772）十月十六日的敕牒，确实是一件中书门下直接转牒皇帝意志的"发布皇命式"敕牒。与之类似者，尚有《不空三藏表制集》卷二所收《大历五年七月五日与不空三藏于太原设万人斋制一首》（令不空三藏检校）。③

此外，中村裕一所举出的一些例证，敕牒本身应该包含了奏请的部分，只是某种原因造成了脱漏。譬如作者所举《句容金石记》卷三所收《文宗禁山敕牒》，如果我们对照《茅山志》所收《文宗禁山敕牒》，即不难看出前者所录少了"右，茅山三观威仪道士孙智清等状"至"具元禁疆界如前"这一段文字。④ 毫无疑问，完整的《文宗禁山敕牒》，其实就是一件标准的"批复奏事式"敕牒。

此外，中村裕一还举了《不空三藏表制集》中所收的《请降诞日度三僧制一首》。我们先将其内容引录如下：

> 中书门下　牒大广智不空
>
> 　　罗文成，年三十贯土火罗国。诵《金刚般若经》，诵《起信论》，诵《菩萨戒经》。法名惠弘。请住西明寺。

---

① ［唐］圆照集：《代宗朝赠司空大辨正广智三藏和上表制集》卷三，〔日〕高楠顺次郎等编：《大正新修大藏经》第 52 卷，第 841 页。

② 同上书，第 842 页。

③ 参见［唐］圆照集《代宗朝赠司空大辨正广智三藏和上表制集》卷二，〔日〕高楠顺次郎等编：《大正新修大藏经》第 52 卷，第 837 页。

④ 参见中村裕一《唐代制敕研究》，第 533—534 页；［元］刘大彬编撰、［明］江永年增补《茅山志》第一篇《诰副墨》上卷之第一，第 68 页。

　　　　罗伏磨，年四十五宝应功臣、［昭］武校尉、守右羽林军大将军员
　　　　［外置同正员］、试大常卿、上柱国、赐紫金鱼袋。贯凉州天宝县高亭
　　　　乡。法名惠成。请住化度寺。

　　　　童子曹摩诃，年　　贯京兆府万年县安宁乡永安里。父为户。诵《法
　　　　花经》一部。法名惠顺。［请］住千福寺。

　　牒，奉　敕：宜并与度。配住前件寺。牒至准　敕。故牒。

　　大历三年十月十三日牒

中书侍郎平章事元载

门下侍郎平章事杜鸿渐

门下侍郎平章事王缙

兵部尚书平章事李使

司徒兼中书令使①

中村裕一认为从"请"三僧配住寺这一点来看，本来应该存在不
空的奏请文书。只是中书门下发给不空表示许可的敕牒时，很可
能删去了不空表达奏请的其他文句，仅保留了三僧配住寺之前的
"请"字而已。②

　　相较于从敕牒成立的角度去推测中书门下删去不空奏请的可
能性，我们认为不如考虑史料流传过程中产生的讹变这一因素。
为此，可以将之与时间接近且内容相似的敕牒加以对照。《不空
三藏表制集》中满足时间接近且内容相似等条件的敕牒，尚能找
到两件，其一为广德二年（764）十月十九日的《降诞日请度七

①　［唐］圆照集：《代宗朝赠司空大辨正广智三藏和上表制集》卷二，〔日〕高楠顺
　　次郎等编：《大正新修大藏经》第 52 卷，第 836—837 页。

②　参见中村裕一《唐代制勅研究》，第 530—531 頁。

僧祠部敕牒一首》，另一件为大历二年（767）十月十三日的《请降诞日度僧五人制一首》。①二者均属于标准的"批复奏事式"敕牒。为便于对照说明，我们将后者的内容节引如下：

> 行者毕数延，年五十五无州贯，诵梵本《贤护三昧经》一部，并诵诸陀罗尼，请法名惠达，住庄严寺。
>
> ⋯⋯⋯⋯⋯⋯
>
> 童子罗诠，年十五无州贯，诵梵本《出生无边门经》，诵随求陀罗尼咒并经，请法名惠俊，住西明寺。
>
> 右，特进试鸿胪卿大兴善寺三藏沙门　大广智不空奏：前件行者、童子等，并素禀调柔，器性淳确，服勤经戒，讽诵真言，志期出家，精修报国。今因降诞之日，请度为僧，各配住前件寺。冀福资圣寿，地久天长。
>
> 中书门下　牒大广智不空
> 牒，奉　敕：宜依。牒至准　敕。故牒。
> 　大历二年十月十三日牒
> 中书侍郎平章事元载
> 黄门侍郎平章事杜鸿渐
> 黄门侍郎平章事王缙
> 兵部尚书平章事李使
> 检校侍中李使
> 检校右仆射平章事使

---

① 二者均收入〔唐〕圆照集《代宗朝赠司空大辨正广智三藏和上表制集》，〔日〕高楠顺次郎等编：《大正新修大藏经》第52卷，第831、835—836页。

中书令使①

前引《请降诞日度三僧制一首》之牒下是在大历三年十月十三日，而《请降诞日度僧五人制一首》之牒下恰在一年以前，时间相去不远。至于内容，均是批复不空关于在降诞日请求度僧并配住各寺之奏事，可以认为完全一致。因此，我们认为《请降诞日度三僧制一首》与其余两件敕牒不同，缺少"右"字以后不空奏请相关文字的原因，恐怕并不是因为中书门下制作敕牒时有意删除，而是由于《不空三藏表制集》在编纂或流传的过程中，出现了一些文本漏略或格式错乱的情况。《请降诞日度三僧制一首》原来的文书格式，应该如前文复原的"批复奏事式"敕牒一样。可资佐证的是，中村裕一举出的《金石萃编》卷一一九所收《赐长兴万寿禅院牒》也显示，中书门下制作敕牒时，并没有删去必要的奏请人信息"兴元节度使张虔钊奏"。其实，即便是到了宋代，尽管批复奏事的敕牒格式已经发生了很大变化，但其发下时原来奏请主体的基本信息仍会予以保留。②

　　至于法藏敦煌文书 P.2504 中题为《新平阙令》的敕牒，我们亦先将其内容引录如下：

　　中书门下　　　　　牒礼部
　　大道　　至道　　玄道　　道本

---

① 〔唐〕圆照集：《代宗朝赠司空大辨正广智三藏和上表制集》卷二，〔日〕高楠顺次郎等编：《大正新修大藏经》第 52 卷，第 835—836 页。
② 参见〔日〕小林隆道"宋代的赐额敕牒与刻石"，郑振满主编：《碑铭研究》第 2 辑，社会科学文献出版社 2014 年版，第 74—89 页。

道源　　道宗　　昊天　　旻天

苍天　　上天　　皇天　　穹苍

上帝　　五方帝　九天　　天神

乾道　　乾象　　乾符　　地祇

后土　　皇地　　坤道　　坤德

坤珍　　坤灵　　坤仪

牒，奉

敕：以前语涉重，宜令平阙。其余

泛说议类者，并皆阙文。诸字

虽同，非涉尊敬者，不须悬阙。

如或不可，永无隐焉。牒至准

敕。故牒。

　　天宝元载六月十二日牒 [①]

根据戴建国的判断，P.2504 中这件所谓的《新平阙令》，是当时
的抄录者将中书门下颁布的牒作为《平阙令》的一个重要补充规
定，加以摘录而成。[②] 从"天宝元载"这样明显不符合制度规定的
内容来看，摘录者恐怕并没有完全忠实于中书门下敕牒的原貌。
不过，正如中村裕一所指出，这件敕牒很明显属于中书门下直接
传达皇帝意志的情况。[③] 仅就基本格式而言，它应是一件省略了
宰相署名部分的"发布皇命式"敕牒。与前文所复原的文书格

---

① 图版参见上海古籍出版社、法国国家图书馆编《法藏敦煌西域文献》第 14 册，
　上海古籍出版社 2001 年版，彩色图版九。按：起首的"新平阙令"四字为朱
　笔，该文书所属的整件《天宝令式表》均有墨笔行格。
② 参见戴建国《唐宋变革时期的法律与社会》，第 122 页。
③ 参见中村裕一《唐代制敕研究》，第 532 页。

式相较，稍有不同者在于"大道"至"坤仪"的诸事项不是放在"牒，奉敕"之"敕"中，而是放在"牒，奉敕"之前。不过这也不足为奇，《元稹集》所收《浙东论罢进海味状》的后半部分，就是一件中书门下牒于浙东观察使的敕牒。其中"当道每年供进淡菜一石五斗、海蚶一石五斗"这两则事项，就是放在"中书门下牒：牒浙东观察使"与"牒：奉敕"之间。①

值得注意的另一现象是，如同前面章节讨论敕旨时的情况一样，部分敕牒虽然采用了"发布皇命式"的文书形式，但其实质却是一件"批复奏事式"敕牒。我们试以《不空三藏表制集》中的《请太原至德寺置文殊院制书一首》为例，稍作讨论。先将其内容引录如下：

中书门下　牒大广智不空三藏
牒，承（奉）　敕：特进试鸿胪卿大广智不空三藏奏"请于太原府至德寺置一文殊师利菩萨院，并抽三学大德二七人，递弘本教，以续法灯，仍请道宪法师于此寺长时讲说"者，宜依。
牒至准　敕。故牒。
　大历五年七月十三日　牒
中书侍郎平章事元载　四相同上②

很明显，中书门下将"敕"的内容转牒不空，就是为了回应其奏

---

① 参见《元稹集》卷三九，第 506 页。
② ［唐］圆照集：《代宗朝赠司空大辨正广智三藏和上表制集》卷二，〔日〕高楠顺次郎等编：《大正新修大藏经》第 52 卷，第 837 页。

请。只是和第二章所讨论的两件敕旨的情况一样，敕牒中是将不空奏请的内容以"……者"的方式变成了"敕"的一部分。与此类似的情况，还有同样收录在《不空三藏表制集》中的《请子翷化度寺开讲制书一首》，其所奉之"敕"的内容即为："特进试鸿胪卿大兴善寺三藏沙门大广智不空奏'请沙门子翷于化度寺万菩萨堂开讲'者，宜依。"① 关于这两件敕牒所体现出的转"奏"为"敕"的现象，我们暂时只能归结为中书门下敕牒起草者所为。至于其背后的动机，还有待将来进一步探讨。

总之，尽管我们可以权且将唐代敕牒的文书格式复原为"批复奏事式"和"发布皇命式"两种，并且还可以据此标准推测史料中不符合这两种格式的部分敕牒可能是在编纂或流传的过程中出现了文本漏略或格式错乱等情况。但是，我们所复原的文书格式毕竟只是归纳所得，在没有公式令作为凭据的情况下，不宜轻率地以之衡定唐代敕牒所有格式方面的细节。况且，就整体的文书式而言，有部分敕牒虽然采用了"发布皇命式"的文书形式，但起草者不过是把奏请的内容以"……者"的方式变成了"敕"的一部分。究其实质，仍是一件"批复奏事式"敕牒。因此，我们在判断唐代敕牒的性质时，不能仅据格式立论，最为关键者还是根据敕牒中是否包含"奏事"而定。此外需要注意的是，唐代敕牒不论其格式为"批复奏事式"抑或是"发布皇命式"，似乎都是围绕某一具体的"事"而颁下皇帝意志，这是其最基本的行用特质。这恐怕也是为何《唐六典》卷九"中书令职掌"条记载

---

① ［唐］圆照集：《代宗朝赠司空大辨正广智三藏和上表制集》卷二，〔日〕高楠顺次郎等编：《大正新修大藏经》第52卷，第835页。

敕牒的应用条件为"随事承旨，不易旧典则用之"的重要原因。[①]

第二节　中书门下敕牒的起源

　　中村裕一在讨论唐代敕牒的起源时，认为前引法藏敦煌文书
P. 2504 中题为《新平阙令》的敕牒，是现存最早的敕牒。[②] 不过，
根据冈野诚的分析，《敕处分县令碑》中的敕牒才应是现存最早
者。[③]《敕处分县令碑》的正文，在传世文献中多有收录，但均缺
少中书门下牒以后的部分。1982 年 2 月，一件唐刻原碑在山东
临沂市委大院被发现。[④] 虽四角均已残缺，但碑石之整体面貌，
大体还可以结合传世文献中的相关记载加以推拟还原。江川式部
首先尝试着复原了碑文。[⑤] 稍后，冈野诚又在江川式部的基础上
进行了校录，重新复原碑文为：

　　　　敕诸县令等：自古致理，其在命官。今之所切，莫

　　　　如守宰。朕每属意，尤重此官。有善者，虽远必升；无

---

① 《唐六典》卷九，第 274 页。

② 参见中村裕一《隋唐王言の研究》，第 162 页。

③ 参见冈野诚 "唐玄宗期の県令誡励二碑と公文書書式について—山東臨沂『勅
　处分県令碑』と陝西乾県『令長新誡碑』"，《明大アジア史論集》18，2014 年，
　第 213 页。

④ 参见临沂市博物馆 "山东临沂市发现唐代石碑"，《考古》1986 年第 1 期，第
　90、92 页。

⑤ 参见江川式部 "唐玄宗期の県令と誡励—山東臨沂『勅処分県令碑』と陝
　西乾県『令長新誡碑』からみた"，《明大アジア史論集》10，2005 年，第
　148 页。按：此碑拓片最早见于上引临沂市博物馆 "山东临沂市发现唐代石
　碑" 一文（《考古》1986 年第 1 期，第 90 页），但比较模糊。较为清晰者，
　可参考江川式部文后所附拓片。

能者，从近而废。固已**唯取才实，非务官资**。事亦坦
然，天下所见。而**浮竞之辈，未识朕怀。俾其宰邑，便
为弃地。或以烦碎而不专意，或以僻远而不畏**法。
浸染成俗，妨夺为恒。嗷嗷下人，于何寄命？朕所以
寝兴轸念，思有以济之，故令吏曹精选才干。卿等
**各膺推择，用简朕心。若能理化有成，声实相副，必
有超擢，终不食言。如其谓人不知，唯利是视。自速
负败，两丧身名。智者所图，应不至是。各宜勉励，以
副勤属。并于朝堂坐食，食讫好去。**
开元廿四年二月五日。　中书门下　牒吏部。
新除河南府河阳县令张舜等。　牒，前件官等，今
□引辞。奉　敕如右，牒至准　敕。故牒。
［开］元廿四年二月五日牒。　户部尚书李林甫［
［中书令］张九龄。　侍中裴耀卿。　　尚□［
［沂州临沂］县令张仲佺。　牒，奉　敕［
（以下残缺）①

江川式部和冈野诚将起首的文字复原为"敕诸县令等"，采用的
应该是张九龄文集中的文字。②《唐大诏令集》此处文字则为"敕
旨：诸县令等"。③按照满行十九字来算的话，似应采用后者。不

---

① 冈野誠："唐玄宗期の県令誡励二碑と公文書書式について—山東臨沂『勅処分
　県令碑』と陝西乾県『令長新誡碑』"，《明大アジア史論集》18，2014 年，第
　209 頁。按：加粗黑体文字据残碑录文，其余部分据传世文献补录，后三行的
　相关文字为推补。在引用时，我们对冈野先生的录文及标点略有调整。
② 参见《张九龄集校注》卷七，第 494 页。
③ 《唐大诏令集》卷一〇〇，第 509 页。

过，根据第二章所举"发布皇命式"敕旨的例证来看，"敕旨"二字之后不当接皇帝敕告之对象"诸县令等"，应直接从"自古致理"开始行文。如果将之复原为"敕诸县令等："，则从起首部分格式的角度看，整件文书就应是一份"诫约臣下"的论事敕书，故以"敕某："的形式起首。① 至于所少一字，参考《册府元龟·帝王部·诫励》的记载，可知"朕每属意"当为"朕每常属意"。② 顺次前移，则首行恰好为十九字。

至于"中书门下"四字前面的"开元廿四年二月五日"，应该就是中书令张九龄将敕文宣读于朝堂的时间。结合《唐令新诫碑》所载中书门下再度奏请将《令长新诫》的赐授范围由"新除县令"扩大到"天下县令"时，即谓"仍令吏部连牒，各赐一本"。③ 可知，张九龄所读敕文还需要由中书门下牒于尚书吏部，再由尚书吏部转牒诸新除县令。因此，上引碑文中"侍中裴耀卿"之后的"尚"字，即为"尚书吏部"之"尚"。

总之，上引《敕处分县令碑》可以确凿无疑地证实，中书门下敕牒至晚在开元二十四年（736）已经正式得到行用。至于"中书门下敕牒"行用时间之上限，我们当然可以根据张说奏改政事堂为中书门下的时间，推定在开元十一年（723）。但如果谈及宰相府行用敕牒之时间上限，情况恐怕就没有那么简单了。

现今仍屹立在嵩山少林寺钟楼前的《皇唐嵩岳少林寺碑》，

---

① 参见中村裕一《隋唐王言の研究》，第138—139页。
② 参见《册府元龟》卷一五八，第1761页。
③ 冈野诚："唐玄宗期の県令誡励二碑と公文書書式について—山東臨沂『勅処分県令碑』と陝西乾県『令長新誡碑』"，《明大アジア史論集》18，2014年，第214页。

是记述少林寺发展经历最为重要的原始史料之一。该碑分碑阳和碑阴两面，都分上下两部分镌刻，两面碑额内均刻有玄宗亲笔书写的"太宗文皇帝御书"七个隶体字，碑文都用楷书。我们将碑文中两件开元十一年（723）的牒文引之如下。碑阴上：

太宗文皇帝教书一本　　　　御书碑额一本
牒，奉　　　　敕：付一行师，赐少林寺。谨牒。
　　　　　　　　　开元十一年十一月四日　　　内品官陈忠牒

碑阴下：

敕丽正殿修书使　　　　　　　　牒少林寺主慧觉
牒，谨连　　　　敕白如前，事须处分，牒举者，使、中书令判牒东都留守及河南府，并录　　　　敕牒少林寺主，检校了日状报；
敕书额及　　　　太宗与寺众　　　书，并分付寺主慧觉师取领者，准判，牒所由者。此已各牒讫。牒至准状，故牒。
　　　　　　　　开元十一年十二月二十一日牒　　判
官殿中侍御史赵冬曦
　　　用秘书行从印　　副使国子祭酒徐坚　　　　　　中
书令都知丽正修书张说①

---

① 〔日〕砺波护著，韩昇编：《隋唐佛教文化》，韩昇、刘建英译，上海古籍出版社2004年版，第130、133—134页。此处标点参考了李雪梅的意见，参见"唐开元十六年《少林寺碑》新探"，包伟民、刘后滨主编：《唐宋历史评论》第6辑，社会科学文献出版社2019年版，第32、34页。

其中，"中书令判"和敕丽正殿修书使"准判"等信息表明，指挥"敕丽正殿修书使"行使政令者为中书令，并非中书门下。不过，这里的中书令，并不是作为中书省长官，而是作为政事堂或中书门下宰相在判案。之所以是中书令而非其他宰相来"判"，乃是因为自永淳二年（683）七月裴炎开始，一直都是由中书令执政事笔，待到肃宗至德二载（757）三月才改为"宰相分直主政事笔，每一人知十日"。[①]上述两件牒文之间，似乎缺少了一个中间环节，即中书门下（政事堂）牒于敕丽正殿修书使的环节。不知是否因为此时中书令张说身兼敕丽正殿修书使，所以省略了这个环节，直接在敕丽正殿修书使所下牒文中，转述了中书令代表宰相府所判之内容。

关于中书令代表政事堂主判行牒，我们还可以找到时间更早的例证。开元四年（716），山东蝗虫大起，姚崇奏遣御史分道灭蝗，结果引发争议。《旧唐书·姚崇传》对事情前因后果记载甚详。为便分析，我们摘引部分内容如下：

> 汴州刺史倪若水执奏曰："蝗是天灾，自宜修德。刘聪时除既不得，为害更深。"仍拒御史，不肯应命。崇大怒，牒报若水曰："刘聪伪主，德不胜妖；今日圣朝，妖不胜德。古之良守，蝗虫避境，若其修德可免，彼岂无德致然！今坐看食苗，何忍不救，因以饥馑，将何自安？幸勿迟回，自招悔吝。"若水乃行焚瘗之法，获蝗一十四万石，投汴渠流下者不可胜纪。时朝廷喧议，皆以驱蝗为不便，上闻之，复以

---

① 参见《通典》卷二一《职官三》，第542页。

问崇。崇曰:"……陛下好生恶杀,此事请不烦出敕,乞容臣出牒处分。若除不得,臣在身官爵,并请削除。"上许之。黄门监卢怀慎谓崇曰:"蝗是天灾,岂可制以人事?外议咸以为非。又杀虫太多,有伤和气。今犹可复,请公思之。"崇曰:"楚王吞蛭,厥疾用瘳;叔敖杀蛇,其福乃降。赵宣至贤也,恨用其犬;孔丘将圣也,不爱其羊。皆志在安人,思不失礼。今蝗虫极盛,驱除可得,若其纵食,所在皆空。山东百姓,岂宜饿杀!此事崇已面经奏定讫,请公勿复为言。若救人杀虫,因缘致祸,崇请独受,义不仰关。"怀慎既庶事曲从,竟亦不敢逆崇之意,蝗因此亦渐止息。是时,上初即位,务修德政,军国庶务,多访于崇,同时宰相卢怀慎、源乾曜等,但唯诺而已。崇独当重任,明于吏道,断割不滞。①

黄门监卢怀慎之所以能够得知姚崇欲行之牒的内容并加以劝阻,实因牒文乃以政事堂的名义行下,卢怀慎作为宰相也需要署名,所以后面会有"怀慎既庶事曲从,竟亦不敢逆崇之意"的记载。为消除卢怀慎的顾虑,姚崇才会讲出"若救人杀虫,因缘致祸,崇请独受,义不仰关"这样的话来。此外,姚崇既对玄宗言及"陛下好生恶杀,此事请不烦出敕,乞容臣出牒处分",就意味着所出牒文不像制书、发日敕与敕旨那样须经中书、门下两省署行才告成立,甚至可能不像后来的中书门下敕牒那样会出现"牒奉敕"之类明确的套语。就其文书形态所体现出的无须奉敕而行的

---

① 《旧唐书》卷九六,第3024—3025页。

特点而言，这种牒文应近于先前尚书省自主裁决政务所用的尚书省符，后来则发展成为宰相"处分百司"之"堂帖"。① 而"此事崇已面经奏定讫"这样的说法，意味着政事堂此次所出之牒，实质上还是"奉敕"而牒。因此，尽管姚崇此次所下并非作为中书门下敕牒前身的"政事堂敕牒"，但相关讨论可以说明敕牒内在之"奉敕而牒"的运作机制，至晚在开元四年已经趋于成熟。

中村裕一曾根据《隋书·礼仪志》中所载"常行诏敕，则用内史门下印"，推测隋代可能已经出现了"政事堂敕牒"的前身"内史门下敕牒"。② 我们认为，这种推测很难成立。唐人李华《政事堂记》明确记载："政事堂者，自武德以来，已常于门下省议事，即以议事之所谓之'政事堂'。"③ 多数学者也接受了李华的说法，认为政事堂最早设置于唐初武德年间（618—626）。④ 因此，隋代不可能有一个叫作"内史门下"的宰相机构。《隋书·礼仪志》中还有关于东宫用印的记载："皇太子玺，宫内大事用之，小事用左右庶子印。"⑤ 结合这条记载，我们即不难推定前引"内史门下印"当指代内史省和门下省两省之印。其实即便是在唐代，寻常诏敕也是用中书省和门下省两省之印。故英藏敦煌文书 S.11287 即《景云二年七月九日赐沙州刺史能昌仁敕》，

---

① 参见［唐］李肇《唐国史补》卷下，上海古籍出版社编：《唐五代笔记小说大观》，上海古籍出版社 2000 年版，第 188 页。关于堂帖的性质和功能，可参考李全德"从堂帖到省札——略论唐宋时期宰相处理政务的文书之演变"，《北京大学学报》2012 年第 2 期。

② 参见中村裕一《隋唐王言の研究》，第 162—163 页。

③ 《文苑英华》卷七九七，第 4217 页。

④ 可参考吴宗国"隋与唐前期的宰相制度"，吴宗国主编：《盛唐政治制度研究》，第 66 页注 32。

⑤ ［唐］魏徵、［唐］令狐德棻：《隋书》卷一二，中华书局 1973 年版，第 256 页。

作为唐代行用的论事敕书的原件，在第 6 行年月日处所钤印章即为"中书省之印"。①

我们认为，要了解政事堂开始使用敕牒的时间，有必要先弄清楚这种敕牒的性质。近些年来，有学者逐渐注意到，唐代宰相在大部分时间内其实可以被视为一种使职。②实际上，钱大昕对此早已进行过精辟的阐述。他针对《旧唐书·职官志》所载节度使等无品秩的现象写过一段按语："宰相之职所云平章事者，亦无品秩，自一二品至三四五品官，皆得与闻国政，故有同居政地而品秩悬殊者，罢政则复其本班。盖平章事亦职而非官也。"③可见，唐代加"平章事"等衔成为宰相者，实即使职差遣，非为职事官。既然视宰相为使职差遣，则应该留意到宰相机构所行之敕牒与唐人所称之"使牒"的关系。所谓"使牒"，简而言之，即使职所行的牒文，譬如唐代后期节度使、观察使辟置僚佐时就经常会用到。④

其实，唐代前期就已有不少某使直接行牒的例子。⑤下引即为中宗景龙三年（709）检校长行使牒西州都督府的一件牒文：

---

① 参见中国社会科学院历史研究所等编《英藏敦煌文献（汉文佛经以外部份）》第 1 卷，四川人民出版社 1990 年版，"序言"第 3 页。
② 关于唐代宰相制度使职化过程的扼要梳理，可参考陈仲安、王素《汉唐职官制度研究》，中华书局 1993 年版，第 101—105 页；赖瑞和"唐代宰相的使职特征和名号"，《中华文史论丛》2014 年第 3 期。
③ ［清］钱大昕：《廿二史考异》卷五八，上海古籍出版社 2004 年版，第 849 页。
④ 《续资治通鉴长编》"神宗元丰五年（1082）四月甲戌"条载："唐制，内外职事有品者给告身，其州、镇辟置僚佐止给使牒。"（《续资治通鉴长编》卷三二五，第 7826 页）具体之例证如法藏敦煌文书 P.3239《敕归义军节度兵马留后使牒》，图版参见上海古籍出版社、法国国家图书馆编《法藏敦煌西域文献》第 22 册，上海古籍出版社 2002 年版，第 269 页。
⑤ 参见包晓悦"唐代使牒考"，郝春文主编：《敦煌吐鲁番研究》第 20 卷，上海古籍出版社 2021 年版，第 161—163 页。

　　敕检校长行使　　牒西州都督府

　　　　粟叁拾肆硕

牒，得西州长行坊牒称：上件粟，准使牒，每

日合饲三百匹马，当为一十九日。马出使，

饲不满三百匹。每日计征上件粟。合征

所由典张感、魏及、王素、氾洪、曹行，主帅卫

（后缺）[1]

根据卢向前对于"牒式"的研究，可以推知这份文书也可以归为"开天牒式"的范畴，即"应受敕之司于管内行牒"。[2]也即是说，这是"敕检校长行使"对于没有直接统辖关系，但特定时间内又在其职权管辖范围之内的西州都督府，行牒进行指挥。而唐代的宰相府，与诸司及诸州府之间原本也没有直接统辖关系。但国家形势和朝廷政务运作机制的变化，又对其直接行用文书指挥诸司及诸州府提出了要求。此时宰相行使指挥权所用文书，自然就应是牒。究其本质，即可以视为"使牒"。若属于"奉敕"而牒的情况，自然就可以称为"敕牒"。所以，我们认为宰相机构开始使用敕牒的时间，从理论上讲，不能早于其拥有"使牒"以发布行政命令的时间。

　　不过，宰相府承担行政指挥的职责，并不是从政事堂成立之日就已经具备的。前引李华《政事堂记》中的记载表明，政事堂

---

[1]　图版及录文参见沙知、〔英〕吴芳思编《斯坦因第三次中亚考古所获汉文文献（非佛经部分）》，第 60—61 页。按：该文书钤有"左豹韬卫弱水府之印"。

[2]　参见卢向前"牒式及其处理程式的探讨——唐公式文研究"，北京大学中国中古史研究中心编：《敦煌吐鲁番文献研究论集》第 3 辑，第 338—356 页。

最初只是"议事"之所而已，且其所议多为军国大政。直到姚崇
在开元二年（714）奏请改革"六押"之制后，又通过命令中书主
书将本应由中书舍人参议之政务转移到了政事堂。至此，政事堂
的职责才从过去单纯商讨军国大政，拓展到了预裁日常庶务。玄
宗称"朕任元之以庶政，大事当奏闻共议之"，姚崇言"此事请
不烦出敕，乞容臣出牒处分"，[①] 这些相关的记载才大致可以说明，
政事堂宰相至此已经有权裁决庶政，颁下政令。根据前面章节的
相关讨论，这种局面的形成显然不能早于政事堂有权预裁日常庶
务的时间，亦即姚崇开始改革的开元二年。因此，我们推测政事
堂开始使用敕牒发布行政命令的时间上限，亦不得早于开元二年。

第三节　唐代后期王言体系中的中书门下敕牒

关于中书门下敕牒所奉之"敕"的含义，学界已有一些讨
论。从其相关表述中不难看出，中村裕一认为敕牒所奉之"敕"
即指"皇帝意志"。[②] 刘后滨也认为这里的"敕"是一个抽象的
概念，泛指皇帝的旨意，而不是具体文书形态上的敕类文书。[③]
王孙盈政则认为，敕牒中的"敕"，既可以指单独发布的皇命，
也可以指代敕旨、发日敕（或制书）、论事敕书（手诏）等具体
的制敕类王言。[④] 我们认为，中村裕一和刘后滨的意见可从，而
王孙盈政的理解似乎不够妥当。以下主要参考王孙盈政已经引

---

① 《资治通鉴》卷二一〇，第 6690 页；《旧唐书》卷九六《姚崇传》，第 3024 页。
② 参见中村裕一《隋唐王言の研究》，第 146 页。
③ 参见刘后滨《唐代中书门下体制研究——公文形态、政务运行与制度变迁》，
　第 344 页。
④ 参见王孙盈政"唐代'敕牒'考"，《中国史研究》2013 年第 1 期，第 90—91 页。

用过的一些史料，稍作分析，以加深对中书门下敕牒功能及其
地位的理解。

《李德裕文集》中收有一件《论嗢没斯下将士二千六百一十八
人赐号状》，其内容为：

> 嗢没斯下将士二千六百一十八人
>
> 右，嗢没斯下将士，既与衣粮，又加冠带，赐其军号，实壮
> 边声，抚循其人，莫切于此。臣等商量，望赐号归义军，仍
> 望翰林赐敕书，宣示嗢没斯下归义军将士等。其嗢没斯望且
> 令兼充归义军使。如蒙允许，便添入加工部尚书制宣行，仍
> 与中书门下敕牒。会昌二年六月二十一日 [①]

王孙盈政判断，任命嗢没斯为工部尚书兼归义军使的诏令有二，
用以宣行的"制"与"中书门下敕牒"，二者内容应该基本相同。
后又引李德裕起草之任命文书，认为其为发日敕，据此推断出中
书门下授给嗢没斯的敕牒，所奉之敕即为发日敕。[②]

我们认为，王孙盈政的推断恐怕稍有不妥。实际上，李德裕
等人所进奏状讲得非常清楚，这里涉及的文书一共有三件。第一
件是由翰林学士起草，用以将"赐号归义军"之事"宣示嗢没斯
下归义军将士等"的发日敕，显然具有"抚循"诸将士的意图。

---

① 傅璇琮、周建国：《李德裕文集校笺》卷一三，中华书局 2018 年版，第 286 页。
　 按：校笺者称嘉靖本、《丛刊》本、傅校本、《四库》本俱夺篇题之"赐号状"，
　 实因李德裕等人进于皇帝之奏状本无篇题，后世所见之篇题来自奏状之"事
　 条"，今据以补之。
② 参见王孙盈政"唐代'敕牒'考"，《中国史研究》2013 年第 1 期，第 93 页。

第二件则是令嗢没斯"兼充归义军使"并"加工部尚书"的制书。这件制书虽为李德裕起草，但较为完整的版本并不在王孙盈政所引的《李卫公会昌一品集》中，而是见于《唐大诏令集》，题为《嗢没斯归义军使制》。其文为：

> 回鹘代雄绝漠，名振北番，而乃厌金革之强，慕朝廷之礼，愿袭冠带，思睹汉仪。蝉蜕自致于洁清，豹变独蔚其文彩。不有髦杰，孰启壮图？嗢没斯禀气阴崧，含精斗极，生知忠孝，神付兵钤。自强之心，隐如敌国；锐上之器，森若戈矛。果能因乱布诚，睹机立节。深叶怀柔之志，不因告谕之辞。昔者取士殊邻，秦能致霸；得贤异地，晋实用材。是宜优以宠光，处之权贵。纳褒忠之显效，锡归美之嘉名。俾建旆于新军，示绝席于诸将。勉修臣节，服我官常。可检校工部尚书，兼左金吾卫大将军同正员，充归义军使、怀化郡王。会昌二年六月[①]

这篇文字的起首并非"敕"字，根据唐制和李德裕状中所称，很明显这应是一篇制书的制词。

第三件则是中书门下敕牒。我们推测，其功能可能主要在于处理嗢没斯请赐军号的奏请，故其内容既包括赐军号，也包括令嗢没斯兼充归义军节度使。从需要临时将"兼充归义军使"的内容"添入加工部尚书制宣行"，即可知是在武宗刚下达除授嗢没斯为工部尚书的旨意不久。此时突然又有赐军号之举，最大的可能就是应

① 《唐大诏令集》卷一二八，第691页。

嗢没斯之请。实际上，唐代赐军号，多是从节度使之请。比如穆宗即位以后"郓、曹、濮等州节度赐号天平军"，就是"从马总奏也"。① 当然，即便没有嗢没斯的奏请，我们也可以理解这件敕牒的必要性，即处理赐军号与任命节度使这一整件"事"。因为授官制书不具有赐军号的功能，而发日敕又不具备授工部尚书的资格，故而只有中书门下敕牒才能同时囊括这两项内容。可资佐证者还有韩翃《为田神玉谢赐钱供兄葬事表》起首所言："臣神玉言：伏奉手诏，兼奉敕牒，赐钱五千贯文，给臣亡兄神功葬事用。"② 参考《不空三藏表制集》所收《大历五年七月十三日与三藏手诏一首》和《大历五年九月四日又赐手诏一首》，可知这类"手诏"如前面章节所论论事敕书的情况一样，全为表示慰谕等情感的虚空套语。③ 真正处分"赐钱五千贯文"之"事"者，只能是表文中所言"敕牒"。

总之，通过《论嗢没斯下将士二千六百一十八人赐号状》中所涉及的几件文书，我们大体可以看出：就在王言体系中的地位而言，中书门下敕牒可以说是为配合其他制敕而颁下；但就处理"奏事"本身而言，也可以认为其他制敕是为配合中书门下敕牒而颁下。

尤能体现上述运作机制者，是《不空三藏表制集》中所收《制许搜访梵夹祠部告牒一首》和《请搜检天下梵夹修葺翻译制书一首》。我们先将二者内容引之如下：

① 《旧唐书》卷一六《穆宗本纪》，第 479 页。
② 《文苑英华》卷五九七，第 3100 页。
③ 参见〔唐〕圆照集《代宗朝赠司空大辨正广智三藏和上表制集》卷二，〔日〕高楠顺次郎等编：《大正新修大藏经》第 52 卷，第 837 页。已有学者注意到，唐后期的手诏有不经中书、门下签署颁行，但又部分地套署着从前的"论事敕书"格式的情况，参见中村裕一《唐代制勅研究》，第 331—350 页；游自勇"墨诏、墨敕与唐五代的政务运行"，《历史研究》2005 年第 5 期，第 38—39 页。

请搜检天下梵夹修茸翻译制书一首

中京慈恩、荐福等寺，及东京圣善、长寿、福光等寺，并诸州县舍寺村坊，有旧大遍觉义净、善无畏、流支、宝胜等三藏所将梵夹。

右，大兴善寺三藏沙门不空奏：前件梵夹等，承前三藏多有未翻。年月已深，缘索多断。湮沈零落，实可哀伤。若不修补，恐违圣教。近奉　恩命，许令翻译。事资探讨，证会微言。望　许所在检阅收访，其中有破坏缺漏，随事补茸。有堪弘阐助国扬化者，续译奏闻，福资　圣躬，最为殊胜。　天恩允许，请宣付所司。

中书门下　牒大兴善寺三藏不空

牒，奉　敕：宜依。牒至准　敕。故牒。

　乾元元年三月十二日　〔牒〕

特进行中书令崔圆

特进行侍中苗晋卿

司空兵部尚书同平章事李使

司徒尚书左仆射同平章事郭使①

制许搜访梵夹祠部告牒一首

中京慈恩等寺，及东京圣善、长寿寺，并诸州县舍寺村坊，有旧大遍觉义净、善无畏、流支、宝胜等三藏所将梵夹。

右，大兴善寺三藏沙门不空奏：前件梵夹等，承前三藏多有未翻。

① 〔唐〕圆照集：《代宗朝赠司空大辨正广智三藏和上表制集》卷一，〔日〕高楠顺次郎等编：《大正新修大藏经》第52卷，第828页。

年月已深，缀索多断。湮沈零落，实可哀伤。若不修补，恐违圣
教。近奉　恩命，许令翻译。事资探讨，证会微言。望　许所在
检阅收访，其中有破坏缺漏，随事补葺。有堪弘阐助国扬化者，
续译奏闻。福资　圣躬，最为殊胜。　天恩允许，请宣付所司。
敕旨：依奏。

　　乾元元年三月十二日

特进行中书令集贤院大学士知院事监修国史上柱国赵国公臣
崔圆　宣

中书侍郎阙

中大夫中书舍人兼尚书右丞集贤院学士副知院事上柱国赐紫
金鱼袋徐浩　奉行

奉　敕员（旨）如右，牒到奉行。

　　乾元元年三月十五日

　　　　　　　　特进行侍中弘文馆大学士知太清宫事监修国史上柱
　　　　　　　　国韩国公晋卿

　　　　　　　　黄门侍郎阙

　　　　　　　　银青光禄大夫行给事中上柱国缙云县开国男峰

尚书祠部　［告］大兴善寺三藏沙门不空

牒，奉　敕如右。牒至准　敕。故牒。

　　乾元元年三月十七日　　　　令史门贵牒

　　　　　　　　　　　　　　主事唐国兴

　　　　　　　　　　　　　　员外郎韦少游 [1]

---

[1] ［唐］圆照集：《代宗朝赠司空大辨正广智三藏和上表制集》卷一，〔日〕高楠顺
次郎等编：《大正新修大藏经》第 52 卷，第 828 页。"告"字据京都青莲院旧藏
平安中期写本《代宗朝赠司空大辨正广智三藏和上表制集》补，参见久曾神昇
编《不空三藏表制集—他二種》，東京：汲古書院，1993 年，第 17 頁。

王孙盈政对这两份文书的运作，已进行过较好的分析，认为它们皆是对不空同一奏状的批示。《制许搜访梵夹祠部告牒一首》是敕旨，由中书省宣奉行后，经门下省官员审署，通过尚书省祠部下发。《请搜检天下梵夹修葺翻译制书一首》是敕牒，经中书门下宰相署名，使相列衔后下发。具体程序应该是不空上呈奏状之后，乾元元年（758）三月十二日，肃宗作出"宜依"的批示（无须重新拟旨）。奏状内容和肃宗的批示经抄写后，于当日分别发往中书门下和中书省。中书门下接到皇命后，经群相署名，同日以"牒"式行下，发给不空本人。中书省相关官员则对皇帝的批示进行"宣、奉、行"，敕文于三月十五日继续下发，经门下省三官审署后（实际只有两官在任），转牒尚书省，最终于三月十七日由尚书省祠部牒不空本人。《不空三藏表制集》按照时间先后收录文书，《请搜检天下梵夹修葺翻译制书一首》位列《制许搜访梵夹祠部告牒一首》之前。总之，唐代以敕牒与其他王言发布同一皇命，敕牒的行下日期要早于经行三省的其他王言。但由于两类王言是由同一途径送递受文机构或个人，故到达时间是一致的。因此，敕牒的应用可以起到配合其他高级王言的作用。[①]

　　整体上我们认同王孙盈政对于以上两件文书成立过程的分析，但对于她以此推测受文单位收到敕旨与敕牒两种王言时间相同的观点不敢苟同。她举出了一些例证力图说明敕牒与高级王言发布同一皇命，虽然敕牒所署行下日期早于高级王言，但与高级王言同时送递受文机构或个人。其一为韩翃《为田神玉论（谢）不许赴上都护丧表》所言："奏事官潘洽回，伏奉敕书、手诏，

---

① 参见王孙盈政"唐代'敕牒'考"，《中国史研究》2013年第1期，第98—100页。

兼宣进旨（止），不许臣辄离所部。又以臣脚弱无力，伏奉批表，以军府政殷，借卿镇缉，不赴上都也。"① 其二为崔致远替高骈所作《谢加太尉表》中称："今月某日，宣慰使供奉官严遵美至，奉宣圣旨，慰谕臣及将校等，并赐臣敕书、手诏各一封，加臣'检校太尉，依前充淮南节度使兼东面都统'者。"② 王孙盈政将这两条史料作为自己的论据，不过她可能忽视了其特殊性。我们知道，田神玉和高骈均为藩镇长官，故皇帝颁给他们的制敕，即这里的所谓"敕书"，应是涉及任命等问题的发日敕，而所谓"手诏"的内容则如前所论主要是一些意在安抚宣慰的虚空套语。这些文书达至田神玉手中者是一并由奏事官潘洽带回，至高骈者则是由朝廷所派专使递送，故敕书与手诏到达时间当然一致。

不过，上引《不空三藏表制集》中的敕旨要经过祠部转递，而敕牒则直接发给不空本人，因此不空收到二者的时间应该并不一致。敕旨经过中书省签署转送门下省的三月十二日，经过中书门下签署的敕牒应当已经开始发往不空手中了。故《请搜检天下梵夹修葺翻译制书一首》位列《制许搜访梵夹祠部告牒一首》之前的原因，又何尝不可能是因为不空本人收到文书有先后次序呢？这两份文书，显然不能作为王孙盈政推断"敕牒与高级别王言发布同一皇命，虽然敕牒所署行下日期早于高级王言，但与高级王言同时送递受文机构或个人"③ 的可靠证据。由这个例子我们反而可以看出，就将皇帝意志回复进状者以处理"奏事"而言，敕牒的效率显然要高于敕旨。

---

① 《文苑英华》卷五九七，第3100—3101页。
② 〔新罗〕崔致远撰，党银平校注：《桂苑笔耕集校注》卷二，中华书局2007年版，第33页。
③ 王孙盈政："唐代'敕牒'考"，《中国史研究》2013年第1期，第100页。

　　然而，关于同一奏状同时用敕旨与敕牒予以批复的方式，却不得不让我们思考，究竟有何必要通过两种王言将皇帝批复的旨意传达到不空手中呢？既然敕牒能体现出行政效率的优势，那么为何不通过中书门下直接牒祠部而要通过中书省和门下省署行敕旨呢？

　　第一个问题的答案其实比较简单。直接牒于不空的中书门下敕牒，只是意味着不空的奏请被批准；而经过祠部牒于不空的敕旨，才意味着不空的奏请真正被落实。尽管后来祠部的职能为左右街功德使所侵夺，被呼为"冰厅"，"言其清且冷也"。[①]但这种局面，是在元和二年（807）二月辛酉"诏僧尼道士全隶左右街功德使，自是祠部司封不复关奏"以后才告形成。[②]因此，要指挥两京诸寺及诸州县舍寺村坊搜检梵夹，尚须祠部出令。将敕旨牒于不空，才表明祠部已经正式执行了皇帝的命令，把进状者所奏请之事落到了实处。

　　要回答第二个问题则颇有难度。因为原则上讲，自中书门下敕牒开始正式行用之日起，朝廷完全可以不用降敕旨于祠部，而是通过中书门下出牒即可。也即是说，中书门下牒于不空的同

---

① ［唐］赵璘：《因话录》卷五《征部》，上海古籍出版社编：《唐五代笔记小说大观》，第861页。作者曾于大中十年（856）前后任"祠部员外郎"，故唐尚书省郎官石柱上有其题名，参见［唐］裴庭裕《东观奏记》卷上，中华书局1994年版，第94—95页；岑仲勉《郎官石柱题名新考订（外三种）》，上海古籍出版社1984年版，第165页。

② 《旧唐书》卷一四《宪宗本纪》，第420页。按：皇甫湜《韩文公神道碑》记载："除尚书都官郎中，分司判祠部。中官号功德使，司京城观寺，尚书敛手就（失）职。先生按《六典》，尽索之以归，诛其无良，时其出入，禁哗众以正浮屠。"（［南宋］魏仲举集注：《五百家注韩昌黎集》附录一，中华书局2019年版，第1657页）。可见即便在元和二年二月诏颁布以后，韩愈这样强势的外朝官员，还有可能尽复祠部之权。

时，还另牒于尚书祠部。相关例证，在《不空三藏表制集》中颇多。我们此处仅举一例稍作说明：

请超悟法师于化度寺修六菩萨讲制一首

化度寺大菩萨像六躯

　　右，特进试鸿胪卿大兴善寺三藏沙门大广智不空奏：先奉恩命，造前件功德。今请超悟法师于像前为国讲《大般涅槃经》。冀　陛下崇修，洗生灵耳目，则微诚愿满。

中书门下　牒大广智不空（牒祠部准此）

牒，奉　敕：宜依。牒至准　敕，故牒。

　　大历七年八月二日　牒

中书侍郎平章事元载

门下侍郎平章事王缙

兵部尚书平章事李抱玉

司徒兼中书令使

祠部　牒大广智不空

牒，奉中书门下　敕牒如右。牒至准　敕，故牒。

　　大历七年八月四日　　　　令史尚秀牒

　　　　　　　　　　　　　　主事刘义

　　　郎中褚长孺 ①

"牒祠部准此"一语，意味着还有一件中书门下牒于祠部的敕牒，因包括宰相署位等在内的内容与中书门下牒于不空的敕牒完全一

---

① ［唐］圆照集：《代宗朝赠司空大辨正广智三藏和上表制集》卷三，〔日〕高楠顺次郎等编：《大正新修大藏经》第 52 卷，第 841 页。

致，所以圆照没有单独抄列。① 按理前引乾元元年敕旨，也可以直接被中书门下敕牒替换。当时仍旧以敕旨颁下，或有特殊原因。我们认为，这当与安史之乱以后朝廷力图重建三省制的努力有关。这种努力的目标，应该是要尝试削夺中书门下对于尚书诸司的指挥权，也就是部分地剥夺中书门下直接指挥行政的权力。

我们将包括上引《制许搜访梵夹祠部告牒》在内，主要涉及肃宗、代宗、德宗三朝尚书某司接受敕旨与中书门下敕牒的一些文书形态相对可靠的例证，归纳为如下一份表格：

表二　乾元至开成年间敕旨与敕牒应用情况简表

题名	性质	牒下时间	所牒曹司	史料来源
《制许搜访梵夹祠部告牒》	敕旨	乾元元年（758）三月	祠部	《表制集》卷一，第 828 页
《制许翻译经论祠部告牒》	敕旨	乾元元年六月	祠部	《表制集》卷一，第 828—829 页
《请置大兴善寺大德四十九员敕》	敕旨	广德二年（764）二月	祠部	《表制集》卷一，第 830—831 页
《降诞日请度七僧祠部敕牒》	敕牒	广德二年十月	祠部	《表制集》卷一，第 831 页
《请再译仁王经制书》	敕牒	永泰元年（765）四月	祠部	《表制集》卷一，第 831 页
《请抽化度寺万菩萨堂三长斋月念诵僧制》	敕牒	大历二年（767）二月	祠部	《表制集》卷二，第 834—835 页
《天下寺食堂中置文殊上座制》	敕牒	大历四年十二月	祠部	《表制集》卷二，第 837 页
《请广智三藏登坛祠部告牒》	敕牒	大历六年四月	祠部	《表制集》卷二，第 838 页
《三朝翻经宣付中外并入一切经目录敕旨》	敕旨	大历七年二月	祠部	《贞元续录》卷上，第 749—750 页

---

① 《请广智三藏登坛祠部告牒一首》"中书门下牒祠部"后也附有"牒三藏准此"一语，可为佐证，参见［唐］圆照集《代宗朝赠司空大辨正广智三藏和上表制集》卷二，〔日〕高楠顺次郎等编：《大正新修大藏经》第 52 卷，第 838 页。

续表

题名	性质	牒下时间	所牒曹司	史料来源
《请超悟法师于化度寺修六菩萨讲制》	敕牒	大历七年八月	祠部	《表制集》卷三，第841页
《新定四分律疏许并行敕旨》	敕旨	建中二年（781）二月	祠部	《贞元续录》卷中，第762页
《旌表唐孝子张府君敕》	敕旨	贞元五年（789）二月	礼部	《句容金石记》卷三，第6447页
《置六波罗蜜院并请僧讲习敕旨》	敕旨	贞元五年七月	祠部	《贞元续录》卷中，第763页
《改旧目为贞元新定释教目录》	敕牒	贞元十五年十月	祠部	《贞元新录》卷一，第771—774页
《九经字样请附五经字样之末敕牒》	敕牒	开成二年（837）八月	国子监	《金石萃编》卷一〇九，第1874—1875页

《表制集》——［唐］圆照集：《代宗朝赠司空大辨正广智三藏和上表制集》，〔日〕高楠顺次郎等编：《大正新修大藏经》第52卷，财团法人佛陀教育基金会，1990年。

《贞元续录》——［唐］圆照集：《大唐贞元续开元释教录》，〔日〕高楠顺次郎等编：《大正新修大藏经》第55卷，财团法人佛陀教育基金会，1990年。

《句容金石记》——［清］杨世沅：《句容金石记》，新文丰出版公司编：《石刻史料新编》第2辑第9册，台湾新文丰出版公司1979年版。

《贞元新录》——［唐］圆照：《贞元新定释教目录》，〔日〕高楠顺次郎等编：《大正新修大藏经》第55卷，财团法人佛陀教育基金会，1990年。

《金石萃编》——［清］王昶：《金石萃编》，新文丰出版公司编：《石刻史料新编》第1辑第3册，台湾新文丰出版公司1982年版。

根据表二资料，肃宗、代宗、德宗三朝尚书省诸司究竟是接受敕旨抑或是中书门下敕牒所传达的皇帝意志，似乎并无规律可循。根据前面章节提及的一些史料，我们认为表中所见敕旨与敕牒行用情况的交叉反复，可能正反映了安史之乱以后朝廷政策的挣扎和摇摆。比如关于广德二年（764）以前行用敕旨的缘由，我们可以参考《唐会要》卷五四《省号上》"中书省"目的一条记载："乾元三年四月二十六日敕：诸司使、诸州府进奏文状，应合宣行三纸已上，皆自写，宣付四本。中书省宣过。中书省将两本与门下省。"① 这就说明乾元三年（760）前后，诸司使、诸州府的奏请如经皇帝批准，可能皆须通过中书和门下两省制为敕旨宣行。建中二年至贞元五年（781—789）行用敕旨，则很可能与大历十四年（779）敕（"天下诸使及州府，须有改革处置事，一切先申尚书省，委仆射以下商量闻奏，不得辄自奏请"）有关，都是致力于恢复尚书省的"政源"和"会府"地位。② 因此，我们可以看到建中二年《新定四分律疏许并行敕旨》中，沙门如净之状是通过祠部奏上。更为典型者是贞元五年《旌表唐孝子张府君敕》，开头部分"礼部奏，得史馆牒称，浙江观察使牒得句容县申，得耆老樊泌等状"这一复杂的结构，可以证实大历十四年后朝廷确曾一度落实"一切先申尚书省"的政策。那么，恢复与之相关的以敕旨来指挥尚书省行政的旧制，自然也属于题中应有之义。

　　然而我们也需要注意，并不是这一阶段所有恢复旧制的制敕，都得到了严格落实。譬如前述大历十四年敕的内容，在永泰二年四月十五日制中已经得到过申明："其尚书宜申明令式，一依故事。诸司、诸使及天下州府有事准令式各申省者，先申省司取裁，并所奏请。敕到省，有不便于事者，省司详定闻奏，然后施行。"③ 但我们可以看到，永泰二年五月处分道州刺史元结奏请舜庙置庙户的奏状时，所用仍为中书门下敕牒。④ 尽管建中二年《新定四分律疏许并行敕旨》显示，门下省转牒之后出现了都事受与直官付的部分，在目前所知唐代后期的敕旨文书中仅此一

---

① 《唐会要》卷五四，第 927 页。
② 参见《唐会要》卷五七，第 987、986 页。
③ 《唐会要》卷五七，第 986 页。
④ 参见［清］陆增祥编《八琼室金石补正》卷六○，新文丰出版公司编：《石刻史料新编》第 1 辑第 7 册，第 4960—4961 页。

见。① 这似乎意味着尚书都省的勾检职能乃至"凡制敕施行，京师诸司有符、移、关、牒下诸州者，必由于都省以遣之"的旧制，② 得到了全面恢复。然而建中三年正月，尚书左丞庾准仍在奏请："省内诸司文案，准式，并合都省发付诸司判讫，都省句检稽失。近日以来，旧章多废。若不由此发句，无以总其条流。其有引敕及例不由都省发句者，伏望自今以后，不在行用之限。庶绝舛缪，式正彝伦。"③ 可见，已废之旧制，并没有也根本不可能得到全面恢复。

仅就敕旨与敕牒指挥尚书诸司行政这个问题而言，何以在摇摆中出现前者渐被后者取代之势呢？我们认为其中最关键的因素之一，可能在于后者所具有的效率优势。即就前述表二所举的唐代后期敕旨而言，从中书宣出至门下署毕，一般需要三天时间。最短者为贞元五年《置六波罗蜜院并请僧讲习敕旨》，耗时一日；最长者为广德二年《请置大兴善寺大德四十九员敕》，从正月二十三日中书宣行至门下二月二日牒出，前后竟然耗费了十天。④ 换作中书门下敕牒，则当日即可牒于尚书诸司。

从行政效率的角度来讲，中书门下敕牒简化了流程，将中书省和门下省的出令权合二为一，很明显有追求高效处理政务这一方面的考虑。因此，其对敕旨的取代顺应了行政效率原则的要求，成

---

① 中村裕一据此认为《不空三藏表制集》所著录的其他敕旨，可能省略了这部分内容，参见《唐代公文书研究》，第 295 页。王孙盈政已经指出这种解释可信度不高，参见"唐代'敕牒'考"，《中国史研究》2013 年第 1 期，第 104 页注 1。
② 《唐六典》卷一，第 11 页。王永兴曾指出："尚书都省的主要职能之一是勾检，尚书都省是最高的中央勾检机构。"（《唐勾检制研究》，第 37 页）
③ 《唐会要》卷五七，第 987 页。
④ 大历七年《三朝翻经宣付中外并入一切经目录敕旨》由中书宣出的时间是正月十六日，而门下出牒的时间却为正月十日，日期当有讹误。

为唐代政务运作机制演进的一个应然归宿。尽管这一过程恰好遭遇安史之乱后朝廷时欲恢复旧制（尤其是恢复尚书省的"会府"地位）这样的顿挫，为敕旨的挣扎存续提供了条件。但历史形势已经发生巨变，恢复也就只能是短暂而流于形式的复古而已。这一时期种种逆潮流而定的政策，迫于现实的原因不得不很快废除。敕旨这一通过两省运作程序而牒下的王言经过反复以后，最终被敕牒彻底取代。所以，目前我们在史料中已经找不到《置六波罗蜜院并请僧讲习敕旨》之后唐王朝行用敕旨的可靠例证了。欧阳修《集古录跋尾》"唐濠州劝民栽桑敕碑"条云："余得刘菎《修兖州文宣王庙碑》，见大中时中书门下牒，又得此碑，见大中时敕，乃知平章事非署敕之官。今世止见中书门下牒，便呼为敕，惟告身之制仅存焉。"[1] 欧阳修既言宋人所呼之"敕"仅指"中书门下牒"，可知彼时敕旨颁布政令的地位，已经彻底为中书门下敕牒所取代。故《神宗正史·职官志》载宋时中书省所掌"承天子之诏旨及中外取旨之事"中尚列有敕牒。[2] 并且，宋代各类文献中仅为寺院赐额的敕牒数量即已经相当庞大，[3] 但敕旨却早已了无踪迹，隐没在了历史的尘烟之中。

小　结

根据史料中目前可见的保留基本文书体式信息的相关例证，

---

① ［北宋］欧阳修撰，邓宝剑、王怡琳笺注：《集古录跋尾》卷九，人民美术出版社 2010 年版，第 210 页。

② 参见［清］徐松辑《宋会要辑稿》职官三之三，中华书局 1957 年版，第 2399 页。

③ 相关情况可参考竺沙雅章《中國佛教社會史研究》（增訂版），京都：朋友书店，2002 年，第 83—110 页；安洋"宋代敕牒碑的整理与研究"，中国政法大学硕士学位论文，2016 年。

我们可以将唐代"敕牒式"暂时复原为"批复奏事式"和"发布皇命式"两种格式。其共通的本质特征，在于为处理具体之"事"而颁布皇帝命令，这当是《唐六典》卷九"中书令职掌"条记载敕牒的应用条件为"随事承旨"的重要原因。

《敕处分县令碑》可以确凿无疑地证实，中书门下敕牒至晚在开元二十四年（736）已经正式得到行用。至于"中书门下敕牒"行用时间之上限，理论上可以根据张说奏改政事堂为中书门下的时间，推定在开元十一年（723）。但如果考虑到唐代宰相的使职差遣性质，则应该留意到宰相府所行之敕牒与唐人所称之"使牒"的关系。唐代的宰相府，与诸司及诸州府之间原本没有直接统辖关系。但国家形势和朝廷政务运作机制的变化，又对其直接行用文书指挥诸司及诸州府提出了要求。此时宰相行使指挥权所用文书，自然就应是牒。究其本质，即可以视为"使牒"。若属于"奉敕"而牒的情况，自然就可以称为"敕牒"。所以，我们认为宰相机构尚称政事堂时，可能已经开始行牒指挥政务。

不过，政事堂承担行政指挥的职责，并不是从成立之日就已经具备。它最初只是宰相"议事"之所而已，且其所议多为军国大政。直到姚崇在开元二年（714）奏请改革"六押"之制后，又通过命令中书主书将本应由中书舍人参议之政务转移到了政事堂。至此，政事堂的职责才从过去单纯商讨军国大政，拓展到了预裁日常庶务。因此，政事堂开始使用敕牒发布行政命令的时间上限，亦不得早于开元二年。

就在王言体系中的地位而言，中书门下敕牒可以说是为配合其他制敕而颁下；但就处理"奏事"本身而言，也可以认为其他制敕是为配合中书门下敕牒而颁下。最关键的原因，就在于中书门下敕牒所具有的效率优势。从行政效率的角度来讲，中书门下敕牒简化了流程，可以将中书省和门下省的出令权合二为一。也正因如此，其对敕旨的取代顺应了行政效率原则的要求，成为唐代政务运作机制演进的一个应然归宿。尽管在安史之乱以后朝廷恢复旧制的潮流中曾遭遇顿挫，但敕旨这种需要通过两省运作程序而牒下的王言，最终还是彻底为中书门下敕牒所取代。

第六章

唐代后期奏抄的应用问题

在第五章中，我们曾针对中书门下敕牒与其他王言一同行下的情况指出：就在王言体系中的地位而言，中书门下敕牒可以说是为配合其他制敕而颁下；但就处理"奏事"本身而言，也可以认为其他制敕是为配合中书门下敕牒而颁下。在举例论证之时，我们曾分析了《李德裕文集》所收《论嗢没斯下将士二千六百一十八人赐号状》中涉及的授官制书与中书门下敕牒之间的关系。不过，我们毕竟没有见到当时所颁中书门下敕牒的原貌，使得相关讨论不免略有隔靴搔痒之憾。

此外，正如第一章和第三章所讨论的那样，我们知道奏抄在唐代前期尤其是初期承担着重要的政务申报与裁决功能。从理论上讲，它与中书门下敕牒之间也存在重要的竞夺关系。唐代后期二者之间的关系究竟如何，也将会直接影响我们对于唐代整体政务运作机制的理解。

鉴于以上两点，本章我们结合学者近年新揭举的《乾宁三年刘翱将仕郎告身》，在说明中晚唐奏抄及奏授告身的应用情况的基础上，尝试继续讨论中书门下敕牒在唐代后期政务运作机制中的地位问题。

第一节　唐宋之际奏授告身的应用情况

《唐六典》卷八记载侍中职掌时，列举了六种"下之通于上"的文书，处于首位的就是奏抄。[①] 根据学者复原的"奏抄式"，[②] 可以看出奏抄本身运行的终点是皇帝手中。因此，真正意义上的唐代奏抄，实际上今日已不可见。学界用以讨论的具体文书，多是一些下行符文中转录的皇帝画"闻"以后的御画奏抄。这类所谓的"下行符文"，除拼接百余件吐鲁番文书而成的《仪凤四年金部旨符》外，[③] 就只有一些吏部颁付给个人的奏授告身。而此前可资利用的奏授告身，亦不过《景龙二年□文楚陪戎校尉告身》《景云二年张君义骁骑尉告身》《上元二年和氏容城县太君告身》《建中元年朱巨川朝议郎告身》等四例而已。[④] 也即是说，过去学者对于唐代奏抄的讨论，是建立在缺乏德宗朝以降文书实例的基

---

① 参见《唐六典》卷八，第 241—242 页。

② 参见大庭脩"唐告身の古文書学的研究"，《唐告身と日本古代の位階制》，第 45—46 页；中村裕一《唐代公文書研究》，第 179—180 页。

③ 参见〔日〕大津透"唐律令制国家的预算——仪凤三年度支奏抄、四年金部旨符试释"，宋金文、马雷译，刘俊文主编：《日本中青年学者论中国史·六朝隋唐卷》，第 433—449 页。顾成瑞最近又从韩国国立中央博物馆藏品中找出了可与大津透等复原的文书进行缀合的两件残片，并指出度支奏抄实际上已是金部旨符的前一环节，因此将整件文书定名为《唐仪凤四年金部旨符》更贴切，参见"韩国国博藏《唐仪凤四年金部旨符》残卷释录与研究"，包伟民、刘后滨主编：《唐宋历史评论》第 8 辑，社会科学文献出版社 2021 年版，第 72—85 页。

④ 录文及考证参见陈国灿"莫高窟北区第 47 窟新出唐告身文书研究"，《敦煌研究》2001 年第 3 期；大庭脩"唐告身の古文書学的研究"，《唐告身と日本古代の位階制》，第 167—184 页。

础上的。

也正因如此，唐代后期奏抄及奏授告身是否还在应用，学界过去没有专门的研究。大概是考虑到《建中元年朱巨川朝议郎告身》的存在，论者一般默认唐后期奏抄及奏授告身仍有应用。直到刘后滨在提出"中书门下体制"这一概念之际，针对这个问题才有了较为深入的思考。在刘先生的研究理路中，中书门下体制成立的一个最基本条件，就是唐代政务奏报的主体文书由奏抄转换为了奏状。如果奏抄及奏授告身在中晚唐仍有普遍行用，则其所主张的中枢体制此际已经变成为中书门下体制这一论点的说服力就会大打折扣。或许有鉴于此，他倾向于否定奏授告身在唐后期仍有应用。具体而言，刘先生首先尝试否定《建中元年朱巨川朝议郎告身》是一份奏授告身。他认为这份告身流传过程不够清楚，大庭脩对其进行的复原完全是根据唐前期的"奏授告身式"加以订正的，颇有以前期之制比附后期之制的嫌疑。因此这份告身很难说就是唐后期奏授告身的实物证明，也不能据之以分析唐后期的奏抄形态。更进一步，刘先生以《通典·选举》注文所载"供奉官，若起居、补阙、拾遗之类，虽是六品以下官，而皆敕授"为据，认为朱巨川被任命为"行起居舍人知制诰"应属"敕授"而非"奏授"。[1]

吴丽娱则指出，《建中元年朱巨川朝议郎告身》的文书形式基本符合唐代奏授告身式的相关规定，属于奏抄性质的奏授告身式应该是没有疑问的。[2]《告身》中"谨件朱巨川、王密、关播、

---

[1] 参见《通典》卷一五，第359页；刘后滨《唐代中书门下体制研究——公文形态、政务运行与制度变迁》，第267—268页。

[2] 参见吴丽娱"试论'状'在唐朝中央行政体系中的应用与传递"，邓小南等主编：《文书·政令·信息沟通——以唐宋时期为主》，第6页。

谢良辅、独孤弼等五人拟阶如右"一语表明，这是授予五人正六品上的散官朝议郎的告身，与"起居舍人知制诰"无关。① 它确实完全符合《唐六典》中奏抄用于"授六品已下官"的规定。②

不过，刘后滨最初已经设想过让步的情况，认为即便《建中元年朱巨川朝议郎告身》属于奏授告身，也有可能只是建中年间恢复开元以前旧制背景下诞生的特例，无论如何不能说明唐后期奏抄应用的普遍情况，更进一步的论证需要新材料的发掘或发现。③ 吴丽娱则认为，就授官而言，固然一部分人，其中特别是藩镇僚属，通过长官或节度使的举荐，由皇帝敕授官；但是，不可否认也会有不少朝官，是循资格或者平流进取由有司注拟奏授，朱巨川等或许就属于这种情况。④ 确实，《建中元年朱巨川朝议郎告身》中关于朱巨川出身和考课等情况有非常明确的交代，证实这件告身正是属于吏部依据考课等情况计阶注拟的产物。大庭脩对此也早有非常细致的分析。⑤

王孙盈政支持吴丽娱关于奏抄应用情况的基本看法，认为唐代后期尚书省依然是官方承认的"天下政本"，保有奏抄的使用权，称："不可否认，唐后期奏抄的应用已经大量减少。但是，

---

① 参见大庭脩"建中元年朱巨川奏授告身と唐の考课"，《唐告身と日本古代の位阶制》，第 262 页。

② 参见《唐六典》卷八，第 242 页。

③ 参见刘后滨《唐代中书门下体制研究——公文形态、政务运行与制度变迁》，第 268 页。

④ 参见吴丽娱"试论'状'在唐朝中央行政体系中的应用与传递"，邓小南等主编：《文书·政令·信息沟通——以唐宋时期为主》，第 6—7 页。

⑤ 参见大庭脩"建中元年朱巨川奏授告身と唐の考课"，《唐告身と日本古代の位阶制》，第 262 页。另，大庭脩也注意到该告身与敦煌 P.2819《公式令残卷》中"奏授告身式"的差异，推测可能是建中年间的告身式已经有所变化（第 263 页）。

奏抄在中书门下成立后并没有消失于政治舞台上，特别是代、德之际。奏抄的存在表明尚书省在公文运行过程中保留了一定的常务裁决权。"① 不过，王孙盈政在论证过程中将"奏议"等同于"奏抄"，似与《唐六典》中的制度规定不符。从具体例证来看，她是将以尚书省机构名义奏上的"奏抄"，与尚书省官员以个人名义奏上的"奏议"等同。并且，她所举史料证据全部来自授官制书或墓志铭、神道碑中的骈俪文字，这些内容究竟是撰者对尚书省及其内部官职历史职能的追述，抑或是对当时情况的如实直书，恐怕本身还有待讨论。

在过去研究的基础上，刘后滨后来淡化了对唐代后期奏抄应用情况的具体判断，将观察的视线延长至宋，指出："唐中后期至北宋，敕授官范围扩大，宰相的任官权得到了加强，选官文书形态及其裁决机制发生了重大的变化。""实际上，奏抄在元丰以前用于授官的例子并未见到。在唐代前期属于奏授官范围的官员任命，在北宋时期都纳入到敕授官之中。这是北宋敕授官范围扩大的主要表现。……元丰官制改革以后，授官文书恢复了唐代的制授、敕授和奏授告身式。"② 在讨论元丰改制与宋人三省制理念时，他又重申："尽管中书门下体制下的决策机制还在发挥主导作用，但是唐前期三省制下的一些政务裁决机制也得以恢复，如体现为奏抄（奏钞）的运行及其裁决程式。"③

---

① 王孙盈政："天下政本——从公文运行考察尚书省在唐代中书门下体制下的地位"，《历史教学》2012 年第 24 期，第 38 页。
② 刘后滨："唐宋间选官文书及其裁决机制的变化"，《历史研究》2008 年第 3 期，第 127—128 页。
③ 刘后滨："'正名'与'正实'——从元丰改制看宋人的三省制理念"，《北京大学学报》2011 年第 2 期，第 125 页。

　　近年，周曲洋延续了刘后滨的上述思路，在讨论北宋元丰改制后三省的运作情况时，较为细致地搜罗了传世文献中抄录的宋代礼部、刑部奏抄及其他一些奏授告身，论证"其（奏钞）恢复行用是北宋元丰改制中的重要一环"。^①尽管刘后滨在对唐代中枢政务运行机制的相关研究展开反思时，一定程度上接受了吴丽娱的批评意见，不过因为后者"未提供确切例证"，再加上周曲洋的相关论述看起来也为自己的观点提供了补证，所以刘先生保留的态度是："中书门下体制成立后是否还行用奏抄的问题依然悬而未决，不过至少可以说，奏抄的使用'日趋减少，以至一度隐而不彰'，即使到了北宋初期，目前也未有证据证明有奏抄行用。"^②除了引号中的直接引用，后半部分的断语，也与周曲洋论文脚注中"目前尚未有证明奏钞在北宋初期行用的证据"的表述近似。^③也即是说，两位先生的态度高度一致，均认为唐代中书门下体制成立后，奏抄的应用日趋减少，至晚在北宋初期已经销声匿迹，这是元丰改制"恢复"使用奏抄的一个前提条件。

　　在以信息传递的介质、功能为重点对唐代信息研究进行回顾与展望时，吴丽娱再次提到了唐后期奏状取代奏抄的问题。她虽然"觉得这个问题并不是完全没有了讨论的余地"，但可能受到周曲洋论述的影响，也已经把"在唐后期直至元丰之前，确实也

---

① 周曲洋："奏钞复用与北宋元丰改制后的三省政务运作"，《文史》2016年第3辑，第188页。

② 刘后滨："文书、信息与权力：唐代中枢政务运行机制研究反思"，包伟民、刘后滨主编：《唐宋历史评论》第3辑，第275页。

③ 周曲洋："奏钞复用与北宋元丰改制后的三省政务运作"，《文史》2016年第3辑，第188页注7。

没有太多材料证明奏抄还在行用"视为继续讨论的前提。^①

　　不过，北宋元丰改制以后奏抄才"恢复"行用的看法，很可能是刘后滨和周曲洋等先生过度解读史料的产物。他们引以为据的最基本史料，是《续资治通鉴长编》"神宗元丰五年（1082）六月癸亥"条所载："详定官制所言，定到制授、敕授、奏授告身式，从之。翌日，诏：'官告及奏抄体式，令官制所取房玄龄官告看详，改定以闻。'"^②仅凭官制所元丰五年六月"定"三种告身式这一点线索，恐怕还不足以推断三种告身式此前并不存在。就制授和敕授两种告身而言，除了文献中以"门下"或"敕"起头的授官制诰可加以说明外，尚有《熙宁二年司马光充史馆修撰告身》原件作为敕授告身在元丰改制以前肯定存在的证据。^③与此同理，我们当然不能仅据《续资治通鉴长编》该条就贸然推定奏授告身是在元丰改制时才得到"恢复"。实际上，"官制所取房玄龄官告看详，改定以闻"的结果，即见于《续资治通鉴长编》"神宗元丰五年十月甲子"条：

　　　　详定官制所言："准尚书省札子，官制所定杂事奏钞奏有司事。旧令式，并尚书省左右仆射与左右丞签书。……其房玄龄等告身四道，内三卷敕授、制授，不书尚书都省官；内一卷奏钞，并著尚书都省官，而不书名。案：敕授则尚书

---

① 参见吴丽娱"唐代信息研究的特色与展望——以信息传递的介质、功能为重点"，包伟民、刘后滨主编：《唐宋历史评论》第4辑，第177页。
② 《续资治通鉴长编》卷三二七，第7877页。
③ 该告身原件现藏日本熊本县立美术馆，录文参见邓小南、张祎"书法作品与政令文书：宋人传世墨迹举例"，《宋代历史探求：邓小南自选集》，首都师范大学出版社2015年版，第342—344页。

省有书有不书者，唐告体制不一；至于制（奏）授，则尚书
省具奏钞上，未有不具尚书都省官者；然于告身有不书名
者，盖告身翻录奏钞，其钞已付吏部翻录为告，故或不书。
今奏钞已书名，即告身止令代书。"从之。①

此处所言"旧令式"足以证实，奏抄在元丰之前已经存在，且有
"尚书省左右仆射与左右丞签书"。只是岁月既久，后人对某些
体式方面的问题已经不甚了了，因此在改制的大背景下，神宗要
求官制所取房玄龄等人的官告看详改定，以尽可能符合唐代前期
规制。

　　此外，周曲洋认为"目前尚未有证明奏钞在北宋初期行用的
证据"，这种判断恐怕也稍存风险。如所周知，公文书其实是政
务运作程序的书面反映。因此，我们完全可以根据运作流程来判
定最终形成的文书的基本面貌。《续资治通鉴长编》"太祖开宝元
年（968）八月辛酉"条载："令合格选人到京者即赴集，不必限
四时，及成甲次，南曹、铨司、门下省三处磨勘注拟，并点检谢
辞等，共给一月限。南曹八日，铨司十五日，门下省七日，著为
定式。"② 这段内容，反映了宋初铨选的基本流程及各部门的处理时
限。《通典·选举》记载唐代铨选及奏授告身成立的过程："服者以
类相从，攒之为甲。先简仆射，乃上门下省，给事中读之，黄门
侍郎省之，侍中审之。不审者，皆得驳下。既审，然后上闻。主
者受旨而奉行焉。"③ 两相对照，前引开宝元年定令所反映的铨注流

---

① 《续资治通鉴长编》卷三三〇，第 7953 页。
② 《续资治通鉴长编》卷九，第 207 页。
③ 《通典》卷一五，第 360 页。

程，与唐代奏授告身成立之前的政务运作程序基本一致，说明宋初铨选官员可能也是由铨司注拟，并经门下省审核后形成奏授告身。

除了前引开宝元年的规定，可以与《通典·选举》所载唐代奏授告身成立过程加以对比的宋代史料，还有不少。譬如同样是流内铨注官至颁给告身各个环节时限的规定，《宋会要辑稿·选举》还载有天圣八年（1030）七月的铨司奏请：

> 铨司言："与南曹、门下省、官告院、甲库等详定，欲自今铨司每有移注、改注、对换、对移、就移、就注选人，候移改定后，限一日关帖过院；过院限三日，修写黄甲，送南曹勾勘；限一日却送铨；当日牒送门下省；本省限五日印书进入；候降出中书，即依元限一日却付门下省；限次日却付都省承敕人；限次日送入甲库；限两日（如及十人已下）甲库出给签符及关南曹、格式司、官告院；限七日南曹出给历子；限七日官告院出给官告。其官告、签符、历子，如是人数稍多，依限修写不及，即逐处旋具因依申铨，相度文字多少，量展日限出给。所定日限，并除休务假外计日。"从之。①

皇帝之所以同意铨司请求，是因为甲库旧制会致"元限日数颇多，稽滞选人"。而所谓的"甲库旧制"，其实就是《职官分纪》卷九"甲库"目所载"大中祥符五年敕"。② 以上史料表明，元丰

---

① 《宋会要辑稿》选举二四之一一，第 4624 页。按：此处笔者参据《职官分纪》中的相关史料（［南宋］孙逢吉：《职官分纪》卷九，中华书局 1988 年版，第 244 页），对引文的标点略有调整。

② 参见《职官分纪》卷九，第 250 页。

以前的太祖至仁宗这一时段，吏部流内铨注官以后的文书还是会牒送门下省，经门下省读省审后呈给皇帝。这其实就是御画奏抄形成的典型流程，可以用来说明官告院最后颁下的官告即奏授告身。

以上，我们根据一些间接的史料推论奏抄在唐宋之际可能一直行用不辍，并非元丰改制以后才得以"恢复"。当然，弄清楚这个问题最为有力的直接证据，应是具体的文书实例。幸运的是，近年李军在搜集有关晚唐河西的资料时，揭示出一份保存在清抄本《京兆翁氏族谱》中的《授刘翱等人建阳县尉告身》，判定文书内容应属奏授告身式的第一部分。[①] 这为唐代告身研究乃至整体的公文书研究增添了一份宝贵的资料，有助于澄清唐代后期奏抄是否仍有应用的问题，对于理解奏抄在唐代政务文书运作机制中地位的转变亦大有裨益。以下试围绕这件告身，稍作讨论。

第二节　《乾宁三年刘翱将仕郎告身》的文本分析

李军在"清抄本《京兆翁氏族谱》所收晚唐河西文献校注——兼论其内容的真实性"一文中揭示了一篇《奏状》和与之有密切关系的一件《授刘翱等人建阳县尉告身》。为便于分析，我们先将相关录文转引如下：

（六）《奏状》

河西节度使臣翁郜谨言：伏奉宣旨，以臣充河西节度

---

① 参见李军"清抄本《京兆翁氏族谱》所收晚唐河西文献校注——兼论其内容的真实性"，《敦煌学辑刊》2013 年第 3 期。

使。臣当远地，僻在穷荒，官员多阙，累因摄职，皆至重
难，敢不奏闻？在内有摄节度推官、备补将仕郎、试太常协
律郎刘翔（翱），年四十，本贯京兆府万年县［洪固乡］胄
贵里。叔［祖］汾为户［曹］，曾祖千，祖冶，父楚茨。其
形黄白色，有髭须，处重难而不挠，持公正以居先。又前件
所奏郑晃等三十人，深详事理，各有行能，并乞天恩，特赐
一官。所冀籍其干事，同葺凋残，干冒宸衷，毋（无）任战
越屏营之至。谨奏。

乾宁三年正月二十三日。

（七）《授刘翱等人建阳县尉告身》

奉敕旨宜授建宁（阳）县尉，仍付所司。附申敕头翁
郼，合依本阶序。右一人拟将仕郎，从九品下，守建州建阳
县尉，定从九品下。准敕授。

尚书左仆射，尚书右仆射，中奏（奉）大夫、吏部侍
郎、上柱国、赐紫金鱼袋臣□，金紫光禄大夫、守吏部尚
书、兼判互（左）铨东铨事、上柱国、彭城郡开国公、食邑
一千户臣等，谨件翁郼、郑晃、纪绍远、宋荀、赵逢、姜、
卢轲、王薰、崔章、冯焕、焦弘本、安行、魏建嗣、徐谔、
卢蔼、崔彻、唐郇、王鄂、狄昭明、解黄中、王俶、延辉、
吴俨、杨蔼、刘翔、焦兵毕、赵龟、柳沂、刘延嗣、宋廷雍
等三十人，拟官如右，谨次（以）申阙（闻），谨奏。

乾宁三年六月十八日朝奉郎、行尚书吏部员外郎、上柱
国、赐绯袋卢诜上志。①

---

① 李军："清抄本《京兆翁氏族谱》所收晚唐河西文献校注——兼论其内容的真实
性"，《敦煌学辑刊》2013 年第 3 期，第 36、37 页。

族谱资料往往只是通过抄本流传，内容穿凿附会与文字舛讹之处在传抄过程中每每迭增，非常不利于学界运用。李军广采各类文集、方志乃至敦煌残卷，结合正史以及其他谱牒中的蛛丝马迹，对《京兆翁氏族谱》中所收录的晚唐河西文献进行了系统校注，功莫大焉。其中一些推论充分体现了作者的敏锐，例如考虑上引《授刘翱等人建阳县尉告身》其实属于奏授告身的第一部分，即是一个显著的例子。不过，关于这件告身的文本内容，或许还有一些可以进一步讨论的地方。我们选择与复原文书格式密切相关的一些问题，稍作阐述。

首先，拟官部分以从九品下的将仕郎守建州建阳县尉，则后者不可能也是从九品下。《新唐书·地理志》载建阳为上县。[①]上县县尉当为从九品上，才适合用"守"。结合《建中元年朱巨川朝议郎告身》中的拟官言辞看，"定从九品下准敕授"等八字应该不属于告身原件，可能是后来羼入的内容。

其次，告身中的部分署衔签押可能也存在一些问题。比如尚书左仆射和尚书右仆射，均没有散官等官衔信息。据《景云二年张君义骁骑尉告身》和《建中元年朱巨川朝议郎告身》中官员的署衔签押情况来看，前述现象说明原告身并无两仆射进行签署，其附注的信息当为一"阙"字，[②] 后来可能是被誊抄者删掉。

关于吏部尚书的信息，族谱原作"兼判互铨东铨事"，李军认为其中的"互"当为"左"之讹。[③]《唐会要》卷七五《选部下》

---

① 参见《新唐书》卷四一，第 1064 页。
② 参见大庭脩"唐告身の古文書学的研究"，《唐告身と日本古代の位階制》，第 169、176 页。
③ 参见李军"清抄本《京兆翁氏族谱》所收晚唐河西文献校注——兼论其内容的真实性"，《敦煌学辑刊》2013 年第 3 期，第 38 页。

"杂处置"目载：

> 太和四年（830）七月，吏部奏："当司两铨侍郎厅，伏以吏部居文昌首曹，侍郎为尚书贰职，铨庭所宜顺序，厅事固有等衰。旧以尚书厅之次为中铨，其次为东铨。自乾元中（758—760），侍郎崔器以当时休咎为虞，奏改中为西铨，以久次侍郎居左，以新次侍郎居右，因循倒置，议者非之。伏请自今以后，以久次侍郎居西铨，以新除侍郎居东铨。"敕旨：依奏。①

上述史料表明，自乾元更名后，吏部即由尚书、东、西三铨组成。吏部尚书为吏部首长，所判者为尚书铨，此外两名侍郎则分别判东、西二铨。告身中既出现吏部尚书"兼判"，则其所兼判者自然当为尚书铨之外的东铨和西铨。因此前揭族谱所引告身中的"互"字，恐当为"西"而非"左"字之讹。

又，从"彭城郡开国公"的爵号来看，签署告身的这位吏部尚书很可能就是刘崇望。检《唐仆尚丞郎表》，严耕望推论刘崇望的吏部尚书经历为："乾宁三年秋，由昭州司马复入迁吏尚。未至。十月十一戊午，换兵尚。——此再任。"②严先生推定刘崇望入迁吏部尚书的时间在乾宁三年（896）秋的缘由，是考虑到王抟乾宁三年八月罢相，十月戊午为吏部尚书再相，则据员阙刘崇望以吏部尚书见召就当在乾宁三年秋。③但是，王抟十月戊午

---

① 《唐会要》卷七五，第 1365 页。
② 严耕望：《唐仆尚丞郎表》卷九，第 536 页。
③ 参见严耕望《唐仆尚丞郎表》卷九，第 537 页。

为吏部尚书再相，并不必然意味着其八月罢相时亦为吏部尚书。《旧唐书·刘崇望传》载："及王行瑜诛，太原上表言崇望无辜放逐。时已至荆南，有诏召还，拜吏部尚书。未至，王抟再知政事，兼吏部尚书，乃改崇望兵部尚书。"①王行瑜被诛在乾宁二年十一月，则刘崇望起复为吏部尚书当在乾宁三年。只是签署告身时刘崇望可能还未正式履职，故他的列衔虽然完整，但署名处应是由他人以小字所注"未上"，后为誊抄者所删。②不论是从敦煌所出"奏授告身式"抑或是其他几件具体的告身实例来看，吏部侍郎的署衔都应该在吏部尚书之后，此处之反常很可能也是后人传抄失误所造成。

再次，我们对这份告身的定名问题稍作分析。我们认为，李军将其定名为《授刘翱等人建阳县尉告身》，恐有不妥。确定告身归属从而为其拟名的最主要依据，应是所告的具体对象而非与其同甲的所有人，这是学界的通行惯例。因此，告身拟名中出现"等人"这样的字眼，不大合适。一般说来，所告具体对象在告身首尾会两次出现。以敦煌残卷 P.2819 所存"奏授告身式"为例，就应是"右一人云云"之前的"具官姓名"和吏部告官部分接在"告"字之后的"具官姓名"。③只是《京兆翁氏族谱》中的这份告身恰好两处"具官姓名"都已阙如。不过，李军引述南宋周必大《文忠集》所收《朝请郎致仕刘君（大成）墓志铭》和

① 《旧唐书》卷一七九，第 4665 页。
② 大庭脩结合《唐会要》中的记载，认为《建中元年朱巨川朝议郎告身》中吏部侍郎署名处的"未上"，是用于除任的命令已经发布但新官尚未就任的场合，参见"唐告身の古文書学的研究"，《唐告身と日本古代の位階制》，第 171 页。
③ 图版参见上海古籍出版社、法国国家图书馆编《法藏敦煌西域文献》第 18 册，第 365 页。

元叶留《为政善报事类》引胡一桂《人伦事鉴》等史料中的相关记载，证实曾为河西节度推官和建阳尉者即为刘翱，所以将奏状中的"刘翔"订正为"刘翱"，并将告身中的授官由"建宁县尉"订正为"建阳县尉"。这些都是正确的做法。正因如此，遵循告身定名的一般惯例，我们最好将该告身拟名为《乾宁三年刘翱将仕郎告身》。就此衍生出来的一个问题是，李军并未将"谨件……等三十人"中的"刘翔"改为"刘翱"。在他看来，翁郜在为刘翱求官的同时，又言"前件所奏郑晃等三十人"，则证明刘翱不在三十人之列，所以后文所列的三十人名单中自然就应是其弟"刘翔"。① 其实，既然已经确定该告身的授官对象为刘翱，则"谨件……等三十人"的名单中必定会有其名字，《建中元年朱巨川朝议郎告身》即可对此加以证实。② 因此，我们认为《乾宁三年刘翱将仕郎告身》所举"前件所奏郑晃等三十人"中，就应是"刘翱"而非其弟"刘翔"。

最后需要讨论的一个关键问题是，《京兆翁氏族谱》中所谓的奏状与告身究竟是一种什么关系？

据李军言，在清抄本《京兆翁氏族谱》中，《奏状》是与《授刘翱等人建阳县尉告身》连抄，20 世纪 90 年代翁氏后人将翁氏家族资料进行汇编铅印时才将之割裂开来。③ 如果将二者恢复连为一体的原貌，则可以明显看出，自"右一人"起的部分，与

---

① 参见李军"清抄本《京兆翁氏族谱》所收晚唐河西文献校注——兼论其内容的真实性"，《敦煌学辑刊》2013 年第 3 期，第 37 页。

② 参见大庭脩"唐告身の古文書学的研究"，《唐告身と日本古代の位階制》，第 169 頁。

③ 参见李军"清抄本《京兆翁氏族谱》所收晚唐河西文献校注——兼论其内容的真实性"，《敦煌学辑刊》2013 年第 3 期，第 37 页。

《公式令残卷》中保留的"奏授告身式"和《建中元年朱巨川朝议郎告身》的对应部分内容基本一致，属于奏授告身的一部分；在此之前，则应是一件奏状与皇帝的批复。关于唐代奏状的批复用语，中村裕一有比较细致的讨论。他的意见是，唐代文献中针对上奏的回答只有"敕旨：……"和"奉敕：……"两种，其他的回答如"制曰可""从之""奏可""诏可"等其实都是史官在编纂的过程中所窜改。至于"敕旨：……"与"奉敕：……"的区别尤其是各自的应用场合，尚难以判断。[①] 根据前文对于唐代敕旨和敕牒文书式的复原，我们认为还可以进一步将中村裕一所总结的针对奏事的批复用语归纳为"敕旨：依奏"和"奉敕：宜依"这两类，前者对应的王言应是敕旨，后者则对应于敕牒。由此看来，刘翱授官告身中的"奉敕旨"三字，"奉"或"旨"都有属于衍字的可能。

法藏敦煌文书 P.3720 收录了有关河西高僧悟真的一系列重要文书，其中有一件朝廷答复归义军执政张淮深请求授予悟真都僧统一职的敕牒。为予对比，我们将这件敕牒的录文转引如下：

> 河西副僧统、京城内外临坛大德、都僧录、三学传教大法
> 师、赐紫僧悟真
> 　　右，河西道沙州诸军事兼沙州刺史、御史中丞张淮深
> 　　奏：臣当道先有　敕授河西管内都统赐紫僧法
> 　　荣，前件僧去八月拾肆日染疾身死。悟真见在
> 　　当州。切（窃）以河西风俗，人皆臻敬空王，僧徒累阡，大

[①]　参见中村裕一《唐代制敕研究》，第 444—449 頁。

　　行经教。悟真深开阐谕，动迹徽言，劝导

　　戒惑，寔凭海办。今请替亡僧法荣便充河

　　西都僧统，裨臣弊政。谨具如前。

中书门下　　牒沙州

牒，奉　　敕：宜依。牒至准　敕。故牒。

咸通十年十二月廿五日牒 ①

此处既以"牒奉敕"作答，则《乾宁三年刘翱将仕郎告身》前面的王言亦当为敕牒，故其中也包含敕牒批复时常用到的关键字眼——"宜"。另外，参考上件授予悟真都僧统的敕牒以及传世文献中的举荐状，并结合《告身》中批复部分的后半截内容，可以推知《奏状》前半部分本来还条列有翁郪等被荐人的基本情况。

　　既然"右一人"之前应是一份省略署衔的敕牒，何以又与奏授告身连为一体了呢？法藏敦煌文书 P.2819《公式令残卷》中的"奏授告身式"，在"右一人云云"下以注文的形式列出了授官理由应如何表述，称："谓若为人举者，注举人具官封姓及所举之状；若选者，略注其由历及身、才、行；即因解更得叙者，亦略述解由及擢用之状。" ②就唐代告身的例证而言，《建中元年朱巨川朝议郎告身》在"尚书吏部"之后即陈述了朱巨

---

① 录文参见唐耕耦、陆宏基编《敦煌社会经济文献真迹释录》第4辑，全国图书馆文献缩微复制中心，1990年，第32页；图版参见上海古籍出版社、法国国家图书馆编《法藏敦煌西域文献》第27册，上海古籍出版社2002年版，第113页。

② 录文参见〔日〕仁井田陞《唐令拾遗》，栗劲等编译，第495页；仁井田陞著、池田温编集《唐令拾遗补—附唐日两令对照一览》，第715頁。

川的出身与由历，《景云二年张君义骁骑尉告身》在"尚书司
勋"之后即陈述了张君义等兵募的镇守经历与朝廷的酬勋之敕
作为授勋理由。① 这种格式至宋仍无多大变化，故新出《武义南
宋徐谓礼文书》中的几件录白告身，"尚书吏部"之后均以"磨
勘到……"的句式表述徐谓礼因磨勘转官。唯淳祐七年（1247）
四月五日转朝散郎是因其发运和籴而"特赐推行赏典"，所以附
有吏部奏状。② 两相对照，我们似乎可以考虑《京兆翁氏族谱》
中的那份奏状，就是属于"若为人举者，注举人具官封姓及所
举之状"的情况。只是与"擢用之状"对照来看，则"所举之
状"恐怕并不是特指狭义的举荐状，而是指被举荐的情况。《京
兆翁氏族谱》中保留的这件奏授告身，或可用来证实"所举之
状"往往就是举荐状与皇帝的批复。换而言之，这件告身很可
能就是抄录敕牒的基本内容而成。

综上，我们认为《京兆翁氏族谱》中题为《奏状》的这件文
书，实即一件相对完整的《乾宁三年刘翱将仕郎告身》。它应该
是由翁氏后人从别的文献中抄录而来。其抄录的对象，最有可能
的就是同在闽地开枝散叶的刘翱后人编纂的刘氏谱牒。③

---

① 参见大庭脩"唐告身的古文書学的研究"，《唐告身と日本古代の位階制》，第
　　169—170、176—178 页。
② 参见包伟民、郑嘉励编《武义南宋徐谓礼文书》，中华书局 2012 年版，图版第
　　11—17、21、26—35 页，录文第 187—189、191—197 页。
③ 李军在江苏武进刘氏光绪年间铅印本《刘氏宗谱》中，就找到一篇与《奏状》
　　内容基本类同的《荐富春公疏》，参见"清抄本《京兆翁氏族谱》所收晚唐河
　　西文献校注——兼论其内容的真实性"，《敦煌学辑刊》2013 年第 3 期，第 26 页。
　　该《刘氏宗谱》中有一篇绍兴三十一年（1161）冬十月朔生宣教郎秘书省正字
　　胡宪所撰《原序》："五季之乱，由京兆之万年迁入闽中，散居建阳、蒲城，今
　　麻沙、五夫诸刘，皆其后，蒲城县延庆寺后有祖坟在焉。"（中华族谱集成编委
　　会编：《中华族谱集成·刘氏谱卷》第 3 册，巴蜀社 1995 年版，第 15 页）

第三节　唐代后期的中书门下敕牒与奏授告身

《乾宁三年刘翱将仕郎告身》的存在，证实奏抄及奏授告身在唐末仍有应用。接下来，我们结合相关史料，说明这件文书并非特例，奏抄及奏授告身在整个中晚唐其实仍有大量应用。

刘后滨之所以推断唐宋之际奏抄及奏授告身的使用日趋减少，一个基本的理由是敕授范围在逐渐扩大。具体而言，就是唐代中后期荐举的范围不断扩大，不仅宰相可以举荐，各种使职和地方长官也可以举荐。地方的节度、观察使和州县长官向朝廷举荐官员，是直接面向宰相和皇帝的，而不是向吏部举荐。君、相接受举荐后加以任命，授官文书就是皇帝的命令文书，其中六品以下官用敕类文书，敕授官的范围因此扩大。[①] 从前引"就授官而言，固然一部分人，其中特别是藩镇僚属，通过长官或节度使的举荐，由皇帝敕授官；但是，不可否认也会有不少朝官，是循资格或者平流进取由有司注拟奏授"的表述来看，[②] 吴丽娱也是将举荐与吏部注拟奏授对立起来，持一种近乎"凡举荐之官员即由敕授"的观点。

关于两位先生提到的"敕授"和"奏授"等概念，我们在第三章已经有所辨析。为便讨论，这里再结合史料稍加申述。《通典·选举》对唐代分层授官的制度有比较明确的记载：

---

① 参见刘后滨"唐宋间选官文书及其裁决机制的变化"，《历史研究》2008 年第 3 期，第 128 页。

② 参见吴丽娱"试论'状'在唐朝中央行政体系中的应用与传递"，邓小南等主编：《文书·政令·信息沟通——以唐宋时期为主》，第 6—7 页。

其选授之法，亦同循前代。凡诸王及职事正三品以上，若文武散官二品以上及都督、都护、上州刺史之在京师者，册授。诸王及职事二品以上，若文武散官一品，并临轩册授；其职事正三品，散官二品以上及都督、都护、上州刺史，并朝堂册。讫，皆拜庙。册用竹简，书用漆。五品以上皆制授。六品以下守五品以上及视五品以上，皆敕授。凡制、敕授及册拜，皆宰司进拟。自六品以下旨授。其视品及流外官，皆判补之。凡旨授官，悉由于尚书，文官属吏部，武官属兵部，谓之铨选，唯员外郎、御史及供奉之官则否。供奉官，若起居、补阙、拾遗之类，虽是六品以下官，而皆敕授，不属选司。开元四年，始有此制。①

大庭脩已经指出，册授者在授官时所用实为制授告身，只不过其后会举行册礼并颁给册书而已。②《唐六典》记载奏抄应用范围有"授六品已下官"，正与《通典》此处所载"自六品以下旨授"相契合。奏授告身中告官部分又云"计奏被旨如右"，意味着吏部拟官奏请为"奏"（奏抄），皇帝允准画闻为"旨"（御画后的御画奏抄），"旨授"实即"奏授"。③也即是说，从所获告身的角度讲，唐代九品以上官员的除授主要可以分为制授、敕授和旨授三种方式。其得名，正是基于告官时所奉皇帝命令，即所谓"奉制书如右""奉敕如右"和"被旨如右"。

刘后滨和吴丽娱认为举荐之官员是经敕授，按理就应获得敕

---

① 《通典》卷一五，第359页。
② 参见大庭脩"唐告身の古文書学的研究"，《唐告身と日本古代の位階制》，第49页。
③ 白化文等先前已有类似判断，参见白化文、倪平"唐代的告身"，《文物》1977年第11期，第78页。

授告身。但《乾宁三年刘翱将仕郎告身》显示，刘翱是经过河西节度使翁郜举荐授官，最终得到的授官文书却并非敕授告身，而是奏授告身。这就说明，将举荐授官与敕授直接挂钩的思路，可能存在问题。

关于唐代的"选授之制"，《唐六典》卷二"吏部尚书侍郎职掌"条有详细记载，我们仅将相关正文略引如下：

> 凡选授之制，每岁孟冬，以三旬会其人：去王城五百里之内，集于上旬；千里之内，集于中旬；千里之外，集于下旬。以三铨分其选：一曰尚书铨，二曰中铨，三曰东铨。……五品已上以名闻，送中书门下，听制授焉。六品已下常参之官，量资注定；其才识颇高，可擢为拾遗、补阙、监察御史者，亦以名送中书门下，听敕授焉。其余则各量资注拟。若都畿、清望，历职三任，经十考已上，得隔品授之。不然则否。凡出身非清流者，不注清资之官。凡注官皆对面唱示。若官、资未相当及以为非便者，听至三注。三注不伏注，至冬检旧判注拟。凡伎术之官，皆本司铨注讫，吏部承以附甲焉。凡同事联事及勾检之官，皆不得注大功已上亲。凡皇亲及诸军功，兼注员外官。凡注官阶卑而拟高则曰"守"，阶高而拟卑则曰"行"。凡三铨注拟讫，皆当铨团甲以过左右丞相。若中铨、东铨，则亦先过尚书讫，乃上门下省。给事中读，黄门侍郎省，侍中审，然后进甲以闻。①

《通典·选举》记载这一过程，则云：

---

① 《唐六典》卷二，第27—28页。

　　凡选，始于孟冬，终于季春。……其六品以降，计资量劳而拟其官；五品以上，不试，列名上中书门下，听制敕处分。凡选，始集而试，观其书判；已试而铨，察其身言；已铨而注，询其便利，而拟其官。已注而唱示之，不厌者得反通其辞，他日，更其官而告之如初。又不厌者，亦如之。三唱而不服，听冬集。服者以类相从，攒之为甲。先简仆射，乃上门下省，给事中读之，黄门侍郎省之，侍中审之。不审者，皆得驳下。既审，然后上闻。主者受旨而奉行焉。①

应该说，《通典》的划分更为明确，用"凡选"标示了选官的内容，即从会集到注拟的这一段过程。以此作为标准，再审《唐六典》所记载的"选授之制"，亦可将其分解为"选（官）"和"授（官）"两个部分。其中，"以三铨分其选"和"凡三铨注拟讫"，就是标示可以以三铨为主体将"选官"从"选授之制"中单独分离出来的标志。

　　我们若以选授分离的视角概括上引两段史料，可以得出如下认识：唐代五品以上官以及六品以下常参官中可擢为拾遗、补阙、御史者，是吏部和兵部以名闻于中书门下，由中书门下进行选注拟官，奏请皇帝批准后，最终再以五品为界限分别颁给制授告身和敕授告身。换句话说，这些官员其实并不在吏部和兵部选官的范围内，其选官权是掌握在中书门下手中。属于吏部和兵部选官范围的官员，则实行以铨分选，所以又称"铨选"。在这个过程中，理论上通过唱注的形式可以实现双向选择。待到所谓

———————
① 《通典》卷一五，第360页。

的"三铨注拟讫"，这时选官的过程实际上就结束了。自团甲上报（即《唐六典》所载"凡三铨注拟讫，皆当铨团甲以过左右丞相"和《通典》所载"服者以类相从，攒之为甲。先简仆射"）开始，意味着吏部将注拟结果报上都省，此后就进入了审批也就是授官的程序。① 就吏部和兵部选授而言，授官的过程，其实也就是奏授告身的成立过程。

因此，一般经由吏部注拟者，即由吏部奏授，最终颁给官员奏授告身。但需要特别注意的一点是，颁给奏授告身者，却未必都是经过铨选，譬如伎术官的选授。前引《唐六典》卷二"吏部尚书侍郎职掌"条已有"凡伎术之官，皆本司铨注讫，吏部承以附甲焉"的表述。《唐会要》卷六七"伎术官"目亦称："故事，伎术官皆本司定，送吏部附申（甲）。"② 所谓"附甲"，也就是将名单送到吏部，以便凑满三十人成为一"甲"而奏上。柳宗元《送宁国范明府诗序》即云："近制，凡得仕于王者，岁登名于吏部、兵部，则必参其等列，分而合之，率三十人以为曹，谓之甲。"③ 这就说明伎术官的选官权，掌握在本司手中。只是最终需要"附甲"于吏部，以奏抄奏上皇帝御画"闻"后，再颁给奏授告身。

"南选"也是类似的情况，《唐会要》卷七五"南选"目所收

---

① 《旧唐书·职官志》记载："若左右仆射门下批官不当者，别改注，亦有重执而上者也。"（《旧唐书》卷四三，第1819页）可见《通典·选举》中所谓"不审"，大概就是左右仆射和门下省官员在奏稿上批"官不当"三字将之驳下。

② 《唐会要》卷六七，第1183页。按：《旧唐书·职官志》亦载："凡伎术之官，皆本司定，送吏部附甲。"（《旧唐书》卷四三，第1818—1819页）因此，《唐会要》此处之"附申"当为"附甲"之讹。

③ 《柳宗元集校注》卷二二，第1493页。

开元八年（720）九月敕文云：

> 应南选人，岭南每府同一解，岭北州及黔府管内州，每
> 州同一解，各令所管勘责出身、由历、选数、考课、优劳等
> 级，作簿书。先申省，省司勘应选人曹名、考第。一事以
> 上，明造历子。选使与本司对勘定讫，便结阶定品，署印牒
> 付选使。其每至选时，皆须先定所拟官，使司团奏后，所司
> 但覆同，即凭进画。应给签告，所司为写，限使奏敕到六十
> 日写了，差专使送付黔、桂等州，州司各送本州府分付。①

结合这段记载，就能较好地理解《通典·选举》所谓"其黔中、
岭南、闽中郡县之官，不由吏部"。②后者的含义，就是指南选的
选官之权其实并不在吏部。概括起来，南选的选官之权，同样可
以以五品为界分为两个部分：五品以上官奏闻朝廷，经皇帝或宰
相拣选，以制敕授官；五品以下者，选官权其实是掌握在选使手
中，所以是经由选使"注拟"或"拟官"，吏部只是接受使司团奏
后"但覆同"而已。不过，既然使司团奏后须经吏部覆同进画并
最终颁给告身，则说明授官程序仍由吏部主导。《唐会要》卷七五
"南选"目又载："其年（兴元元年，784）十一月，岭南选补使、
右司郎中独孤悱奏：伏奉建中四年（783）九月敕选补条件所注拟
官，便给牒放上，至上都，赴吏部团奏，给告身。敕旨：准敕处
分。"③这条史料显示，当时南选之选官权（"注拟"）依旧是掌握

---

① 《唐会要》卷七五，第 1369 页。
② 《通典》卷一五，第 360—361 页。
③ 《唐会要》卷七五，第 1370 页。

在选补使手中。而"所注拟官"至上都赴吏部团奏，则意味着吏部仍保留用奏抄统一奏报，然后以奏授告身授官的权力。

即便是举荐授官，除了非常特殊的情况比如"员外郎、御史及供奉之官"外，原则上只要是所谓"六品以下官"，最终都是经过奏授。《旧唐书·元载传》载："初，（大历）六年（771），载条奏应缘别敕授文武六品以下，敕出后，望令吏部、兵部便附甲团奏，不得检勘。从之。时功状奏拟，结衔多谬。载欲权归于己，虑有司驳正。"①元载的奏请本为揽权，所以当然不可能是希望将本属敕授范围的授官转移为奏授。他的目的，是要求这类授官直接由吏部、兵部附甲团奏，都省、门下"不得检勘"。这就说明，即便是皇帝别敕授官，"文武六品以下"之官也需要经过吏部、兵部团甲奏授，再经都省、门下检勘驳正，最终获得奏授告身。这就是前引柳宗元《送宁国范明府诗序》何以云"近制，凡得仕于王者，岁登名于吏部、兵部，则必参其等列，分而合之，率三十人以为曹，谓之甲"。同样地，宣宗欲知百官名数时，令狐绹对曰："六品已下，官卑数多，皆吏部注拟；五品以上，则政府制授，各有籍命，曰'员具'。"②令狐绹称六品以下皆吏部注拟，也是这个道理。

因此，从整体上看，我们认为授官才是举荐人最终究竟获得何种告身的决定性因素。《乾宁三年刘翱将仕郎告身》的生成，不过是中晚唐举荐授官体制（举荐→敕依→选官→授官）中一个寻常的案例罢了。

关于举荐授官的文书运作情况，刘后滨认为安史之乱以后，

① 《旧唐书》卷一一八，第3412页。
② 《资治通鉴》卷二四八，第8032页。

随着举荐制的普遍化与敕授官范围的扩大，制敕授官逐渐增加了一个环节，即在任命某人为某官的制敕文书之外，再下发一道敕牒，这份敕牒似不能被认为是告身所依托的"王言"。① 根据前文的讨论可知，中晚唐的举荐授官，被举者正常情况下都会获得一份兼作答复举荐状与颁布授官命令的敕牒。举荐授官的一般程序，应是先由敕牒加以裁决，此后再针对一定范围内的授官对象才会生成制敕用以制作告身。换句话说，从程序上来讲，告身制作应是在敕牒成立之后，依据授官者身份之不同，官方分别颁给制授、敕授和奏授告身。

有关唐代后期举荐制背景下敕牒才是承载授官政务的主体文书，传世文献中也有迹可寻。从前引《旧唐书·元载传》的记载来看，当时元载作为宰相，欲权归于己，虑有司驳正，因而不许有司检勘驳正。据此可以推知当时对于这些结衔多谬的功状奏拟，应是以宰相签署的敕牒加以批复。可与此相参照者，是《因话录》所载郭子仪奏请州县官的一个案例："郭汾阳在汾州，尝奏一州县官，而敕不下。判官张昙言于同列，以令公勋德，而请一吏致阻，是宰相之不知体甚也。"② 刘后滨的解释是，郭子仪奏请一州县官未被批准，判官张昙批评宰相不知大体，可见张昙认为实际上决定是否批准此奏请者乃是宰相，这反映出宰相在奏状的批复裁决中的实际作用。③ 或许更具体一点，我们可以认为张昙之所以批评宰相，乃是因为批复郭子仪奏状之文书，就是由宰

---

① 参见刘后滨"唐宋间选官文书及其裁决机制的变化"，《历史研究》2008 年第 3 期，第 126 页。

② ［唐］赵璘：《因话录》卷二《商部上》，上海古籍出版社编：《唐五代笔记小说大观》，第 840 页。

③ 参见刘后滨《唐代选官政务研究》，社会科学文献出版社 2016 年版，第 83 页。

相签署行下的"敕"（"敕牒"）。

另外，《旧唐书·李说传》记载监军王定远与李说发生冲突，"趋府谋杀说"。在"说走而获免"后，王定远乃用授官文书诓骗将吏，史载：

> 定远驰至府门，召集将吏，于箱中陈敕牒官告二十余轴，示诸将曰："有敕，令李景略知留后，遣说赴京，公等皆有恩命。"指箱中示之，诸将方拜抃，大将马良辅呼而麾众曰："箱中皆监军旧官告，非恩命也，不可受，但备急变尔。"[①]

这里"敕牒"与"官告"其实是并列关系，中间本应用顿号隔开。很明显，此时"敕牒"已经被视为"有恩命"（授官）时颁下之文书。种种迹象说明，《通典》所载沈既济《请改革选举事条》的建议中，至少"吏部、兵部奏成，乃下敕牒，并符告于本司，是为正官"这一片段，在中晚唐已经基本得以实施。[②]

至于五代，乃有授官时仅得敕牒而无告身的情况。《新五代史·刘岳传》即载："故事，吏部文武官告身，皆输朱胶纸轴钱然后给，其品高者则赐之，贫者不能输钱，往往但得敕牒而无告身。五代之乱，因以为常，官卑者无复给告身，中书但录其制辞，编为敕甲。"[③]张祎据此认为，朝廷中枢完成向中书门下体制

---

① 《旧唐书》卷一四六，第 3959 页。
② 《通典》卷一八《选举六》，第 451 页。关于沈既济建议的实施，参见陈志坚《唐代州郡制度研究》，上海古籍出版社 2005 年版，第 87—88 页。
③ ［北宋］欧阳修：《新五代史》卷五五，中华书局 2016 年版，第 714 页。

的过渡以后，官员除授命令的颁行主要是依托于敕牒的。① 这个判断，应该说比较合乎情理。

关于宋代敕牒与告身配合颁下的具体情况，按罗祎楠的说法，"在北宋前期已经形成了制度"。② 他还举出了一些文集中提及告身与敕牒一起发放的例子。就有具体告身实例的情况而言，我们可以参考熙宁八年（1075）六月封赠淄州地方神祇颜文姜为顺德夫人的告敕及札子。③ 对其具体内容，张祎有很好的分析，称："官告中虽然录有制词，属于'王言'或诏令的范畴，敕牒只是宰相机构颁行的命令文书，前者地位高于后者；但从其文书形式来看，官告显然只是有关机构配合任命下达制作的委任凭证而已，真正具有行政效力、体现政务运行的还是敕牒。"④ 基于前揭悟真授河西都僧统的情况与此类似，我们可以考虑这种告敕并行而实以敕牒决定授官命令的情况，乃是继承自唐代。

在第三章我们已经讨论过，唐代前期诸帝已经开始不断压缩尚书省使用奏抄处理政务的范围，譬如将"六品以下官"中的"员外郎、御史及供奉之官"，由奏抄授官改为发日敕授官。唐代后期，这种直接压缩奏抄应用范围的趋势仍在继续。譬如某些时段州府之令、录就是直接由中书门下裁量注拟或各方举荐以

① 参见张祎"制诏敕札与北宋的政令颁行"，北京大学博士学位论文，2009年，第151页。
② 罗祎楠："刘后滨：《唐代中书门下体制研究——公文形态、政务运行与制度变迁》"，刘东主编：《中国学术》第22辑，第289页。
③ 图版参见北京图书馆金石组编《北京图书馆藏中国历代石刻拓本汇编》第39册，中州古籍出版社1989年版，第92—93页；录文参见张祎"制诏敕札与北宋的政令颁行"，北京大学博士学位论文，2009年，第148—150页。
④ 张祎："制诏敕札与北宋的政令颁行"，北京大学博士学位论文，2009年，第151页。

后，呈奏皇帝批准，最终颁下敕授告身。具体的例证，则可以参考《大历三年朱巨川试大理评事兼豪州钟离县令告身》和《大历十四年张令晓守资州磐石县令告身》。[①] 可见，唐代后期的选授制度相较于唐代前期已经发生了一些重要变化，不再适合通过官员最终获得告身的不同，去判断选官阶段的差别。其选官阶段最为关键的差别，在于官员究竟是吏部选授，抑或是举荐以后通过中书门下敕牒任命。对于被举荐官员而言，只要敕牒承载的皇命下达以后，就已经确保能够进入选授程序。此后的流程则徒具形式，大致依循着开元时期（713—741）基本定型的那套分层原则，属于"六品以下官"者，还是经过尚书省吏部或兵部团甲，再以奏抄奏上，颁给奏授告身；如果是五品以上者，则经历中书和门下两省署行制敕的过程后，最终颁给制授告身或敕授告身。因此从这个角度讲，我们倒是不必单纯因为奏授告身乃至奏抄在唐后期的普遍存在，就去否认中书门下敕牒在中晚唐政务运作机制中的普适性。

小　结

过去，部分学者怀疑唐代后期尤其是末期奏授告身是否仍有应用，并在此基础上推测奏抄在中晚唐已经销声匿迹。实际上，根据一些间接的史料，我们已经可以推导奏抄在唐宋之际一直行用不辍，并非元丰改制以后才得以"恢复"。李军在《京兆翁氏族谱》中新发现的《乾宁三年刘翱将仕郎告身》，就是一份奏授

---

① 　录文参见大庭脩"唐告身の古文書学的研究"，《唐告身と日本古代の位階制》，第107—108、118—120頁。

告身的抄件，为我们的推测提供了可作支撑的重要证据。

此前学者之所以会倾向于否定奏授告身在中晚唐仍有应用，很重要的一个原因是他们对于中晚唐举荐制背景下的授官方式存在误会。而《乾宁三年刘翱将仕郎告身》为拆解这种误会，提供了非常关键的信息。结合法藏敦煌文书 P.2819《公式令残卷》中"奏授告身式"的注文，可知《唐六典》和《通典》所记载的选官制度，不妨分为"选官"和"授官"两个步骤加以理解。直接决定被举荐者获得何种告身的，只是后者而已。但举荐授官者真正的任命，是通过宰相签署行下的中书门下敕牒传达。从这个角度来说，在举荐制范围内，奏上政务者为举荐状，下达授官命令者为敕牒，二者已经基本完成了一项选官政务。最后颁付给授官者的告身，仅仅是官方人事部门所颁付的依照特定流程制定的文书凭证而已。

中晚唐奏抄与发日敕最后几乎仅用于告身之制，意味着二者尤其是后者实际已经丧失了唐代前期那种作为政务文书的地位。分别替代它们原本所拥有的政务申报与政令下达功能的文书，即为奏状与中书门下敕牒。从这个角度来讲，刘后滨将唐代后期的政务运作机制概括为"中书门下体制"，是有其合理性的。

第七章

中晚唐宦官专权的文书学解读

学界此前对于唐代宦官专权的研究，不胜枚举。[①]但从文书运作机制的角度进行剖析者，为数甚少，我们认为尚有可以进一步申论的空间。[②]

如前所论，唐初地方州府申于尚书省的解和尚书省奏上皇帝的奏抄，大致从高宗朝开始就逐渐被边缘化，其所承载的政务至晚在玄宗开元年间（713—741）已经基本转移到了直接奏上皇帝的奏状。我们可以认为，在此之后奏状就巩固了政务奏报主体

---

① 宦官研究是 20 世纪唐研究中的重要课题，其中讨论宦官专权问题者尤多，相关综述参见胡戟"政治事件与政治集团、政治人物"，胡戟等主编：《二十世纪唐研究》，中国社会科学出版社 2002 年版，第 59—63 页。

② 就笔者目力所及，仅见柳浚炯有所涉及，参见"唐代宦官与皇权运作关系研究"，北京大学博士学位论文，2010 年。作者认为在行政方面，宦官执行成文和非成文王言的传达职任。这些王言是由皇帝直接发出的，其成立过程与以中书、门下省为中心的外朝行政机构没有关系。其文书内容从日常性、礼节性内容逐渐扩展到政务性内容。皇帝通过中使传书的方式可以处理国家政治实务。在此过程中，中使传书逐渐具备了互相性、复数性、专任性等特点，为皇帝自发文书系统的运营提供了制度性条件。此外，宦官还在宫内王言运转的机制上发挥了作用，有助于宫内王言运转结构的多层发展。

文书的地位。即以奏抄而言，通过第六章所揭举的《乾宁三年刘翱将仕郎告身》，可以判断直到唐末它都确凿无疑地仍在被普遍行用。不过，这些奏授告身中所包含的奏抄，很多时候已经不再能够反映尚书省和门下省在选官过程中的选定和审定作用，只是一份配合特定王言完成授官流程的记录而已，丧失了作为政务运作文书的实质意义。而这里所谓的"特定王言"，最主要者其实就是指代"敕牒"。

关于唐代的"敕牒"，我们在第五章已经根据史料对其文书式进行了复原，同时也对其使用时间的上限和它取代敕旨的缘由等问题进行了推测。不过严格来讲，我们前面讨论的所谓"敕牒"，其实只是"中书门下敕牒"而已。尽管就数量而言，这种敕牒在唐代敕牒中的占比应是最大的，但它毕竟只是敕牒的一部分。如前所及，唐代的敕牒又可以被视为"使牒"的组成部分，后者在唐前期已经伴随着使职差遣群体的逐渐膨胀得到了愈益广泛的应用，敕牒则是"承敕而牒"的使牒。既曰"'承敕而牒'的使牒"，则不能不注意到唐代后期除中书门下之外的另一支重要的"承敕而牒"的使职队伍——宦官中使。本章的主要目标，就是希望从文书运作的角度，对中晚唐宦官如何通过敕牒拓展并专擅权力，尤其是直接与南衙争夺行政权力甚至经常凌驾于后者之上的原委稍作解释。

第一节　判元帅行军与李辅国的专权乱政

关于宦官专权对唐后期政务运作机制的破坏，袁刚进行过系统讨论，影响较大。作者认为枢密使与翰林学士、中书门下宰相共同组成了"新三头"，取代旧的三省而成为新的政治中枢。[①]
我们认为这样的论述，稍嫌夸大了枢密使在政务运作机制中的作
用。实际上，唐代枢密使在相当长一段时间内的主要职掌，"惟
承受表奏于内中进呈，若人主有所处分，则宣付中书门下施行而
已"。[②]裴庭裕《东观奏记》记大中九年（855）五月枢密使承旨
孙隐中擅自添改表奏而受到责罚之事：

> 度支奏状言"渍污匹段"，误书"清污"，上一见觉之。
> 枢密使承旨孙隐中谓上未省也，添成"渍"字。及中书复
> 入，上赫怒，勘添改表奏者，罚责有差。[③]

这个例子告诉我们，不论是后来的枢密使承旨还是先前的枢密
使，原则上讲他们在进呈群臣百司表奏和奉宣皇帝旨意的过程
中，所起到的仅仅是传达作用。因政务运作多有文书作为凭据，
枢密使的传达会受到皇帝与中书门下双重的监督，实际上并不存
在多少可以操纵的空间。因此，宦官专权不大可能通过枢密使擅
自添改表奏的方式，落实到最终行下的中书门下敕牒及其他王言
中去。

但是，不经中书门下而直接由宦官中使颁下的敕牒的出现与广
泛应用，无疑为宦官集团拓展权力运作空间提供了契机。这类敕牒
虽然形式上仍旧只是传达皇帝的旨意，但是其传达过程实际上缺乏
有效的监督。而且中晚唐大量使职本身即由宦官充当，他们上下其

---

① 参见袁刚《隋唐中枢体制的发展演变》，第 4 页。
② ［元］马端临：《文献通考》卷五八，中华书局 2011 年版，第 1713 页。
③ 《东观奏记》卷下，第 132 页。按：标点略有调整。

手的机会更多。这样，宦官就依附着可以无限拓展的皇权，深度嵌入唐王朝政务运作的整体脉络之中。因此，我们应该特别重视的是宦官在颁下敕牒方面所起的直接作用，否则对于宦官诸使在中晚唐的专权，就不能从文书运作的层面给予很好的解释。

要讨论唐代宦官通过传宣皇帝敕令拓展权力，有必要首先从李辅国谈起。要讨论李辅国如何通过传宣皇帝敕令进而专权乱政，就有必要首先从其曾担任过的判元帅行军司马一职谈起。《旧唐书·李辅国传》载："肃宗即位，擢为太子家令，判元帅府行军司马事，以心腹委之。"①《资治通鉴》亦载："太子詹事李辅国，自上在灵武，判元帅行军司马事。"②不过最初在天下兵马元帅、广平王李豫帐下"判行军事"者，其实是位在李辅国之上的李泌。关于李泌"判行军事"的具体内容，《资治通鉴》有比较详细的记载：

> 泌又言于上曰："诸将畏惮天威，在陛下前敷陈军事，或不能尽所怀；万一小差，为害甚大。乞先令与臣及广平熟议，臣与广平从容奏闻，可者行之，不可者已之。"上许之。时军旅务繁，四方奏报，自昏至晓无虚刻，上悉使送府，泌先开视，有急切者及烽火，重封，隔门通进，余则待明。禁门钥契，悉委俶与泌掌之。③

---

① 《旧唐书》卷一八四，第 4759 页。张国刚认为此处的"太子"为李豫（俶），参见"唐代中央军事决策与军队领导体制论略"，《南开学报》2004 年第 1 期，第 52 页注 1。然而史料中多处提及李泌劝肃宗，诸如册封、追赠等"家事"须待玄宗回銮以后裁决，所以当时肃宗即位以后，周边之亲侍仍是以"太子"亲从身份立身行事。
② 《资治通鉴》卷二二一，第 7073 页。
③ 《资治通鉴》卷二一八，第 6997 页。

《旧唐书·李泌传》亦载"四方文状、将相迁除，（肃宗）皆与泌参议"，实即所谓"俾掌枢务"，故有论者认为李泌"权逾宰相"。① 韦处厚《翰林院厅壁记》载："逮自至德，台辅伊说之命，将坛出车之诏（原注：一作诰），需洽天壤之泽，遵扬顾命之重，议不及中书矣。"② 有学者认为这是在讲翰林学士取代了宰相的机密谋议之权。③ 然而它所实际反映的，可能仅仅是至德年间（756—758）自李泌开始的以"判元帅行军"的名义把控朝廷议政权的特殊历史情形。

正是因为此时李泌以"判行军事"的名义掌握着元帅府乃至整个朝廷的军政要务的筛选奏报权与参议权，所以李辅国当时所任的"行军司马"相对而言徒具虚名。相较于其后来获得的权力，彼时李辅国所掌，不过肃宗身边较为纯粹的通奏传旨之任，是任何一个皇帝身边的亲信宦官都可以承担的常规职责，略同于此后权力尚未膨胀时的枢密使。因此他在相当长的一段时间内还装出一副恭顺的样子，"随事龊龊谨密，取人主亲信，而内深贼未敢肆"，使"人以为柔良，不忌也"。④

直到手握禁军并且得到了张良娣的支持后，李辅国才敢于逼走李泌，取代其"判行军事"的职任。自此以后，判元帅行军司马就成了李辅国专权乱政的工具。《资治通鉴》载：

  及还京师，专掌禁兵，常居内宅，制敕必经辅国押署，

---

① 《旧唐书》卷一三〇，第 3621 页。
② 《文苑英华》卷七九七，第 4218 页。
③ 参见黄日初《唐代文宗武宗两朝中枢政局探研》，齐鲁书社 2015 年版，第 42 页。
④ 《新唐书》卷二〇八《李辅国传》，第 5879—5880 页。

然后施行，宰相百司非时奏事，皆因辅国关白、承旨。常于银台门决天下事，事无大小，辅国口为制敕，写付外施行，事毕闻奏。又置察事数十人，潜令于人间听察细事，即行推按；有所追索，诸司无敢拒者。御史台、大理寺重囚，或推断未毕，辅国追诣银台，一时纵之。三司、府、县鞫狱，皆先诣辅国咨禀，轻重随意，称制敕行之，莫敢违者。①

以政务奏上而言，李泌从前尚不过"开视"奏报并与广平王李俶一道"熟议"后奏闻，李辅国则发展至"宰相百司非时奏事"皆因其关白、承旨，乃至"事无大小"皆直接在银台门"决之"。在政令颁下方面，乃至膨胀到"口为制敕"的地步，这在唐代政治史上无疑是空前绝后之举。从这个意义上讲，李辅国堪称是唐代宦官个人专权的顶峰。

待到乾元二年（759）宗室李岘为相，"位望最旧"而"事多独决"，才奏请肃宗加以改革，"论制敕皆应由中书出"。②肃宗感寤，乃罢李辅国"察事"之任，且降制曰：

比缘军国务殷，或宣口敕处分。诸色取索及杖配囚徒，自今一切并停。如非正宣，并不得行。中外诸务，各归有司。英武军虞候及六军诸使、诸司等，比来或因论竞，悬自追摄，自今须一切经台、府。如所由处断不平，听具状奏闻。诸律令除十恶、杀人、奸、盗、造伪外，余烦冗一切删

① 《资治通鉴》卷二二一，第7073—7074页。
② 参见《新唐书》卷一三一《李岘传》，第4505页；《资治通鉴》卷二二一，第7074页。

除，仍委中书、门下与法官详定闻奏。①

上述记载显示，肃宗的确曾将李辅国一些过分逾制的行事予以废除或加以约束。但是，对于李岘最为核心的要求——"制敕皆应由中书出"，肃宗并没有予以满足。其中的关键，就在于李辅国并未被解除判元帅行军司马一职。

关于判元帅行军司马一职与李辅国专权秉政之关联，我们可以通过《不空三藏表制集》中所收的《智炬寺修功德制书一首连元师（帅）牒》稍作窥测。为便分析，谨将其全文引之如下：

奉　敕：不空三藏并僧弟子三人，宣（宜）于智炬寺修功德。
　　八月二十五日
　　　　开府判行军李辅国　宣
敕天下兵马元师（帅）　牒不空三藏
牒，奉　敕如右，请施行者。录　敕各牒所由。准　敕，事了日停者。故牒。
　　上元元年八月二十五日　　牒
　　　　开府判行军李辅国
　　　　元师（帅）越王在内②

安史之乱期间，平叛为朝廷头等大事，所有军国枢务无不以之

---

① 《资治通鉴》卷二二一，第7074页。
② 〔唐〕圆照集：《代宗朝赠司空大辨正广智三藏和上表制集》卷一，〔日〕高楠顺次郎等编：《大正新修大藏经》第52卷，第829页。按：为便理解，我们对其格式稍有调整。另需注意的是，《表制集》目录中给出的这件文书的标题为《智炬寺修功德敕天下兵马元师（帅）牒一首》。

为轴。而所谓军国枢务者，相当部分又都是经元帅府以敕牒行下。①李泌"判行军事"时，敕牒之内容本身如"将相迁除"，也是肃宗与李泌"参议"的结果。因此，李泌在中枢政务的参议与出令两个环节，都具有举足轻重之地位，所谓"权逾宰相"者绝非虚言。李泌退隐以后，李辅国则取代其地位，参与签署以元帅府名义颁出政令的敕牒。承载皇帝旨意的这些敕牒，此时原则上是由天下兵马元帅与判元帅行军司马李辅国共同署名牒下。但当时作为天下兵马元帅的李俶，失去了李泌的辅佐，孤立无援，如何敢违逆与张良娣相勾结的李辅国的意志。所以，当时处理军国枢务的天下兵马元帅敕牒，实际即由李辅国一人牒下。加之皇帝的敕令本身，又是由李辅国宣下，其是否属于肃宗御裁，天下兵马元帅亦往往无从验证。久之，李辅国乃借"军国务殷"，"口为制敕"。

李岘为相奏请改革后，李辅国虽不能再"口为制敕"，但同样可以通过天下兵马元帅敕牒攘夺政令的颁行权。就在李岘奏请改革前后，越王李係被推举为天下兵马元帅。对于判元帅行军司马李辅国而言，这不过亦是一傀儡元帅而已。即如前引这份李岘奏请改革一年后颁行的敕牒所示，整件文书的传宣牒下，仍是由李辅国一手包办。所谓"纵有敕，辅国押署，然后施行"的局面，②仍未得到改观。故李岘奏请改革后的乾元三年（760），史

----

① 需要稍加辨析的一点，针对前引肃宗所颁制文中的"正宣"，胡三省认为"凡出宣命，有底在中书，可以检覆，谓之正宣"（《资治通鉴》卷二二一，第7074页）。我们认为，胡三省的理解恐怕有误。"正宣"当理解为经过正常押署程序颁下之王言，很明显是与"口敕"相对。故天下兵马元帅敕牒虽然不经中书门下，但在当时同样属于"正宣"。

② 《旧唐书》卷一一二《李岘传》，第3344页。

书还称"时李辅国秉权用事，节将除拜，皆出其门"。①直到肃宗临崩，张皇后召见太子时还对其言及"李辅国久典禁兵，制敕皆从之出"。②

不过，天下兵马元帅府终究不过临时机构而已，通过天下兵马元帅敕牒控制政令颁行毕竟不是长远之计，所以李辅国一直在谋求宰相之位。《旧唐书·李辅国传》载：

> 辅国骄恣日甚，求为宰臣，肃宗曰："以公勋力，何官不可，但未允朝望，如何？"辅国讽仆射裴冕联章荐己，肃宗密谓宰臣萧华曰："辅国欲带平章事，卿等欲有章荐，信乎？"华不对，问裴冕，曰："初无此事，吾臂可截，宰相不可得也。"华复入奏，上喜曰："冕固堪大用。"辅国衔之。③

此次虽然没有成功，但李辅国并未放弃。等到代宗即位，李辅国终于凭借拥立之功，成为中书令。《旧唐书·李辅国传》载上元二年（761）肃宗驾崩后的情形：

> 代宗即位，辅国与程元振有定策功，愈恣横，私奏曰："大家但内里坐，外事听老奴处置。"代宗怒其不逊，以方握禁军，不欲遽责，乃尊为尚父，政无巨细，皆委参决。五月，加司空、中书令，食实封八百户。④

---

① 《旧唐书》卷一三八《韦伦传》，第3781页。
② 《资治通鉴》卷二二二，第7123页。
③ 《旧唐书》卷一八四，第4760—4761页。
④ 同上书，第4761页。

如前所述，李辅国在肃宗朝早已经通过控制百司奏事与颁下制敕之权，实际架空了宰相职权。这时加"中书令"，就使他名正言顺地成为真宰相。这样，李辅国就成为唐代第一个也是唯一的名副其实的宦官宰相了。[①]

论者可能会从宦官权力发展的角度立论，认为李辅国加中书令是对中书门下体制的极大破坏。不过若换一个视角看，我们认为这倒是有利于恢复中书门下的行政中枢地位。因为从前李辅国是在中书门下之外另起炉灶，凭借一己之力独揽政令颁行之权。现在他既然已经成为中书令，虽然就个人权力来讲他对于朝政的控制力依旧乃至更甚，但政务运作毕竟已经被纳入中书门下作为行政中枢的轨道，中书门下之外的行政中枢相当于被取消了。因此从制度运作的角度而言，这反可视为维护中书门下行政体制运作的一项举措，虽则时人包括李辅国自己对此未必有清醒的认识。

李辅国之后，宦官个人在王言颁行方面的权势再也没有达到如此程度者。不过，此后的宦官群体还是在相当程度上继承了李辅国专权乱政手段的遗产。其尤为突出的表现，就是攫取政事奏报、政务参议与政令颁行方面的权力。以下，我们试逐次予以分析。

第二节　宦官奏报与参议政务之权力的拓展

如第一、二章所论，高宗统治时期，苦于风疾，常常不能也不愿临朝处理朝臣面陈之政务，遂令诸司将政务以状奏上。虽

---

① 参见袁刚《隋唐中枢体制的发展演变》，第100页。

然从形式上讲，奏状是一种直面皇帝的奏事文书，但很多时候它毕竟不是由奏事的臣僚百司直接面呈皇帝，而是需要经过中转。中转的重要节点之一，就是宫城诸门。《唐会要》卷二六"笺表例"目记载："景云二年（711）六月敕：南衙北门及诸门进状及封状意见及降墨敕，并于状上昼题时刻，夜题更筹。"接下来所载"开元二年（714）闰三月敕"又谓："诸司进状奏事，并长官封题进，仍令本司牒所进门，并差一官送进。诸［使］奏事亦准此。"① 胡三省亦谓："唐制，凡四方章表，皆阁门受而进之。"② 胡三省这里所谓的阁门，应该并非狭义的东西上阁门，而是包括东西上阁门在内的所有通内诸门，与松本保宣所讨论的"侧门"比较相近。③ 松本保宣并以《全唐文》中所收的唐人表状为中心，列示了明确记载通过诸门所进表状的类别，不过他并没有对此展开进一步探讨。④ 王孙盈政则列表归纳了中晚唐大明宫右银台门、光顺门、东上阁门与延英门在接受表状方面的功能区分。⑤ 根据此前学者的讨论可知，诸门之上奏文书，均由宦官诸使收入后呈上皇帝，其中尤为重要的是右银台门奏事。前已提及李辅国专权期间"常于银台门决天下事"，这里的银台门当即"右银台门"。《唐故扈从监右银台门进奏使朝议郎守内侍省掖庭局丞上柱国赐

---

① 《唐会要》卷二六，第 505 页。
② 《资治通鉴》卷二三九，第 7699 页。
③ 松本保宣论证诸史料中所见的"侧门"，并不是狭义的指代大明宫金吾仗院侧之门，而是通向禁中的所有通内门与上阁门，参见《唐王朝の宫城と御前会议—唐代听政制度の展开》，京都：晃洋书房，2006 年，第 244 页。
④ 参见松本保宣《唐王朝の宫城と御前会议—唐代听政制度の展开》，第 237—239 页。
⑤ 参见王孙盈政"唐代后期的尚书省研究"，浙江大学博士学位论文，2011 年，第 123—125 页。

绯鱼袋张府君墓志铭并序》记载张明进"奉诏右银台，监天下进
奏事"时，所担任的使职即为"监右银台门进奏使"。① 这个"监
右银台门进奏使"，应该就是专门负责进呈右银台门表状的宦官
使职。《册府元龟·帝王部·发号令》所载太和九年（835）七月
敕称"右银台门自今不得与诸县主簿进文状"。② 王静认为这透露
了在文宗朝或更早时期，地方通过右银台门径直向内廷奏事的情
形。③ 其实，这份敕文更深层的意义，可能还在于反映出了此前
宦官集团对于政务奏报的干预。

　　我们知道，即使到了中晚唐，政务原则上并不是不分轻重地
全部直接通过奏状进呈皇帝。政务奏报依然大致遵循逐层上报的
基本原则，由中书门下筛选，对部分小事直接出堂帖处理，相对
重要的政务才由中书门下奏上皇帝御裁。太和九年这道敕文透露
出的地方径直通过右银台门向内廷进奏庶务的情形，不论是宦官
索令抑或是地方主动进呈，都显示宦官集团对朝廷庶务的揽夺，
也可以说部分地侵夺了中书门下对地方政务的筛选奏报之权。上
引太和九年敕文虽然对此明令禁断，但需要注意的是，其出台
的特殊背景是文宗与李训等人欲诛杀宦官，故提前有所布局而
已。很快，甘露之变爆发，文宗尚且受制于宦官，此类敕文的命
运可想而知。可资佐证的是，不久之后的开成二年（837），就出
现了地方观察使不申中书门下而状于内枢密院的情况。《册府元
龟·宪官部·弹劾》记载：

---

① 参见周绍良、赵超主编《唐代墓志汇编续集》，上海古籍出版社 2001 年版，
　　第 786 页。
② 《册府元龟》卷六五，第 689 页。
③ 参见王静"唐大明宫内侍省及内使诸司的位置与宦官专权"，《燕京学报》新第
　　16 期，2004 年，第 104 页。

魏謩为右补阙。开成二年，荆南观察使韦长以监军使吕令琮下官健入江陵县凌辱县令韩忠事，申西院。院，即内枢密院也。謩上疏曰："臣见诸司杂报，韦长送状西院，分折监军下凌毁江陵县令事。伏以州县侵屈，祇合上闻；中外关连，须遵旧制。韦长任膺观察，体合精详。公事都不奏论，私情擅为逾越。况事无大小，不可将迎。傥县官官业有乖，便宜理罪；监军职司侵轶，即合闻天。或以虑烦圣聪，何不但申门下？今则首紊常典，理合纠绳。伏望陛下宣示宰臣，速加惩戒！"疏奏不报。中书门下、御史台并无弹奏，其事遂寝。时论惜之。[1]

按魏謩所论，监军使侵轶观察使职权，照理观察使就该奏上皇帝裁决，方为正途。即便不愿劳烦皇帝，也应申于中书门下，由其筛选转奏。韦长忌惮宦官集团势力，因此只向内枢密院进行申报。魏謩得知这一情况后，要求皇帝"宣示宰臣，速加惩戒"，但其想法不免过于天真。此时皇帝尚且受制于宦官，又如何对这类行为加以惩戒呢？所以，"疏奏不报"和"中书门下、御史台并无弹奏，其事遂寝"就是自然而然的结局了。

随着宦官对于政务奏报干预程度的加深，内侍省俨然成为唐王朝政务运作的枢纽。《唐重修内侍省碑》碑文对此有所反映，即所谓"内侍华省，弥纶列曹。庶务政化之源，四方取则之地"。[2]当然要真正做到碑文所及的地步，仅凭揽夺政务奏报的权力是远远不够的，宦官集团还得插足于参议政务与颁行政令方

---

[1] 《册府元龟》卷五二〇，第 5912 页。
[2] 吴钢主编：《全唐文补遗》第 1 辑，第 37 页。

能实现。宦官集团通过参决政事的手段攘夺对于部分政务的参议权，主要可以分为两种情况：其一，介入宰相在中书门下对于政务的参议；其二，介入宰相与皇帝在延英殿进行的政事奏对。

前一种情况可以从宦官鱼朝恩的表现谈起。《杜阳杂编》记载鱼朝恩"专权使气，公卿不敢仰视"，甚至宰臣或决政事，不预谋者，则睚眦曰："天下之事，岂不由我乎？"①这当然可以作为宦官侵夺宰相权力的一条证据。不过在我们看来，"预谋"二字也可从侧面证实，此时中书门下参议政务与处理政事还是一个相对独立的环节，宰相集体还是拥有提出政务处理意见的最终权力。并且，紧接前引文字的"于是上恶之"的记载也表明，代宗本人还是致力于维护中书门下的政务参议权。因此，鱼朝恩的专权可以归结为宦官个人权力的膨胀，但对中书门下体制本身并没有造成严重的破坏。

还有一些事例可以证实，中书门下宰相集体参议政务的制度在顺宗与宪宗时期仍然得到了基本的维持。韩愈《顺宗实录》卷二"贞元二十一年（805）三月丁酉"条记载吏部尚书平章事郑珣瑜称疾去位事，谓：

> 其日，珣瑜方与诸相会食于中书。故事，丞相方食，百僚无敢谒见者。叔文是日至中书，欲与执谊计事，令直省通执谊。直省以旧事告，叔文叱直省，直省惧，入白执谊。执谊逡巡惭赧，竟起迎叔文，就其阁语良久。宰相杜佑、高郢、珣瑜皆停箸以待。有报者云："叔文索饭，韦相已与之

① ［唐］苏鹗：《杜阳杂编》卷上，上海古籍出版社编：《唐五代笔记小说大观》，第1374页。

同餐閣中矣。"佑、郢等心知其不可，畏惧叔文、执谊，莫敢出言。珣瑜独叹曰："吾岂可复居此位！"顾左右取马径归，遂不起。①

又，《资治通鉴》卷二三七"宪宗元和元年（806）九月辛丑"条记载：

> 堂后主书滑涣久在中书，与知枢密刘光琦相结，宰相议事有与光琦异者，令涣达意，常得所欲，杜佑、郑絪等皆低意善视之。郑余庆与诸相议事，涣从旁指陈是非，余庆怒叱之；未几，罢相。四方赂遗无虚日，中书舍人李吉甫言其专恣，请去之。上命宰相阖中书四门搜掩，尽得其奸状。九月辛丑，贬涣雷州司户，寻赐死；籍没，家财凡数千万。②

表面看起来，两个事例似乎都显示宰相在参议政务的过程中遭到了干涉。然而究其实质，我们认为中书门下宰相集体参议政务的制度，还是得到了长期坚持。两则史料显示，包括宦官在内的皇帝身边的某些宠臣欲干预政事，一般来讲还是不能直接闯入中书门下参决政事，而是通过控制个别的宰相或者通过中书小吏来影响中书门下的集体决策。王叔文和韦执谊等毋论，宪宗登基以后立即对其加以清算。即如中书主书滑涣，在中书舍人李吉甫举报其专恣后，也很快就被清除出中书门下。由此可见，宪宗本人还是致力于维护中书门下参议政务的制度。

---

① ［唐］韩愈：《顺宗实录》卷二，马其昶：《韩昌黎文集校注》，上海古籍出版社1986年版，第704页。
② 《资治通鉴》卷二三七，第7635页。

　　至晚唐尤其是唐末时期，中书门下宰相群体独立参决政事的制度则遭到了严重破坏。此时，不但宦官领属的枢密院已经发展成一个机构完备、组织庞大的内廷办事机构，而且枢密使也开始渗透进中书门下，与外朝宰相共同参议政事。《资治通鉴》载懿宗咸通二年（861）二月，两枢密使诣中书，宰相杜悰复与两枢密坐，谓曰："内外之臣，事犹一体，宰相枢密，共参国政。"① 如果说此时宦官与宰相还处于在中书门下共参国政的阶段，待到唐末，宦官则可以完全抛开中书门下而凌驾于宰相之上。僖宗乾符四年（877），宰相郑畋与王铎、卢携争论用兵，上不能决。郑畋乃言"愿与内大臣参酌"。② 当然，此时不独宰相，实际上原本有能力维护中书门下体制运作的皇帝，其对皇权的行使也暂时地受到了宦官集团的钳制。

　　至于宦官介入宰相与皇帝在延英殿进行的政事奏对，应该也是从晚唐才真正开始的。袁刚认为枢密使既掌出纳帝命，与外朝宰相有着工作上的联系，其出席延英殿议政也是理所当然。③ 其实，枢密使掌出纳帝命与参与延英议政之间，并没有必然联系。故宣宗为求图治，希望对宦官集团延展权力的势头有所压制，则要求开延英时"两中尉先降，枢密使候旨殿西"，待"宰相奏事已毕"，再"案前受事"，即最后负责传宣而已。④ 宣宗之所以能够推行此制，很重要的原因之一就在于，文宗朝以前的很长一段

---

① 《资治通鉴》卷二五〇，第 8093 页。
② 《资治通鉴》卷二五三，第 8193 页。
③ 参见袁刚《隋唐中枢体制的发展演变》，第 175 页。
④ 参见《新唐书》卷二〇八《刘季述传》，第 5896 页。

时间内这才是朝廷的常规定制。[①]

　　不过，大概也就是从文宗朝开始，宦官集团终于借甘露之变的冲击打破了朝廷的常规定制，获得了在延英殿正式参议政务的权力。《旧唐书·李石传》载："自京师变乱之后，宦者气盛，凌轹南司，延英议事，中贵语必引训以折文臣。"[②] 此后直至唐亡，大概只有宣宗与昭宗曾短暂废除过宦官参与延英议政的权力。尤其是昭宗的废除行动，持续时间只有几个月。《资治通鉴》卷二六二 "昭宗天复元年（901）十月癸卯" 条云："（左军中尉）韩全诲等令上入阁召百官，追寝正月丙午敕书，悉如咸通以来近例。是日，开延英，全诲等即侍侧，同议政事。"[③] 由此可知，抑止宦官参与延英议政的相关努力再度化为泡影，直到朱温在崔胤的建议下悉诛中外宦官，其逾制的乱局才被彻底终结，自后 "天子传导诏命，只用宫人宠颜等"。[④] 这无疑为此后女性宫官在政务文书于内廷运转的过程中发挥重要作用，乃至形成一支活跃于宋代宫禁深处的重要力量提供了契机。[⑤]

　　袁刚认为宦官首领顽固坚持参与延英奏对，就像把持神策兵权一样，丝毫也不肯放松，这又从另一侧面证明了这一制度在唐后期决策机制中的重要地位和作用，枢密使对延英，和中尉掌禁

---

① 松本保宣通过梳理北司与延英殿的关系，认为不应该将唐末混乱期宦官的 "扰权" 夸大为恒常之制，参见《唐王朝の宫城と御前会議—唐代聴政制度の展開》，第 188—191 页。

② 《旧唐书》卷一七二，第 4483 页。

③ 《资治通鉴》卷二六二，第 8559 页。

④ 《新唐书》卷二二三《崔胤传》，第 6357 页。

⑤ 参见邓小南 "掩映之间——宋代尚书内省管窥"，《汉学研究》第 27 卷第 2 期，2009 年，第 5—42 页。

兵一样，都是宦官专权的重要手段。① 这些论断当然不无道理，不过我们还想强调的一点是，这与前文所讲宦官介入宰相在中书门下参议政务的情况颇有类似之处。仅从制度运作的角度讲，宦官中贵只是延英议政的一方，理论上宰相群体完全可以与之平等角力，皇帝则能够垂拱平章，进行最后的裁决。《新唐书·刘季述传》记载："初，延英宰相奏事，帝平可否，枢密使立侍，得与闻，及出，或矫上旨谓未然，数改易桡权。"②《资治通鉴》所载天复元年正月丙午敕亦称："近年宰臣延英奏事，枢密使侍侧，争论纷然；既出，又称上旨未允，复有改易，桡权乱政。"③ 刘季述本人曾任枢密使，这里所谓的延英宰相奏事而立侍于侧的枢密使应该也包括刘季述。可见昭宗即位之后，宦官首领恃拥立之功，借枢密使身份之便开始参与延英议政。但需要注意的是，即便是刘季述这样后来甚至胆敢幽禁皇帝的宦官，也难以完全主导延英议政的决策。故仍须议政结束从延英殿出来，才"矫上旨谓未然"，对宰相加以纠缠。因此，从政务运作的程序上来讲，宦官单纯参与延英议政算不得对中书门下行政体制有较大的破坏，反倒可以说明中书门下体制的稳固性和皇帝个人权威的至高无上。故不论宦官中使如何"争论纷然"与"改易桡权"，都需要"矫上旨谓未然"或"称上旨未允"。并且原则上讲，最终的政令还是通过两省或中书门下颁下。因此，宦官集团要对中书门下行政体制构成实质性的冲击，以巩固自身的势力，就需要发展出一种可以与中书门下敕牒并行的文书工具。

---

① 参见袁刚《隋唐中枢体制的发展演变》，第 176 页。
② 《新唐书》卷二〇八，第 5896 页。
③ 《资治通鉴》卷二六二，第 8545 页。

第三节　敕牒与中晚唐的宦官专权

前文我们已经提及，所谓"敕牒"，即"承敕而牒"的使牒。但"承敕"之"使"显然并不是只有中书门下的宰相。李辅国始作俑后，皇帝身边的一些宦官遂络绎不绝地仰仗君上宠信，放大自己在传宣敕令过程中的作用，开始攘夺中书门下颁出政令的权力。为了更加清晰地透视这条线索的脉络，我们有必要借助中晚唐的一些文书实例加以具体解说。

关于宦官直接传宣皇帝敕令给执行者，我们可以参考《不空三藏表制集》中的如下两例：

恩旨命三藏弟子僧惠晓为国念诵制一首

奉　敕语不空三藏弟子僧惠晓等：比在贼中，为朕克念精诚，潜修功德。今克复天下，皆佛力之应也。自今以后，须倍加精勤，为朕念诵。莫以度取，即不精勤。
至德三载正月十八日将军段乔福　宣①

代宗恩旨命西明寺给粥饭往来骑乘制一首

奉　敕语西明寺僧惠晓：为朕修功德，在寺依恒，二时粥饭及出入往来畜乘，一切供给，勿令阙少。
大历六年八月二十五日高品马奉诚　宣②

---

① ［唐］圆照集：《代宗朝赠司空大辨正广智三藏和上表制集》卷六，〔日〕高楠顺次郎等编：《大正新修大藏经》第52卷，第858页。
② 同上。

从"为朕"这样的表达来看，宦官是代皇帝发言，即所谓"口含天宪"者也。因传宣这类"敕语"的过程本身不需专立文字并押署钤印，故时人往往称之为"口敕"。①

对于念诵功德等事，皇帝只需直接知会相关僧人即可。更多的时候，可能还需要告知相关使司加以监督执行。在这种情况下，宦官就不会将皇帝敕令直接下达给负责具体执行的机构或个人，而是传达给相关使司由其加以转达。相关的运作流程，可以参考《不空三藏表制集》所收录的如下两件史料：

敕于当院起灵塔制一首并使牒

奉　敕语元琮：故辨正三藏荼毗得舍利，令当寺院造舍利塔。

大历九年八月二十八日内谒者监李宪诚　宣

敕句当京城诸寺观修功德使　牒兴善寺

牒得举称"奉　敕如右，未有'各牒所由，请施行处分'者，录　敕牒兴善寺，仍牒故三藏和上院"者。故牒。

大历九年九月八日　牒

判官前资州司马刘浩

使开府仪同三司兼右龙武军将军李［元］琮②

敕大兴善寺都维那法高依前句当制一首并使牒

奉　敕语李元琮：兴善寺都维那法高，宜令即依前句当都维

---

① 参见中村裕一《隋唐王言の研究》，第280—281页。
② ［唐］圆照集：《代宗朝赠司空大辨正广智三藏和上表制集》卷五，〔日〕高楠顺次郎等编：《大正新修大藏经》第52卷，第850—851页。

那事。

大历十年四月十七日高品李宪诚　宣

敕句当京城诸寺观修功德使　牒兴善寺都维那法高

牒得举称"奉　敕如右，未有'各牒所由，施行处分'者，
录　敕牒僧法高"者。故牒。

大历十年四月十七日　　牒

使开府仪同三司兼右龙武军将［军］李［元］琮①

又，《大唐贞元续开元释教录》卷中所收关于《金定四分律疏》
的按语：

泊大历十三年岁在戊午十一月二十七日，乃遣中使、内
给事李宪诚宣敕语句当京城诸寺观修功德使、镇军大将军、
右龙武军将军知军事、兼试光禄［卿］、上柱国、彭城县开
国伯刘崇训："《四分律》旧疏、新疏，宜令临坛大德如净
等，即于安国寺律院，金定一本流行。"是日也，使司录敕
传牒两街临坛大德一十四人。二十九日平明，尽集安国。②

据此可知，大历十三年（778）安国寺僧如净以及其他的十三位
两街临坛大德，都收到过一份由勾当京城诸寺观修功德使刘崇训
签署发给的敕牒。这类敕牒与前揭《不空三藏表制集》所收录的

①　［唐］圆照集：《代宗朝赠司空大辨正广智三藏和上表制集》卷六，〔日〕高楠顺
次郎等编：《大正新修大藏经》第 52 卷，第 859 页。
②　［唐］圆照集：《大唐贞元续开元释教录》卷中，〔日〕高楠顺次郎等编：《大正
新修大藏经》第 55 卷，第 760 页。

两件一样，均是由宦官李宪诚宣敕语勾当京城诸寺观修功德使，再由功德使牒告相关寺院或者僧人。

如所周知，唐代前期有祠部专掌"道佛之事"。[①]然而此时令兴善寺造舍利塔、定兴善寺都维那以及令金定《四分律》等事，皆由勾当京城诸寺观修功德使出面具体组织并颁下牒文，说明这一时期功德使所侵夺者主要是原来祠部的部分职掌。既然如此，则功德使也应该如祠部一样，负责承接中书门下所下敕牒。《贞元新定释教目录》中就收录有两件这样的文书。其一为：

> 崇福寺新译《华严经》四十卷
> 左（右），右（左）监门卫将军知内侍省事马承倩奏：臣得光宅寺写一切藏经院检校写经僧智通状，称检藏经《开元目录》、上都华严寺沙门玄逸撰集《释教目》内，未入藏经数。
> 中书门下　牒右街功德使
> 牒奉　敕：宣（宜）令所司附入目录。牒至准　敕。故牒。
> 　贞元十五年九月八日　牒
> 　　　　中书侍郎平章事郑余庆
> 　　　　门下侍郎平章事崔损
> 　　　　检校右仆射平章事韦使
> 　　　　检校左仆射平章事刘使
> 　　　　右仆射平章事贾耽
> 　　　　检校司徒兼中书令浑使

---

① 《唐六典》卷四，第120页。

检校大尉兼中书令王使①

其二为：

《大佛名经》一部十六卷或十八卷

《法琳别传》一部三卷

《续开元释教录》三卷

左（右），右（左）监门卫将军知内侍省事马承倩奏：前件经目等，未入藏目。

中书门下　牒右街功德使

牒奉　敕：宜令所司，附入目录。牒至准　敕。故牒。

贞元十五年十月二十三日　牒

中书侍郎平章事郑余庆

门下侍郎平章事崔损

检校右仆射平章事韦使

检校左仆射平章事刘使

右仆射平章事贾耽

检校司徒兼中书令浑使

检校太尉兼中书令王使②

从"宜令所司，附入目录"这样的内容来看，右街功德使还需要

---

① ［唐］圆照：《贞元新定释教目录》卷一，〔日〕高楠顺次郎等编：《大正新修大藏经》第55卷，第771页。

② 同上书，第774页。

下牒给负责编纂藏经目录的寺院，令其将这些佛经附入目录。虽因史料有限，目前在《不空三藏表制集》《贞元新定释教目录》中所能找到的保留基本格式的文书仅涉及译经等事，但据此已不难窥测，从政务奏报与政令下达的角度讲，贞元末期功德使已经基本取代了过去祠部的地位。故元和二年（807）二月辛酉，宪宗"诏僧尼道士全隶左右街功德使，自是祠部司封不复关奏"。①

　　安史之乱以后，佛教与皇权的结合日益紧密。宦官集团渐已不满足于通过勾结禁军将领，染指佛教事务。皇帝从加强皇权对佛教之操控的角度考虑，自然也倾向于更为便捷下达敕令的机制。因此，大概是在贞元三年（787）李广弘之乱后，德宗即命"两中尉皆分领左右街功德使"。②自此，神策中尉就成为京城佛教事务的掌管者。

　　既言皇帝任命宦官担任功德使或有寻求更为便捷下达敕令之目的，则应有相应的证据。《贞元新定释教目录》所收贞元十五年（799）敕牒所附之"使牒"，无疑是一件能够很好地说明这一问题的材料，谨将之引录如下：

敕右街功德使　牒都句当大德灵邃

三朝先翻译未入目录经一百七十三卷

牒奉进止：前件经宜令都句当大德灵邃与西明寺僧圆照，同取前件经，送光宅寺，令写入藏经者。准　敕牒都句当大德灵邃者。故牒。

　　贞元十五年十月二十三日　牒

---

① 《旧唐书》卷一四《宪宗本纪》，第 420 页。
② 《册府元龟》卷六六五《内臣部·总序》，第 7665 页。

使右监门卫将军第五守亮 ①

与前文所引《不空三藏表制集》中的《敕于当院起灵塔制一首并使牒》《敕大兴善寺都维那法高依前句当制一首并使牒》等相较，这份牒文看似少了宦官传宣皇帝敕令的环节，但实际上，这是因为此时的右街功德使就是担任右监门卫将军的宦官第五守亮，他一个人担负起了先前宦官中使李宪诚与禁军将领兼功德使李元琮两个人的职责。不知具体是何缘故，《敕于当院起灵塔制一首并使牒》中宦官中使李宪诚宣敕给功德使李元琮是在大历九年（774）八月二十八日，功德使李元琮下牒给兴善寺已是同年九月八日，中间约有十天的间隔。然而宦官直接兼任功德使后，则可以避免这类中间环节的延宕。直接承敕的宦官功德使当日即可下牒，自然可以保证皇帝的意志尽快下达。

不过，正如前文所论，过去左右街功德使所侵夺者，主要是祠部的职掌。按照正常的程序，涉及佛教的事务，应是中书门下颁敕牒给功德使，再由其牒告相关寺院或僧人。此时，功德使既然可以直接承敕而牒，则意味着这一使职也开始侵蚀中书门下的职权。与上揭贞元十五年（799）十月二十三日右街功德使牒僧灵邃的"使牒"密切相关的，还有一件中书门下同时牒僧灵邃的敕牒。谨将之略引如下：

百九十一卷经
…………

---

① 〔唐〕圆照：《贞元新定释教目录》卷一，〔日〕高楠顺次郎等编：《大正新修大藏经》第55卷，第774页。

《回向轮经》一卷

《十地经》九卷

已上二经共十卷，并于阗三藏尸罗达摩于北庭译。

右，句当右街功德所都句当右街诸寺观释道二教事千福寺上座增（僧）灵邃进状：前件经谨具分析如前。其新译《花严经》，状准今年九月八日敕，入《开元目录》。其先翻译及安西所进经，得翻译临坛大德圆照等状，上件经未入目录。伏缘是三朝翻译，时乞　闻奏。请同《新花严经》例，入《开元目录》。则天下诸寺依目传写，皆入一切经藏，庶免失坠，金言广敷。仍请改旧目为《贞元新定释教目录》。岂唯事超昔帝，抑亦道冠真宗。介福无穷，上资皇祚。

中书门下　牒僧灵邃

牒奉　敕：宜依。牒至准　敕。故牒。

贞元十五年十月二十三日　牒

中书侍郎平章事郑余庆

门下侍郎平章事崔损

检校右仆射平章事韦使

检校左仆射平章事刘使

右仆射平章事贾耽

检校司徒兼中书令浑使

检校太尉兼中书令王使[①]

将这件中书门下敕牒与上引功德使牒进行比较，可以看出二者所

---

① 〔唐〕圆照：《贞元新定释教目录》卷一，〔日〕高楠顺次郎等编：《大正新修大藏经》第 55 卷，第 771—773 页。

涉实为一事。但它们之间最大的不同在于，后者是通过中书门下奉敕而宣，而前者是通过宦官宣敕。中书门下牒僧灵邃很好理解，因为灵邃是进状者，敕牒意味着中书门下代表皇帝对其请求予以批复。功德使牒僧灵邃也很好理解，因为功德使此时已经基本取代祠部成为京城佛教事务的主管者。颇显例外者，是功德使直接承敕而牒，而没有经过中书门下转牒。可见，就敕牒而言，中书门下并非唯一的宣敕者。经由中书门下宣敕的敕牒，可以称之为"中书门下敕牒"。不过，敕牒并非都是中书门下敕牒，其中相当部分是由宦官直接奉宣口敕给承敕人，或通过诸使职尤其是宦官诸使转牒的方式行下。后者的一般程序是宦官奉宣皇帝的口敕给各类特使，再由他们转牒相关机构或个人加以落实。发展到后来，则传宣皇帝敕令的宦官干脆直接担当起各类特使，将皇帝的意志直接下达给相关机构和个人。[①] 单纯从政令传递的效率来讲，宦官直接传宣形成敕牒的方式显然有其优势。

史料中所涉及的唐代前期的所谓口敕，往往是宦官在传递皇帝手诏等过程中附加的慰谕性话语，基本上不存在政令意义。不过，中晚唐这种口敕越来越政务化，传递的内容相当一部分涉及行政命令，实际上剥夺了中书门下对部分政务的指挥权。比如宝应元年（762）五月十九日代宗正式即位前夕，即申明："诸道州府所承上命，须凭正敕，后可施行，不得悬信中使宣言敕，即便遵行。"[②] 也即是说，在此之前的一段时间，诸道州府所承上命，

---

① 例如《敕内庄宅使牒》就是内庄宅使"准敕"出售万年县浐川乡一处官有庄宅的记录。《敕内庄宅使牒》的录文参见吴钢主编《全唐文补遗》第 7 辑，三秦出版社 2000 年版，第 2 页。关于内庄宅使的讨论，可参考〔日〕加藤繁"内庄宅使考"，《中国经济史考证》第 1 卷，吴杰译，商务印书馆 1959 年版，第 209—225 页。

② 《唐会要》卷六五，第 1133 页。

有相当部分都是通过宦官中使口宣。不过，这可能还是属于安史之乱时期的特殊情况。故代宗甫即位，即宣布自此"须凭正敕"，也就是经由两省或中书门下署行程序之后形成的"王言"。但是宦官口宣制敕的情况此后仍有应用，前文所列由宦官高品传宣形成的敕牒即为明证。

第四节　宦官集团在中晚唐政务运作机制中的地位

第三节我们主要是从颁下敕牒的角度讨论了宦官集团对于中书门下权力的侵夺。所需注意者，仅仅从敕牒本身进行立论，还不能很好地解释为何唐末宦官集团能够凌驾于中书门下乃至整个外朝之上。

《文献通考·职官考》"枢密院"条载："后僖、昭时，杨复恭、西门季元欲夺宰相权，乃于堂状后帖黄，指挥公事，此其始也。"① 此处所谓"堂状"之"堂"者，乃"政事堂"也。故"堂状"即为"中书门下状"，也就是中书门下对于政事初步参议处理以后请求皇帝批示所呈之"熟状"。关于"帖（贴）黄"，《石林燕语》谓："唐制，降敕有所更改，以纸贴之，谓之'贴黄'。盖敕书用黄纸，则贴者亦黄纸也。今奏状札子皆白纸，有意所未尽，揭其要处，以黄纸别书于后，乃谓之'贴黄'。"② 前文我们曾引用过开元年间中书令姚崇向玄宗提出的建议："中书舍人六员，每一人商量事，诸舍人同押连署状进说。凡事有是非，理均与夺，人心既异，所见或殊，抑使雷同，情有不尽。臣令商量，

---

① 《文献通考》卷五八，第 1713 页。
② ［南宋］叶梦得：《石林燕语》卷三，中华书局 1984 年版，第 42 页。

其大事执见不同者，望请便作商量状，连本状同进。若状语交互，恐烦圣思。臣既是官长，望于两状后略言二理优劣，奏听进止，则人各尽能，官无留事。"[1]将二者加以对比，不难看出杨复恭、西门季元等所行"帖黄"，实际是将此时的中书门下宰相视为过去的中书舍人，让其只提供对政务处理的建议，最后由相当于原先中书令的宦官首领把关订正再奏上皇帝。既如此，则皇帝所批示的奏状，实际上等于是宦官首领所上，这就相当于中书门下只是宦官首领而非皇帝的参议机关，杨复恭、西门季元等宦官首领实际上就成了真正的权力中枢。这样，晚唐中书门下敕牒的"奉敕取旨"已仅具形式意义。从程序上讲，敕牒此时虽然还是由中书门下独立颁下，但所贯彻的其实已经是宦官首领而非皇帝的意志。故宦官通过此种"帖黄"手段，即能达到"指挥公事"的效果。因此，"帖黄"在某种程度上极大地削弱了宰相参议政务的权力，是对中书门下体制的一项严重破坏。只是其施行未久，宦官集团便遭摧毁，唐王朝随即倾覆，它的破坏性还没有得到充分的展示。

因此综合起来看，真正对中书门下体制形成强大而持久威胁的，还是宦官传宣的敕牒的大量行用。我们甚至可以认为，如果没有这一渠道的开通，宦官集团额外揽夺政务并介入政务参议的行为本身是不具有制度上的意义的。因为单纯传递诸门所进表状于皇帝，即便宦官收揽再多的庶务琐事而通进，最终还是由宰相辅助皇帝加以裁决。同样，他们介入政务的参议尤其是中书门下的政务参议，顶多只能算是对宰相个人权力的侵夺，政务类王言的主体——敕牒的形成与颁下，仍经由中书门下。

---

[1] 《唐会要》卷五五，第 944 页。

　　与宦官传宣的敕牒并进者，即是内侍省自身的系统化与宦官使职所覆盖的政务的广泛化。唐初朝廷政治活动的中心在太极宫时，宦官群体的整体地位尚低，内侍省的功能并不突出，只是内廷一侍奉机构而已。据宋敏求《长安志》和吕大防《长安图》等史料的相关记载以及近代李健超等人的考订，可知太极宫中的内侍省在掖庭宫南部，与其地位适相匹配。当高宗将政治活动的中心转移至大明宫后，内侍省便设置在内廷右银台门的里侧，其周围是翰林院、延英殿等非常活跃的政治机构。[①] 内侍省从掖庭宫中迁出，表明它随着宦官的得势，也从唐代前期宫廷服务机构渐次向一个具有强大政治实力的内廷官僚机构转变。[②] 不过，这种转变应该不是一蹴而就的，而是经历一个宫官与宦官权力此消彼长的过程。[③]

　　安史之乱的冲击，使得贴身随侍皇帝的宦官势力整体崛起，

---

① 关于大明宫内主要宫殿、衙署的位置与布局以及其与太极宫之间的区别，王静有较为详尽的梳理分析，参见"唐大明宫的构造形式与中央决策部门职能的变迁"，《文史》2004 年第 4 辑。按：论者往往称大明宫内侍省为"内侍别省"，并且认为这种称呼符合当时的实际情况，参见杜文玉《大明宫研究》，中国社会科学出版社 2015 年版，第 261 页。关于所谓"内侍别省"，目前看来最早出现于《阁本大明宫图》，很可能是后人如吕大防等据李庚《西都赋》"西则月华重启，银台内向，中书在焉，密用宰相，宦者别省，延袤右藏"（《文苑英华》卷四四，第 196 页）的记载而来，继而为徐松所沿袭，并非唐人之称谓。理由在于《唐重修内侍省碑》和宋敏求《长安志》卷六"大明宫"条（参见三秦出版社 2013 年版《长安志》，第 241 页）中的相关提法均为"内侍省"而非"内侍别省"。

② 参见王静"唐大明宫内侍省及内使诸司的位置与宦官专权"，《燕京学报》新第 16 期，2004 年，第 90 页。关于这一转变过程的具体体现，可参考唐长孺"唐代的内诸司使及其演变"，《山居存稿》，中华书局 1989 年版，第 244—272 页；赵雨乐"唐代における内諸司使の構造—その成立時點と機構の初步の整理"，《東洋史研究》50（4），1992 年，第 622—669 页。

③ 参见赵雨乐"唐前期宫官与宦官的权力消长"，《从宫廷到战场：中国中古与近世诸考察》，香港中华书局 2007 年版，第 29 页。

随后又因缘际会地控制了中晚唐负责保卫京师和戍卫宫廷的最重要力量——神策军。[1] 在神策中尉掌握禁军这一有力武器以威慑皇帝和朝官的背景下，中晚唐宦官集团通过攫取政令颁下之权，触角逐渐延伸至外朝的行政事务。但宦官即便假借皇命，要直接而系统地指挥南衙诸司毕竟难以实现。故他们发展出了一个庞大而系统的内诸使司行政体系，同样是以奏状与敕牒作为处理相关政务的独立文书工具，与以宰相为首的南衙行政系统对立并行，"当时目为南北司，爱恶相攻，有同水火"。[2]

既曰对立并行，则南衙上至尚书省，下至列曹诸司，在内诸使司行政体系中大致都可以找到相应的职务。《唐语林》载："观军容、处置、枢密、宣徽四院使，拟于四相也。十六宫使，皆宦者为之，分卿寺之职，朝廷班行备员而已。"[3] 其中宣徽使为宣徽院的长官，而据学者研究，宣徽院即相当于唐初外朝尚书（都）省的地位。[4]《宋史·职官志》载王旦之言："唐设内诸司使，悉拟尚书省：如京，仓部也；庄宅，屯田也；皇城，司门也；礼宾，主客也。虽名品可效，而事任不同。"[5] 这里所谓的"事任不同"，恰好可以证明二者曾有一段并行而不悖的历史。杜牧所撰《唐故东川节度使检校右仆射兼御史大夫赠徒司周公墓志铭》即

---

① 近来黄楼对神策军与中晚唐宦官政治的关系进行了较为集中的探讨，参见《神策军与中晚唐宦官政治》，中华书局 2019 年版。

② 《旧唐书》卷一九〇《刘黄传》，第 5064 页。

③ ［北宋］王谠撰，周勋初校证：《唐语林校证》卷八，中华书局 2008 年版，第 698 页。

④ 参见王永平"论唐代宣徽使"，《中国史研究》1995 年第 1 期，第 78 页；李锦绣《唐代财政史稿（下卷）》，北京大学出版社 2001 年版，第 441 页；王孙盈政"唐代后期的尚书省研究"，浙江大学博士学位论文，2011 年，第 134 页。

⑤ ［元］脱脱等：《宋史》卷一六八，中华书局 1985 年版，第 4003 页。

记述北衙宦官亦有"二十四内司"。① 总之，内诸使司凌驾于朝官机构之上，形成了一个无孔不入的权力网络，外朝行政事务也遭到侵夺。故李肇在《唐国史补》中称："宦官内外悉属之使。旧为权臣所管、州县所理，今属中人者有之。"② 与之相应，内侍省的规模不断膨胀，《唐重修内侍省碑》对此亦有反映："遂筑遗基，征诸故事。前后厅馆，东西步廊；启彼重□，联其华室。大小相计凡五百余间。"③

发展壮大的内侍系统以神策军为后盾，"自是参掌机密，夺百司权，上下弥缝，共为不法，大则构扇藩镇，倾危国家；小则卖官鬻狱，蠹害朝政"。④ 其中"参掌机密"主要是侵夺中书门下原来所秉的中枢权力，"夺百司权"则主要是以宦官诸使攫取南衙百司的行政权力。⑤ 两者配合，深度嵌入了中晚唐的行政体制尤其是中枢体制之中。

余　论

中晚唐宦官势力除之不尽，去其旧首领而新首领很快得以继起的缘由除了禁军始终由宦官集团把握之外，还在于这一群体介入行政运作机制已深，从制度层面上讲已经奠定了其参与政务

---

① 参见［唐］杜牧《樊川文集》卷七，吴在庆：《杜牧集系年校注》，中华书局2008年版，第713页。
② ［唐］李肇：《唐国史补》卷下，上海古籍出版社编：《唐五代笔记小说大观》，第191页。
③ 吴钢主编：《全唐文补遗》第1辑，第38页。
④ 《资治通鉴》卷二六三，第8594页。
⑤ 故崔胤劝昭宗剪除宦官势力之根本的重要举措即为"悉罢诸司使，其事务尽归之省寺"（《资治通鉴》卷二六三，第8594页）。

运作的基础。故早期的李辅国还念兹在兹地谋求一个中书令的头衔，以便安史之乱彻底平定、朝廷规章回归旧轨后自己仍有理所当然把持朝政的机会；晚唐的宦官则无须追逐此类的朝官职位，不论是中书门下或者延英殿的参政议政活动，抑或是通过敕牒来颁布政令，宦官首领已经拥有不输于宰相的制度性权力。在此种背景下，即便铲除其首领，也并不意味着宦官势力被连根拔起，甚至可能反促其更加团结，即如韩偓所言："虽诛其六七巨魁，未见有益，适固其逆心耳。"[①] 直到朱温将整个宦官集团主根拔去，其权力空间重新为士人朝官所填充，这种局面才得到彻底扭转。

但是在唐王朝大厦将倾的形势下，宦官集团被突然摧毁，事实上等于抽掉了维系皇权的重要根基，即如后晋史臣所言"崔胤虽复仇快志，国祚旋亦覆亡"。[②] 司马光对此有一段精辟的评论：

> 岂可不察臧否，不择是非，欲草薙而禽狝之，能无乱乎！是以袁绍行之于前而董卓弱汉，崔昌遐袭之于后而朱氏篡唐，虽快一时之忿而国随以亡。是犹恶衣之垢而焚之，患木之蠹而伐之，其为害岂不益多哉！孔子曰："人而不仁，疾之已甚，乱也。"斯之谓矣！[③]

因此，朱温消灭宦官集团，相当于为自己悍然亡唐称帝扫除了极为关键的障碍。此后历五代至宋，君主与大臣均防范宦官甚严，宦官势力也就再无兴起之望。然而，对于专制君主而言，宦官集

---

① 《新唐书》卷一八三《韩偓传》，第 5387 页。
② 《旧唐书》卷一八四《宦官传》，第 4779 页。
③ 《资治通鉴》卷二六三，第 8599 页。

团本为制衡中书门下而维持皇帝权威之重要工具。[①] 若失去宦官集团的牵制，则中书门下这个单一的中枢权力机关很容易脱缰而失去控制，最终危及至高无上的皇权。因此，继起的君主势必会构建新的制衡工具，对其加以防制。这一新的制衡工具，就是五代至宋分割中书门下原本所掌军政权力的枢密院。

---

① 陆扬认为制度化的宦官系统造成了两个结果，其中之一是很大程度上避免了因皇帝个人宠幸而骤然掌控朝野大权的权阉现象，这一现象在安史之乱后曾频频出现，如李辅国、程元振、鱼朝恩等，但在德宗之后，即便有，比如宪宗时期的吐突承璀，也只是昙花一现，取而代之的是像梁守谦和刘弘规这样的凭借多年政治贡献和行政服务而登上权力巅峰的宦官官僚。德宗时期出现的这一根本性变化使宦官体制能更有效地起到维护皇帝乃至朝廷权威的作用。详参《清流文化与唐帝国》，北京大学出版社 2016 年版，第 9 页。

结　语

中国帝制时代的皇帝作为国家之元首，理论上拥有无限的权力，可以独断专行。受其驱使的官僚，一方面当然被视为"食君之禄"的私仆；不过从另一方面讲，他们也被视为"社稷之臣"，具有国家公仆的身份。此外，官僚也是有着七情六欲的生命群体，他们有自己的诉求，其欲望和诉求则未必尽合皇帝的期待。因此，我们可以观察到中国古代的皇帝一方面要借助官僚维系王朝的正常运转；另一方面又要提防官僚的国家公仆观念与个人私欲充分成长以后，蒙蔽皇帝，对皇权的行使产生束缚。这构成了帝制社会以皇权为主轴，皇帝与官僚既相互依存又相互斗争的最基本格局。从皇帝的角度而言，为维持皇权的至上地位和对国家机器超然的自如操控，就需要持续地强化对政务信息的掌控，用"私仆"立场坚定的官僚处理政务并颁下政令，同时不断打破既定之律令条文以张扬皇帝个人的专制意志。

本书试图沿着上述线索，通过分析唐代奏敕体系与政务运作机制的变化，总结并提炼唐王朝国家治理的经验与教训，为当下中国治理道路的选择提供一些参考意见。

全书大体分为两个部分，第一部分为前四章，主要尝试讨论唐代奏敕体系的面貌和政务奏报与裁决机制在唐代前期所发生的变化。第二部分为后三章，主要尝试分析唐代后期奏敕体系的格局演变及其对后世的影响。而贯穿其中的一条主线，就是唐代政务运作机制的演进。

唐代初期，朝廷奉行"一切先申尚书省"的奏事原则。天下州府及京城诸司等欲向皇帝奏报政务，原则上都需要先向尚书省进行汇报。军国大政由尚书省以"上书"（"书奏特达"）或"奏事"（"面陈"）的方式直接向皇帝进行汇报，皇帝则以制敕加以处分；属于奏抄应用范围者，则尚书省依据律令条文提出处理意见后奏请皇帝御画"闻"以批准；自余小事，则尚书省直接据律令条文裁决后以符指挥行事。这种政务奏报及其相应的分层处理机制，与唐代初期律令格式体系的不断完善相得益彰，可以认为是唐王朝走向强盛的重要制度因素之一。

不过，"一切先申尚书省"的政务奏报原则，在皇权专制政体中也存在着非常明显的缺陷。一方面，它阻碍了皇帝对政务的优先知情权；另一方面，其运作程序尤其是在尚书省内的流程较为繁复。这样，在皇帝欲打破律令束缚而自行其是和官僚群体顾忌侵犯皇权而一味姑息弥缝的情况下，政务运作就会陷入稽滞状态，从而导致行政效率较为低下。因此，大体就是在永徽年间（650—655）律令格式体系最为完备，律令制国家走向巅峰的背景下，皇帝显示出了"岂今时无事"的不安全感，督促大臣在常规政务奏报机制乃至律令体系以外径直向皇帝奏事论事。后来，朝廷甚至通过设置匦使的方式，更为彻底地放开进状奏事的权力。其结果就是，太学生请假或者有司修一水窗、伐一枯木等琐事，皆直接以表状奏上皇帝听裁，形成了"事无大小，皆悉闻奏"的局面。

在上述局面初成之际，唐王朝发展出了一种监国皇太子与"二圣"分层处理政务的决策机制，暂时予以应付。武则天废除中宗后，紧接着又幽禁继立的睿宗，终结了此前与监国皇太子分层决策的旧制，将原先主要由皇太子所裁决的小事转交中书舍人预裁，此即史料中所载"六押"之制。这种制度的优点是可以在一定程度上实现决议与出令的一体化，有助于提高朝廷处理政务与颁下政令的效率。但其缺点也非常明显，即打乱了省内固有的权力格局，导致作为上级的中书令和中书侍郎在署行制敕时，反受制于其属下中书舍人的政见。这明显不符合基本的行政原则。为此，姚崇在开元二年（714）提出改革方案，主张中书令对中书舍人的预裁意见进行评判后，再奏上皇帝。

姚崇的改革，基本理顺了中书省内部参议政务与署行制敕的权力层次，打通了政令下行的部分环节，有利于进一步提升朝廷政务处理的效率。然而，唐代前期不论是制书、发日敕抑或是敕旨，不仅需要中书省起草宣行，还需要经过门下省审核才能真正成立。姚崇最初的改革，尽管疏通了政务参议至中书省署行的环节，却并没有贯穿至门下省。为进一步打通政务参议与政令颁下的各个环节，在政令颁下之前的参议这一环尽可能疏通门下省的意见，姚崇在奏请改革"六押"之制后不久，就开始命令中书主书将本应由中书舍人参议之政务转移到了政事堂。政事堂的职责，就逐渐从过去单纯商讨军国大政，拓展到了预裁日常庶务。最终，开元十一年（723）张说奏改政事堂为"中书门下"，列五房于其后，分曹以主众务。政事堂遂由附丽于中书省的宰相商讨军国大政的小型组织，开始朝着综合处理政务的中枢机构演变。

　　为更加便捷地颁下政令，大体也是在开元二年改革后不久，政事堂就发展出了能够直接指挥行政机关的文书工具，后来就演变为具有固定格式的"中书门下敕牒"。就在王言体系中的地位而言，中书门下敕牒可以说是为配合其他制敕而颁下；但就处理"奏事"本身而言，我们也可以认为其他王言其实是为配合中书门下敕牒而颁下。最关键的原因，就在于中书门下敕牒可以将原先中书省和门下省的出令权合二为一，具有效率方面的优势。也正因如此，其对发日敕与敕旨等王言的取代，就成为唐宋制度演进的一种趋势，以至宋人所称之"敕"，已经仅指中书门下敕牒而已。

　　不过，唐代后期在中书门下敕牒强势发展的同时，其开辟的路径也为宦官中使所承袭。他们利用更为亲近皇帝的机会，发展出了较中书门下敕牒更为高效的敕牒。这种宦官中使所行用的敕牒虽然形式上仍旧是传达皇帝的旨意，但其传达实际上缺乏有效的监督。而且中晚唐大量使职本身即由宦官充当，他们上下其手的机会更多。宦官集团遂依附着可以无限拓展的皇权，深度嵌入唐王朝政务运作的整体脉络之中。最终，他们发展出了一个庞大而系统的内诸使司行政体系，同样利用奏状与敕牒作为把控政务的文书工具，与以宰相为首的南衙行政系统对立并行。唐王朝也在宰相与宦官各自援结强藩彼此混斗的过程中进一步衰落，直至灭亡。

　　以上我们不惮厌烦，复将本书的核心观点稍作条陈。接下来将讨论过程中的一些零散思考，略作总结。

　　首先，我们注意到制度规定与制度实践之间不能简单地画等号。当然，以时间坐标进行度量，作为设范立制的"制度"，原则上讲其实践会天然地落后于其规定，任何一个从事制度史研究的学者对此恐怕早已烂熟于胸。不过，如果我们不满足于仅仅是在二者之间添上一个不等号，则还有可以进一步讨论的广阔空间。纵观中国古代两千多年的帝制时代，制度制定和颁布之初往往打着"顺天应人""兴利除弊"等旗号，然而经过一段时间的实践检验后人们往往会发现，其引致的后果往往是弊端丛生、天怒人怨。换句话说，制度的表达往往是高亢的、充满着理想主义的热情，然而制度的实践却是低沉的、充斥着现实主义的冷酷。导致这种落差的原因自然多种多样，不过我们在此仅仅结合前文的讨论，着重从皇帝和官僚群体的角度试作一点粗浅的分析。

仅就授官的奏敕文书而言，唐代初期明确规定"授六品以下官"者用奏抄。但从杜易简的记录来看，实际情况却是监察御史、员外郎等官自永徽以后"虽有吏部注拟，门下过覆，大半不成"，而"多是敕授"，后遂正式规定御史、员外郎等皆通过发日敕进行敕授。但即便如此，皇帝仍不满足。除极个别时段的"墨敕斜封"滥授和针对州府之令、录等特殊官职予以敕授外，更为重要者是通过中书门下敕牒批复举荐状以实际完成官员的选授。这样，我们就可以看到，唐代后期皇帝"敕授"意义上"授六品以下官"的情形已经变得非常普遍，甚至达到了"致令选司士子无阙"的程度。① 原穷其始，至少可以部分地归咎于高宗统治时期为扩张皇权而破坏制度规定。

当然，以上所述只是皇帝在实践中亲自突破既定制度的一种表现，是比较容易看清楚的。另外的一种情况则是，皇帝诱使臣僚在实践中利用制度的弹性，动摇制度的平衡与稳定，进而达到破坏旧有制度，使其诉诸并仰赖专制皇权的目的。这种方式较为

---

① 参见《唐会要》卷七四，第 1342 页。

隐蔽，很多时候并不会通过制度条文的改动直接地反映出来。比如前文讨论的高宗为争取主动权以全面掌控政务信息，遂督促大臣在常规政务奏报机制乃至律令体系以外径直向皇帝奏事论事，鼓励了官员群体中唯皇帝之命是从的风气。这就导致有司将原本应该使用奏抄提出处理意见的政务，转而通过奏状直接奏报给了皇帝，由其加以裁决。唐律中禁止"不应奏而奏"的相关条文，事实上逐渐成了一纸空文，原先的奏事原则遂遭到严重破坏直至最终瓦解。

对此，我们当然可以责怪官僚群体缺乏担当，绝大多数官员整天"惟事咨禀"，将政务推赖给皇帝，自己就可以"依违"而避免承担责任。不过归结起来，这类官僚主义风气弥漫的一个重要原因，恰恰是专制皇权的鼓励纵容或者不良导向引致的。关于后者，可以作为参考的一个典型例证，就是唐初太宗枉杀张蕴古遂致此后一段时期"刑网颇密"的问题。根据《旧唐书·刑法志》等的记载，贞观初年河内人李好德有妖妄之言，太宗下诏大理寺推按。寺丞张蕴古因好德明显属于癫病，所以奏请免罪。治书侍御史权万纪则弹劾张蕴古，认为其籍贯在相州，当时李好德的哥哥李厚德恰好为该州刺史，张蕴古为讨好李厚德，所以阿纵其弟，所奏不实。太宗大怒，遂斩张蕴古于东市。虽然不久以后即因斩杀交州都督卢祖尚而一并追悔之，下制要求决死刑三覆奏乃至五覆奏，但对于自己一意孤行造成的恶劣后果，太宗还不知其所以然。直到大理卿刘德威解释以后，他才恍然大悟。刘氏谓："此在主上，不在群臣，人主好宽则宽，好急则急。律文：失入减三等，失出减五等。今失入无辜，失出更获大罪，是以吏各自免，竞就深文，非有教使之然，畏罪故耳。陛下傥一断以律，则此风立变矣。"① 原来朝廷最初为追求"明德慎罚"，所以律文规定法官判案如果失入则减三等，失出则减五等。但太宗蛮横处死"失出"的张蕴古，起到了恶劣的示范效应，群臣遂猜度人主好急。为迎合君主，避免祸及于身，法官在判案时遂深文罗织，追求重判，宁可"失入"而规避"失出"。这就导致此后数年唐王朝刑网益密，重囚日增。

在上述案例中，表面上看起来太宗既没有修订具体律文，也并未明确指示法官重判。但归根结底，造成恶果之因由，也还是在于皇帝自身突破了制度的限定，官僚群体中间遂产生一种不遵制度的氛围。这类问题的暂时解决，就需要皇帝出面强调"令依律文"，② 也就是强调制度的权威性并带头加以恪守。

综上，我们认为破坏制度规定的罪魁祸首，其实往往就是专制君主。既然旧的制度规定已不能维持，势必需要确立新的制度。这个过程，就体现为设制立范的改革。在这一过程中，我们同样不能忽视专制皇权的主导地位。

已有大量学者注意到，在探讨中国古代制度变革的动因时，不能仅将目光聚焦于政治势力与权力斗争等因素，还应该注意到制度自身的发展逻辑。确实，我们特别注意到，通览唐代奏敕体系与政务运作机制变化的整个过程，似乎统治者已经关注到了这个问题，一直在追求行政的高效性和合理性。但最终的结果，却是一个强盛的唐王朝在不断改革的过程中，不断走向衰落。这种悖反的现象应该如何解释呢？追根溯源，我们认为问题相当程度上出在皇权专制的政体上面。在皇权专制的政体中，所谓制度不

---

① 《资治通鉴》卷一九四，第 6126 页。
② 《旧唐书》卷五〇《刑法志》，第 2140 页。

过是统驭臣民之手段、侍奉皇权之工具而已。正如学者所指出的那样，在皇权专制的政体中，"世界一切事物尤其是一切制度建构的根源都必须是皇权的禁脔"。① 即如唐初而言，当时的政务奏报机制最为明显的缺陷，并不是因其违背了行政运作的客观规律与合理行政的基本原则，仅仅是因为它在皇权专制政体中妨碍了皇帝对于政务的绝对操控而已，因此必然遭到更革。然而，掌握至高无上权力的皇帝，却多"长于深宫之中，暗于经国之务。积习易溺，居安忘危。不知稼穑之艰难，不察征戍之劳苦"。② 因此，若要以之为中心并依靠其进行良好的制度改革与建设，无异于缘木求鱼。

其实，关于专制君主实为破坏制度并造成王朝夭亡之毒瘤，古人亦有清醒的认识。遗憾的是，这种认识往往属于前人不暇自哀而后人哀之的情况，多保存在后世史家总结前朝历史人物尤其是君主功过的"论赞"中，是一种"后见之明"，完全不能影响已逝的历史进程。而身处历史潮流中，愿奋楫中流击水者，又很容易被专制君主压制，甚至从肉体上予以消灭。比如，刘祎之因为坚持不经中书门下署行之敕即不得名之为"敕"，即被武则天以"拒捍制使"的名义赐死。③ 因此，从这个角度来看，铲除君主专制制度在我国历史发展进程中的意义，无论怎样歌颂都不为过。

纵览人类社会发展进程，专制统治其实是社会关系调试的一种自然结果。它在许多文明的发展进程中都曾出现过，有其阶段性存在的历史合理性。因此，我们完全无须讳言曾经历过两千多

① 王毅：《中国皇权制度研究》，北京大学出版社 2007 年版，第 438 页。
② ［唐］陆贽：《奉天改元大赦制》，《陆贽集》卷一，第 2 页。
③ 参见《旧唐书》卷八七《刘祎之传》，第 2848 页。

年的君主专制统治这一历史事实。反倒是在承认这一事实的基础上，我们才能通过古今中外的对比，更加深切地认识到我国经历这一阶段的历史，显得过于漫长。因此，以皇权专制为核心的精神理念、政治体制以及在此基础上形成的行政运作模式，已经渗透到了我们国家整个行政体系乃至文化体系之中。换句话说，虽然清王朝末代皇帝逊位，就标志着君主专制制度在中华大地上得到了铲除，但君主专制的思维还未完全从我们的头脑中、从我们的民族文化心理中得到根除。明白了这一点，就不难理解清帝逊位后为何元首专断、个人崇拜和佞幸弄权等现象在此后相当长一段时期仍然屡屡出现；也才能更加充分地认识到，我国要实现社会主义核心价值观所倡导的自由、平等、公正、法治，还需要进行长期矢志不渝的奋斗。

附　章

唐代帖式文书的基本性质

中国西北地区，主要是甘肃敦煌和新疆吐鲁番，近代以来新出了大量唐代公文书的原件或各种抄件。学者遂有机会将具体文书与传世律典之规定结合，深入探讨唐代的公文运行乃至政务运作机制。不过，在涉及某些文书基本性质的问题上，还留下了可供斟酌的空间。我们试以帖式文书为例，对前贤研究稍作反思，提供一些参考意见。

第一节　学术史回顾

内藤乾吉在对大谷探险队所获西域文献中的官文书进行系统讨论时，注意到了相对于符和牒等文书而言，帖较为简略，大概主要是用来传唤欠缴之人。[①] 中村裕一在《唐代官文书研究》一书中，推想帖其实就是牒的简略形式，并且认为既然牒的文

---

①　参见内藤乾吉"西域發見唐代官文書の研究"，《中国法制史考証》，東京：有斐閣，1963 年，第 243 頁。

书式多样，则帖自然也是如此，因此对恢复其文书样式的意义不抱太多期待。在《唐代公文书研究》一书中，他又回到了内藤乾吉当初的印象，认为帖是作为符和牒的简略式存在的一种独立文书。此外，他还注意到吐鲁番所出之帖末尾只有发件月日，而敦煌之帖则年月日俱全，认为讨论律令时代之帖应以前者为基准。①

荒川正晴在讨论库车出土《建中五年孔目司帖》时，也认为牒和帖的文书式基本相同，从中亚所出之帖可以看出它们基本上是仿照牒式制成。不过，他已经开始注意到，既然帖是一种自成一体的官文书，就有必要对其存在的合理性给出解释。他也指出了中亚所出帖式文书均不书写年份，并分析这很可能是因为与其余公式令所规定的官文书相较，在其发布之际官方不会制作副本加以保存。帖主要用于催促滞纳的钱物和追人的场合，所以它不只是发给官僚机构和官员，也包括民间。而且与官方不存副本截然不同，它是民间保留的一种很重要的官文书。牒的应用场合不只是上对下，还有下对上以及平行的场合。但帖所简略化的对象，只是其中由上至下的这一部分。另外，与牒这样正规的官文书不同，帖的制作省略掉了很多官方手续。也正因如此，它具有不论官民皆可发给的灵活性。总之，与符和牒等官文书基本是在官的世界里完结不同，帖与民间世界有很密切的联系。②

---

① 参见中村裕一《唐代官文書研究》，第 37 頁；《唐代公文書研究》，第 143、265 頁。
② 参见荒川正晴"クチャ出土『孔目司文書』攷"，《古代文化》49（3），1997 年，第 146—149 頁。

　　赤木崇敏在讨论归义军时代敦煌绿洲的税草征发和文书行政时，注意到作为下行文书的帖与作为上行文书的状在功能上可能具有对应关系，并且尝试对帖的文书式进行了复原。不过，当时他复原的文书式仅仅是根据英藏敦煌文献 S.4453《宋淳化二年十一月八日归义军节度使帖》而来，无法涵括更大量的西域出土的帖文实例，最明显者就是发件人署名的位置。因此，在讨论唐代前半期地方公文体式的论文中，赤木崇敏对帖的文书式进行了调整。他还指出，荒川正晴认为帖式是牒式的简略形式，按理作为下行文书它就只能被用于无直接统属关系的机构之间；但事实上，在从州到县这样具有直接统属关系的上下级机构之间，亦出现了使用帖式文书的实例，说明其运用应当无须受制于统属和非统属关系。①

　　针对质疑，荒川正晴对帖式文书的性质进行了新的检讨。在部分吸收赤木崇敏研究结论的基础上，他指出帖式文书以"右"字作为正文起首，直到 8 世纪晚期为止一般不书年号等特点，都与牒式文书不同。因此不能单纯地将帖看成是牒的简略文书，而应视为文书式有明显区别的另一种官文书。此外，虽然从传递方向上讲，帖式文书只能是上意下达，但是它的发件人和收件人却非常多样。而决定这种多样性的，正是如前所指出的它所

---

① 参见赤木崇敏"帰義軍時代敦煌オアシスの税草徴発と文書行政"，《待兼山論叢·史学篇》41，2007 年，第 35—38 页；"唐代前半期的地方公文体制——以吐鲁番文书为中心"，邓小南等主编：《文书·政令·信息沟通——以唐宋时期为主》，第 128、130 页。卢向前在讨论牒式时认为，虽然公式令文里没有明确规定，但依实例，帖式是有直接统摄关系时才能使用的，参见"牒式及其处理程式的探讨——唐公式文研究"，北京大学中国中古史研究中心编：《敦煌吐鲁番文献研究论集》第 3 辑，第 352 页。

应用的主要场合——追人、催促滞纳物品和征发人畜物品。关于帖的具体运作，荒川正晴以和田出土的帖式文书进行了分析，指出帖可能不仅仅是单纯地用于周知和确认命令的内容，还具有"通行证"的功能。他还以与杰谢镇有关的几份文书为例，讨论了帖式文书在和田绿洲基层的具体运作，认为来自杰谢镇的汉文帖式文书，首先是付给杰谢绿洲的总负责人萨波（spāta），由萨波将汉文牒式文书和帖式文书一起发送给绿洲城邑的代表者（"所由"），再由他们将帖式文书下发给征发对象所属的各村。[①]

樊文礼和史秀莲在讨论帖式文书时，没有关注到日本学者此前的研究，因此他们只是注意到了帖比符更为简便，符更为正规、郑重，命令的语气更强等比较直观的特点。不过，他们在具体的出土文书之外，还将中书门下的堂帖纳入了讨论范围。[②] 此后，雷闻在樊、史两位讨论的基础上，凭借对资料的比较全面的占有，补充了对使帖、军帖的考察；还在赤木崇敏的基础上，对唐代帖文的格式予以了新的复原。此外，他对帖与符和牒的关系也有讨论，注意到了传世文献和出土文书中常有帖、牒连称的现象。[③] 近来，赤木崇敏则进一步将帖与牒、状联系起来，讨论了唐代后期地方官文书体系的重组，认为9世纪以降帖式和状式文书的适用范围扩大且功能更加多样化，占据了行政公文体系的中

---

① 参见荒川正晴"唐代中央アジアにおける帖式文書の性格をめぐって"，土肥義和編：《敦煌·吐魯番出土漢文文書の研究》（修訂版），東京：汲古書院，2013年，第271—291頁。
② 参见樊文礼、史秀莲"唐代公牍文'帖'研究"，《中国典籍与文化》2007年第4期。
③ 参见雷闻"唐代帖文的形态与运作"，《中国史研究》2010年第3期。

心位置。[①]

　　近年值得关注的成果，还有孟宪实和孟彦弘两位先生对旅顺博物馆藏《孔目司帖》的研究。[②] 前者主要是从这件帖文出发，讨论安史之乱后四镇的管理体制问题；后者则通过帖文中两组关键字（抄、帖；匠、近）的辨析，论及边地的税役问题。虽然二文尤其是前文论证的最终目标远超文书本身，但它们无疑都大大丰富了学界对于帖式文书运作过程的理解。

　　以上，我们主要是从文书学的角度，对学界围绕帖式文书性质的探讨进行了简要回顾。应该说，专门针对唐代帖式文书加以研究的学者虽不算多，还是取得了不少成绩。不过，令人稍感遗憾的是，截至目前有关帖式文书的认识框架，依然不够清晰。因此，对于帖式文书的基本性质和与此密切相关的另一问题——在某种场合为什么用帖而不是其他类型的官文书，还不能较好地给予回答。例如，从大谷文书《唐开元十九年正月至三月西州天山县到来符帖目》来看，[③] 同样是在有统属关系的州与县之间，为

---

① 参见〔日〕赤木崇敏"唐代官文书体系及其变迁——以牒、帖、状为中心"，周东平、王威驷译，周东平、朱腾主编：《法律史译评》2014年卷，第176—206页。

② 参见孟宪实"安史之乱后四镇管理体制问题——从《建中四年孔目司帖》谈起"，王振芬、荣新江主编：《丝绸之路与新疆出土文献：旅顺博物馆百年纪念学术研讨会论文集》，中华书局2019年版，第552—568页；孟彦弘"旅顺博物馆所藏新疆出土孔目司帖及其所反映的唐代赋役制度"，中国社会科学院历史研究所魏晋南北朝隋唐史研究室、宋辽金元史研究室编：《隋唐辽宋金元史论丛》第9辑，上海古籍出版社2019年版，第109—121页。按：钱伯泉已经指出，这件帖文是建中四年（783）为筹措驻军来年"春装布"所写的官方文书，日本学者为其所拟标题中的"建中伍年"看来不够贴切，参见"《唐建中伍年孔目司文书》研究"，《新疆大学学报》1993年第3期，第46页。不过，包括钱先生本人在内的不少学者，为便于讨论，往往仍愿意沿用旧的拟名。

③ 参见池田温《中国古代籍帐研究—概観・録文》，東京：東京大学東洋文化研究所，1979年，第359—362页。

何某些情况下用帖而不用符？又，从大谷文书《唐开元十九年正月西州岸头府到来符帖目》和日本宁乐美术馆藏蒲昌府文书来看，①其中同样是西州都督府发给蒲昌府之文书，为何有用帖式亦有用牒式者？根据前述学者尤其是荒川正晴的既有研究，或许我们可以考虑这些专用贴式文书的场合，是因其多涉追呼或催缴之类的紧急事务。不过，同样是在《唐开元十九年正月西州岸头府到来符帖目》中，亦有"兵曹符为追邵忠礼等并勋告及身限符到当日赴州事""仓曹符为康虔福等欠官枣限五日内送事"这类的事目，说明因限定时日追呼或催缴之事而下符的情况并不罕见。另外，从圣彼得堡藏和田汉文文书《大历十五年杰谢镇为征牛皮二张事》来看，其中所涉肯定是属于催征物品的火急案件，但该文书毫无疑问属于牒式而非帖式。②

　　从上述分析来看，从发件者与收件者是否具有统属关系，或者是文书所涉事务类型的角度，目前似乎还不能很好地框定帖式文书的基本性质。

---

① 参见池田温《中国古代籍帐研究—概观·録文》，第357—358页；陈国灿、刘永增编《日本宁乐美术馆藏吐鲁番文书》，文物出版社1997年版，第57、115页。按：关于《唐开元十九年正月西州岸头府到来符帖目》，李志生和王永兴认为从文书性质看，当为抄目；从内容看则不可能是折冲府的，而是高昌县的，故分别将其拟题为《唐开元一九年正月西州高昌县抄目》和《唐开元十九年西州高昌县抄目历》，参见李志生"唐开元年间西州抄目三件考释"，北京大学中国中古史研究中心编：《敦煌吐鲁番文献研究论集》第5辑，北京大学出版社1990年版，第471—502页；王永兴《唐勾检制研究》，第90页；王永兴《唐代前期西北军事研究》，中国社会科学出版社1994年版，第364页。这件文书的确还有讨论的空间，两位先生的论证并不充分，也还没能解释为何文书上钤有岸头府印，故我们暂时仍从池田温的定名。
② 该件文书录文参见张广达、荣新江"圣彼得堡藏和田出土汉文文书考释"，季羡林等主编：《敦煌吐鲁番研究》第6卷，北京大学出版社2002年版，第224页。

第二节　帖的通知书性质

雷闻在讨论唐代帖文的形态与运作时，曾举出四类民间用帖的情况，称"本文主要讨论作为政府下行公文的'帖'，对于上述四类民间之'帖'，概不涉及"。① 其实不独雷闻，在此之前对帖式文书展开专门讨论的学者，多是将民间行用之帖排除在其研究范围之外。

不过，我们在讨论唐代公文书的相关问题时，所谓的民间行用文书有时恐怕也具有一定参考价值。日本《令集解》所引《养老公式令》"奏事式"条注文引《穴记》云："问：'表奏造样何？'答：'不见表奏、上表、上启等之式，宜放书仪之体耳。'"② 古濑奈津子认为，平安时代（794—1192）的明法家既称表奏、上表、上启宜仿书仪之礼，则可说明在此前后的公式令中没有关于它们的书式。③ 从另一角度讲，不论官抑或是民，所上表、奏的文书格式都是基本相似的。之所以存在这种相似性，很大程度上是因为对于天子而言，进书言事的臣民身份其实具有同一性。以此作为参照，复经逆向思考，我们可能会发现所谓官帖与民帖之间其实并不存在天然的鸿沟。

以晚唐五代在敦煌民间结社中盛行的社司转帖而言，它们的文书式就与雷闻在赤木崇敏复原基础上修订而成的帖文格式基本

① 雷闻："唐代帖文的形态与运作"，《中国史研究》2010年第3期，第90页注1。
② 黑板勝美、國史大系編修會編輯：《令集解》卷三一，第791頁。
③ 参见古瀬奈津子"敦煌書儀と『上表』文—日唐の表の比較をまじえて"，土肥義和編：《敦煌・吐魯番出土漢文文書の研究》（修訂版），第68頁。

一致，包括低一至二格以"右"字作为正文之开始和最末"（某年）某月某日某帖"等等。[①] 从内容方面讲，社司转帖也与所谓官府下行之帖有很多相似之处，譬如社司转帖的正文中一般会有"帖至，限某月某日某时……"等内容用来限定执行时间，吐鲁番所出唐代官帖中则有"仍限今日平旦将过""帖至，速即……""帖至，……立即……"等提法。在吐鲁番出土的帖文中往往可见"计会如迟，所由当杖""必科重杖""必置刑罚""举出科责"等违背帖之要求将会受到处罚的表述。民间结社不具有施加刑罚之约束力，所以敦煌社司转帖中多为相对轻巧的处罚，一般表述为"如有后到，罚酒壹角；全不来者，罚酒半瓮"。但从不准帖即行处罚的原则来讲，前者与后者并无二致。宁可和郝春文认为社司转帖是社邑通知社人参加活动的通知单。[②] 这个定义对于唐代官府所行之帖，显然同样具有重要的参考意义。陈国灿在讨论《唐建中五年安西大都护府孔目司帖》时，也已经表达过"唐代的帖，乃公文名称的一种，即官府的文告或通知书"的意见。[③] 综合他们的提示，我们或许可以考虑，唐代不论官方抑或是民间所用之帖，从本质上讲都应该被视为一种通知书，可将其比定为英文之"notice"。

为补证上述推论，我们拟以唐末敦煌的两份帖式文书为例稍加分析。雷闻在研究的过程中认为，敦煌卷子 P.6005《释门帖诸寺纲管令夏安居帖》和 S.1604《天复二年四月廿八日河西都僧统

[①] 关于社司转帖较为集中的资料，可参见宁可、郝春文《敦煌社邑文书辑校》第二部分"社司转帖"，江苏古籍出版社 1997 年版，第 67—403 页。

[②] 参见宁可、郝春文《敦煌社邑文书辑校》，第 12 页。

[③] 陈国灿："关于《唐建中五年（784）安西大都护府孔目司帖》释读中的几个问题"，《敦煌学辑刊》1999 年第 2 期，第 7 页。

贤照帖诸僧尼寺纲管徒众等》，格式虽与官府之帖相近，但功能却似有不同，它们更类似于"牓"，即告示一类的文书，其行帖的对象往往包括了管内诸寺所有的僧尼、纲管、徒众等，目的是晓谕僧众共同遵守。[①] 其中，他所提到的 S.1604 由两件文书构成，分别为《天复二年四月廿八日沙州节度使张承奉帖都僧统等》和《天复二年四月廿八日河西都僧统贤照帖诸僧尼寺纲管徒众等》。谨先转录其内容如下：

天复二年四月廿八日沙州节度使张承奉帖都僧统等

使　　帖都僧统等

　　右奉处分，盖缘城煌（隍）或有役（疫）疾，不免

　　五根。所以时起祸患，皆是僧徒不律定心，不

　　虔经力，不爱贰行。若不兴佛教，何戏乎

　　哉！从今已往，每月朔日前夜、十五日夜，大僧

　　寺及尼僧寺燃一盏灯，当寺僧众，不得

　　欠少一人，仍须念一卷《佛名经》，与灭狡猾，

　　嘉延人轮（伦），岂不于是然乎！仍其僧统

　　一一钤辖，他皆放（仿）此者。四月廿八日　帖。

使——※　一十。

天复二年四月廿八日河西都僧统贤照帖
诸僧尼寺纲管徒众等

都僧统　　帖诸僧尼寺纲管徒众等

　　奉

---

① 参见雷闻"唐代帖文的形态与运作"，《中国史研究》2010年第3期，第90页注1。

尚书处分，令诸寺礼忏不绝，每

夜礼《大佛名经》壹卷，僧尼夏中则

合勤加事业，懈怠慢烂，故令

使主嗔责，僧徒尽皆受耻，大家

总有心识。从今已后，不得取次。

若有故违，先罚所由纲管，后科

本身。一一点检，每夜燃灯壹盏。

准式，僧尼每夜不得欠少一人。

仰判官等每夜巡检，判官若怠

慢公事，亦招科罚。其帖仰诸寺

画时分付，不得违时者。天复

二年四月廿八日帖。

都僧统　贤照[1]

按雷闻的理解，《天复二年四月廿八日河西都僧统贤照帖诸僧尼寺纲管徒众等》属于民间之帖，与官府之帖不宜等而论之。可是，我们需要注意一点，都僧统乃是晚唐时期沙州教团的最高僧官，甚至需要唐中央朝廷加以正式任命。[2]这份帖文上亦钤有"河西都僧统印"，恐怕不宜简单以民间之帖视之。当然，即便可以

---

[1]　图版参见方广锠、〔英〕吴芳思主编《英国国家图书馆藏敦煌遗书》第25册，广西师范大学出版社2013年版，第131—132页；录文参见郝春文、赵贞编著《英藏敦煌社会历史文献释录》第7卷，社会科学文献出版社2010年版，第319—324页。

[2]　法藏敦煌文书P.3720即载录有一件朝廷答复归义军执政张淮深请求授予悟真都僧统一职的敕牒，图版参见上海古籍出版社、法国国家图书馆编《法藏敦煌西域文献》第27册，第113页。

将这份文书排除在外，至少《天复二年四月廿八日沙州节度使张承奉帖都僧统等》属于官府之帖则是无可辩驳的事实。但其功能不就相当于告示，其行帖的对象（"都僧统等"）不就包括了管内诸寺所有的僧尼、纲管、徒众等，其目的不就是晓谕僧众燃灯诵经之事吗？

因此，我们认为所谓官府之帖，亦是在晓谕行帖对象。从这一点来讲，它与所谓民间之帖并无本质上的区别。不论是追逃之帖，抑或是催缴之帖；不论是地方州县所行之帖，抑或是中书门下所颁之堂帖，一概莫能例外。它们都是属于晓谕行帖对象的通知书。

第三节　帖之对象为个人而非官府机构

上文我们推断帖式文书从本质上讲是一种通知书，这点目前看起来不存在多大问题。现在的问题在于，在符和牒同样也可以下达命令的情况下，作为官文书的帖，其得以独立存在的理由为何？正如前面学术史回顾部分所呈现的那样，这个问题曾长期困扰着研究者。

我们的初步推论是，作为官文书的帖，与符和牒最根本的一点不同恰好就在于，它既然是一种通知书，从本质上讲就有直面通知对象的特点。换句话说，帖的对象实质上并不是某一级官府机构，而是具体的个人。关于帖文的这一特点，可以前举《天复二年四月廿八日沙州节度使张承奉帖都僧统等》为证。它所帖对象为"都僧统等"，说明这份帖文并不是帖于都僧统司，而是帖于包括都僧统在内的所有沙州僧尼、纲管、徒众。

当然，亦如前面学术史回顾部分所提及，中村裕一认为讨论律令时代之帖应以吐鲁番文书中的帖文作为标准。而在吐鲁番文书中，同样不乏从帖头即可看出所帖对象为个体而非官府机构的帖文，例如《唐麟德二年闰三月三日交河县张秋文帖永安城主为限时到县司事》：

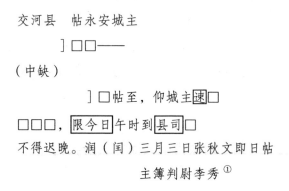

整理者的上述定名堪称谨慎，但仍有一些值得思考的地方。首先，帖文是交河县而非张秀文所下，代表县司发帖者是"主簿判尉李秀"和"张秀文"，后者应是史之类的主典，没有独立代表县司行帖的资格。其次，虽然发帖对象为"永安城主"，但他恐怕并非"限今日午时到县司"的对象。《武周长安二年西州泿林城主王交行牒为勒僧尼赴县事》紧接僧尼名单之后，是牒文的核心内容——"右被帖追上件僧尼赴县者，准帖追到，今勒赴县"。[2] 可知先有县司下给泿林城主之帖，内容是让其勒令一批僧

---

① 荣新江、李肖、孟宪实主编：《新获吐鲁番出土文献》，中华书局 2008 年版，第 120 页。

② 中国文物研究所等编：《吐鲁番出土文书》（叁），第 450 页。

尼在某个时间范围内赴县，恰可与麟德二年帖文中的"仰城主速
（发遣赴县？）"这样的内容对应起来。此外，核对图版可知，这
份帖文中间至少缺失一行的内容，故在"帖至"一行之前应该也
有一个到县司报到者的名单。为稳妥起见，我们将其拟题为《唐
麟德二年闰三月三日交河县下永安城主帖》。

　　上述帖文和牒文显示，县司勒令乡城个别城民赴县，只需下
帖给城主，由其负责催遣即可，不用知会全体城民。在需要知会
全体城民的情况下，帖头则很可能是"帖永安城"。关于这一点，
我们可以参考出土于新疆洛浦县的一件帖文。李吟屏最先进行了
录文并有初步考释，我们先将其录文引录如下：

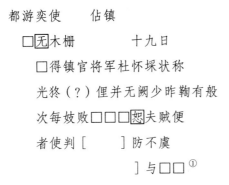

都游奕使　　　佔镇
　□无木栅　　　　　十九日
　□得镇官将军杜怀琛状称
　光狳（？）俚并无阙少昨鞠有殿
　次每妓败□□□恕夫贼便
　者使判［　　　］防不虞
　　　　　　　　　］与□□①

李吟屏认为其中的佔镇应为唐代于阗镇名之一。其实这是他录文
有误，第 1 行末尾两字实当录为"帖镇"。所谓的"镇"，应该是
"杰谢镇"这样的军镇。整件文书是都游奕使发出的帖文，故此我
们还可以推断出第 3 行首字当为"右"。从文书的残存内容来看，

_____

① 李吟屏："近年发现于新疆和田的四件唐代汉文文书残页考释"，《西域研究》
　2004 年第 3 期，第 84 页。

应该是由于当镇栅栏缺失，在得到镇官将军上报后，都游奕使通知该军镇辖区内军民防备贼人侵袭，故发此帖文。

更为明确的例证，我们可以参考吐鲁番出土文书中的《唐中军左虞候帖为处分解射人事》（73TAM222：1b），其录文如下：

依 判 基 示

一日

·····································

牒检一月事至，谨牒。

五月四日典杜栾（奕？）牒

连道白

中军左虞候 [1]

四日

·····································

中军左 [　　　　　　　　] 大总管营

　　　　　　　] 牒 称 □ 大总管处分诸

　　　　　　　] 解射五百人韩郎

将□检校，每下营讫，即教别为

射手队，不须入大队者。帖至，仰

营所有解射人立即具录姓名

通送，待拟简定，仍准人数差解

射主帅押领，限今日午时到者。

火、急、立、待五月四日典徐豪帖

并弓箭自随　　　　　　兵曹李　　训

---

① 整理者原注：此五字是第 7 行墨渍印字。

——总管左金吾卫郎将韩　欢

⬚检⬚连□如前，谨牒。

　　　　　　］杜栾牒[①]

　　孙继民专门讨论过这份帖文，认为第 7—19 行为另一基本完整的帖文，并且他对为何帖头中将"中军左虞候（军）"并称提出了疑问。[②]雷闻则认为文书第 7—17 行为中军左虞候发出的帖文。[③]很明显，这里的帖文就是典杜栾呈牒中"检案，连如前"之"案"，应该截止于第 17 行。此外，孙继民认为文书中"中军左虞候（军）"并称不可理解，是因他作为制度参照者乃是《卫公李靖兵法》中的记载。如其所述，帖文此面属于二次利用文书，年代显然在背面文书《唐垂拱四年队佐张玄泰牒为通当队队陪事》之后。因此这件帖文体现的军制，是否能与《卫公李靖兵法》所反映的唐初军制勘同，值得讨论。《通典·兵》"立军"条所附"今制"谓："每军：大将一人，别奏八人，傔十六人。副二人，分掌军务。奏、傔减大将半。判官二人，典四人，总管四人。二主左右虞候，二主左右押衙。傔各五人。"[④]以之作为参考，则帖头中的"左虞候"并非指与"中军"并立的"左虞候军"，乃是中军下属的"左虞候军"，首领则为"大将（总管）"下属的四总管之一，恰可与署帖的"总管左金吾卫郎将"的职衔对应起来。帖文内容"帖至，仰营所有解射人立即具录姓名通送"，显示该帖通知对象是大总管营的全体兵士，意在使兵士中的解射者报名另组射手

---

① 中国文物研究所等编：《吐鲁番出土文书》（叁），第 372—373 页。
② 参见孙继民"从一件吐鲁番文书谈唐代行军制度的两个问题"，《敦煌学辑刊》1991 年第 2 期，第 58、60 页。
③ 参见雷闻"唐代帖文的形态与运作"，《中国史研究》2010 年第 3 期，第 108 页。
④ 《通典》卷一四八，第 3794 页。

队，由总管韩欢押领。

上述两种具有广而告之性质的帖文，与牓文具有密切联系。关于此点，我们可以参考吐鲁番出土文书中的《唐宝应元年五月节度使衙牓西州文》：

使衙　　　　　　　牓西州

　诸寺观应割附充百姓等

　　右件人等久在寺观驱驰，矜其勤劳日久，遂与僧道
　　商度并放从良充此百姓。割隶之日一房尽来，不能有愧
　　于僧徒。更乃无厌至甚，近日假托，妄有追呼。若信此流，
　　扰乱颇甚。今日以后，更有此色者，当便决然。仍仰所由
　　分明晓喻，无使踵前，牓西州及西海县。

以　前　件　状　如　前

　　　　建　午　月　四　日

使　御　史　中　丞　杨　志　烈 ①

坂尻彰宏认为牓就是准照帖的文书式制作而成，与帖的基本性质也相符合，只是"牓"这个字眼让人一见即明了该文书属于张榜公布者。② 在我们看来，作为独立文书类型的牓文，其实是帖文的一种，也就是需要张榜公布之帖。这种帖文的具体例证，可举《广顺二年某月五日归义军节度使曹元忠帖》，节引如下：

　　使　帖牓衙门应管内员

---

① 中国文物研究所等编：《吐鲁番出土文书》（肆），第328页。
② 参见坂尻彰宏"敦煌牓文書考"，《東方學》102，2001年，第57—59頁。

　　　　僚、军、将□□百姓等

　　右奉　处分今□（月）

　　值当秋景，收刈

　　正当及时，应以后

　　正散行人差发准

　　旧为定。伏自

　　…………

　　无容舍。仍准告

　　指挥，不得有违□

　　者。广顺二年□□（月）

　　五日帖。

　　　使　【鸟形花押】①

值得留意的是，这件帖文用纸宽度为 30cm，是唐代官文书用纸的正常宽度，但每行不过六七字而已，说明字体相对较大。②雷闻在其文章中提及，据曾亲自拼缀过这件文书的荣新江见告，文书的背面有浆糊的痕迹。③可见，当时这份帖文是张榜于某处供"衙门应管内员僚、军、将□□百姓等"阅读了解。它可以很好地用来说明，作为一种独立文书形式的"榜"文，很可能就是从这类广而告之的帖式文书中逐渐发展起来的。

---

① 录文参见坂尻彰宏"敦煌榜文书考"，《東方學》102，2001 年，第 57 页。

② 参见荣新江编著《英国图书馆藏敦煌汉文非佛教文献残卷目录（S.6981—13624）》，台湾新文丰出版公司 1994 年版，第 95—96 页；坂尻彰宏"敦煌榜文书考"，《東方學》102，2001 年，第 58 页。

③ 参见雷闻"榜文与唐代政令的传布"，荣新江主编：《唐研究》第 19 卷，北京大学出版社 2013 年版，第 74 页。

第四节 一些特殊情况的分析

前文我们举例论证了唐代官方所行之帖是一种直面个人的通知书，其发给对象并非某一级官府机构。不过吐鲁番出土文书中有大量蒲昌县帖于赤亭烽或者是天山府帖于校尉张父师团的帖文，看起来"赤亭烽"和"校尉张父师团"就不属于所谓"个体的人"，从残存的内容中也不容易看出是否针对该烽所有烽子或该团所有兵士，可能会有论者以此质疑我们的上述推断。对此，有必要稍加辨析。

《唐六典》卷二五"诸卫折冲都尉府"条载："诸府折冲都尉之职，掌领五校之属，以备宿卫，以从师役，总其戎具、资粮、差点、教习之法令。凡卫士三百人为一团，以校尉领之，以便习骑射者为越骑，余为步兵。"[1] 校尉之下除有二旅帅外，再无录事、府、史、典之职位。又，程喜霖引《通典》和《武经总要》所收"唐兵部烽式"，认为唐代的烽一般只有烽帅一人，烽子五人，计六人；有的烽则设副帅一人，边塞烽燧还别配长探一二人。[2] 不过无论如何，我们可以确定一点，即其中"知文书符牒转递之事"的只有烽帅一人而已。由此可知，唐代烽燧以及隶属折冲府的团，并没有四等官来处理文书，事实上等于没有行政机构。故帖文所谓帖于"赤亭烽"者，实即帖于"赤亭烽帅"也；帖于"校尉张父师团"者，实即帖于"校尉张父师"也。

---

[1] 《唐六典》卷二五，第644页。

[2] 参见程喜霖"吐鲁番文书所见唐代烽堠制度"，程喜霖、陈习刚主编：《吐鲁番唐代军事文书研究·研究篇》，新疆人民出版社2013年版，第327页。

这种帖文的运作原理，可与唐代县下符或帖于乡的情况相对照。为予以说明，我们征引日僧圆仁《入唐求法巡礼行记》中的一份帖文稍加阐释：

县　　　帖青宁乡

得板头窦文至状报：日本国船上抛却人三人。

右检案内，得前件板头状，报：其船今月十五日发讫。抛却三人，见在赤山县新罗寺院。其报如前者。依检，前件人既船上抛却，即合村保、板头当日状报，何得经今十五日然始状报？又不见抛却人姓名，兼有何行李衣物？并勘：赤山寺院纲维、知事僧等，有外国人在，都不申报！事须帖乡专老（差）人勘事由。限帖到当日，具分析状上。如勘到一事不同及妄有拒注，并进上勘责。如违限，勘事不子细，元勘事人必重科决者。

开成四年七月廿四日　　　　　　　　　典王佐　　　帖

主簿副（判）尉胡君直

摄令戚宣员 [1]

《唐六典》卷一"尚书都省职掌"条注文云："尚书省下于州，州下于县，县下于乡，皆曰'符'。"[2] 但上引的这件"县下于乡"的文书，却很明显是帖而非符。并且从文书中"事须帖乡专差人勘事由"这样的话语来看，县所帖对象似是乡的管理机构而非全体乡民，因此所行文书确实本应为符。那么，这里用帖是何道理呢？

---

[1] 〔日〕圆仁撰，白化文等校注：《入唐求法巡礼行记校注》卷二，花山文艺出版社 1992 年版，第 175—176 页。

[2] 《唐六典》卷一，第 10—11 页。

关于"乡"在唐代基层行政体系中的地位与作用，学者此前有过反复讨论。目前基本一致认为，唐自贞观十五年（641）省乡长及乡佐以后，再未设立乡一级的长官，而是由五位里正按月轮流主持乡务，掌承接文书、案比户口等事。[①] 因此，我们可以在《唐开元十九年正月西州岸头府到来符帖目》中看到"正月承符里正郭存信"这样的记录。[②] 而吐鲁番出土文书中的"乡司"，实际即指当值的里正；文书中的"乡官"，则多指前资官以及一些地方豪族，只是一种泛称而已。[③] 故《入唐求法巡礼行记》中的这份帖文，实即文登县帖于青宁乡当值的里正。里正既为个体之人，所行文书当然可以是帖，正如王梵志诗《佐史非台补》中所言："佐史非台补，任官州县上。……每日求行案，寻常恐进杖。……有事检案追，出帖付里正。"[④] 白居易在《钱塘湖石记》中亦称："若岁旱，百姓请水，须令经州陈状，刺史自便押帖，所由即日与水。若待状入司，符下县，县帖乡，乡差所由，动经旬日，虽得水，而旱田苗无所及也。"[⑤] 这就说明"县帖乡"在当时已经成为百姓请水的一道惯常程序，其中帖已经取代了符的位置。与反映唐前期情况的王梵志诗结合起来，则我们知道，尽管唐代律令制度规定中"县下于乡"的文书为符，但政务运作中因为乡一级实际上并不存在一套行政系统，所以"县帖乡（里

① 参见张国刚"唐代乡村基层组织及其演变"，《北京大学学报》2009 年第 5 期。

② 参见内藤乾吉"西域發見唐代官文書の研究"，《中国法制史考証》，第 249 页；池田温《中国古代籍帳研究—概観・録文》，第 358 页。

③ 参见雷闻"隋唐的乡官与老人——从大谷文书 4026《唐西州老人、乡官名簿》说起"，荣新江主编：《唐研究》第 22 卷，北京大学出版社 2016 年版，第 131—156 页。

④ 张锡厚：《王梵志诗校辑》卷二，中华书局 1983 年版，第 25 页。

⑤ 《白居易集笺校》卷六八，第 3668 页。

正）"已经普遍化了。这种现象之所以出现的最根本原因，恰好就在于符所下之乡只是一级虚空的行政单位，而帖所下之主持乡务的里正才是政令的实际执行者。

当然，赤亭烽、张父师团、青宁乡连同上节讨论的永安城，事实上都不存在专门的行政机构，自然可以将行帖对象看作烽帅、校尉、里正、城主等头领。可是，对行帖于存在行政机构的县和折冲府，又应该如何解释呢？《唐开元十九年正月至三月西州天山县到来符帖目》和《唐开元十九年正月西州岸头府到来符帖目》钤有"右领军卫岸头府之印"和"天山县之印"，其中存在大量发自西州各衙的帖文，看起来很像是帖于岸头府府司和天山县县司。鉴于这两份"符帖目"所对应的具体文书已经不知所踪，我们拟以年代相近的蒲昌府文书为例稍作阐释。

日比野丈夫在 20 世纪 70 年代曾经公布过 21 件蒲昌府文书的录文，其中 7 号文书的内容为：

　　］　　　帖蒲昌府
　　］年定番案。并身死没落遭忧［
　　］上件案。勾会。帖至。仰府获□［
　　］□立待勘会。八月七日。史安进帖。
　　　　　　录事参军□［
　　　　　　府［①

① 日比野丈夫："新獲の唐代蒲昌府文書について"，《東方学報》45，1973 年，第 367 頁。按：日比野丈夫发表文章时只提供了 6 件文书的照片，其录文中可能存在一些问题，比如很多时候没有将前后之缺文的情况反映出来，对此我们在引用时据文意略有推补。

日本宁乐美术馆所藏吐鲁番文书中也有一件《唐西州帖蒲昌府为今月番上欠兵事》，其中第 1 行即残存"帖蒲"二字。[①] 因此，我们基本可以认定确实存在帖头为"西州（都督府）帖蒲昌府"的帖文。一般而言，西州都督府下于蒲昌府的文书为牒，在现存的蒲昌府文书中，这类牒文相较于帖文也确实在数量上占有压倒性优势。那么，这些帖文有何特殊之处？它们的存在，是否就推翻了前文提出的设想呢？

由于 7 号文书后半部分残缺，为予对照，我们从 3 号文书入手加以讨论。该文书录文为：

（前缺）

] 人当番，今月一日上，依检不到 [

　　] 人，每月二十五日县府点检粮 [

　　] 时发遣赴州，所由官典衔日到州 利 [

　　] 府阴达帖　　　　兵曹参军王　　宝

示

　　　　　五月三日申时录事 鞠 [

　　　　　司马阙

（后缺）[②]

日比野丈夫根据其中所钤三处"西州都督府之印"以及府阴达和兵曹参军王宝的署名，推断这是西州都督府发送给蒲昌府的文

① 参见陈国灿、刘永增编《日本宁乐美术馆藏吐鲁番文书》，第 115 页。

② 日比野丈夫："新獲の唐代蒲昌府文書について"，《東方学報》45，1973 年，第 365 頁。

书。① 鉴于文书第 4 行明确出现了"府阴达帖"四字，我们可以推断这是一份帖文，同时还可以进一步推测"帖头"很可能就是"（西州）都督府帖蒲昌府"这样的文字。陈国灿将其定名为《唐西州都督府阴达帖蒲昌府为番上人不到事》，② 或许就是基于这种考虑。

对于这件文书，日比野丈夫、刘子凡等从内容上进行过探讨；不过对于文书程式，他们并未过多措意。③ 刘后滨和顾成瑞在以开元二年（714）蒲昌府文书为中心探讨唐代政务文书的环节性形态与地方官府政务运行的相关情况时，并没有提及这件文书。④ 然而，从文书运作程式的视角看，这件文书其实非常值得讨论。

卢向前过去在讨论牒文的处理程式时，将其分为署名、受付、判案、执行、勾稽、抄目等六个环节，称"如果说牒文是以钤印结尾的，那么处理程式则以长官署名为始"。⑤ 需要特别注意的一点是，唐代牒式文书的情况非常复杂，卢先生的上述论断有其局限，目前看来可能只适用于上行牒文。就开元二年蒲昌府文书中的相关牒文而言，《唐开元二年三月一日蒲昌县牒为卫士麴义逻母

---

① 参见日比野丈夫"新獲の唐代蒲昌府文書について"，《東方学報》45，1973 年，第 365—366 頁。

② 参见陈国灿"东访吐鲁番文书纪要（二）"，鲁才全主编：《魏晋南北朝隋唐史资料》第 13 辑，武汉大学出版社 1994 年版，第 41 页。

③ 参见日比野丈夫"新獲の唐代蒲昌府文書について"，《東方学報》45，1973 年，第 365—366 頁；刘子凡"杏雨书屋藏唐蒲昌府文书研究"，荣新江主编：《唐研究》第 22 卷，第 211 页。

④ 参见刘后滨、顾成瑞"政务文书的环节性形态与唐代地方官府政务运行——以开元二年西州蒲昌府文书为中心"，包伟民、刘后滨主编：《唐宋历史评论》第 2 辑，社会科学文献出版社 2016 年版，第 109—141 页。

⑤ 卢向前："牒式及其处理程式的探讨——唐公式文研究"，北京大学中国中古史研究中心编：《敦煌吐鲁番文献研究论集》第 3 辑，第 362 页。

郭氏身亡准式丧服事》和《唐开元二年三月二十六日西州都督府牒下蒲昌府为□守节年老改配仗身事》都是蒲昌府接到下行牒文后直接行判，体现在文书上的第一道程序则是录事麹相"受"。[①]与这类牒文不同，日比野丈夫公布的新获蒲昌府3号文书紧接着发帖者署名部分的第5行，却是一个字体较大的"示"字。日比野丈夫认为这应该属于蒲昌府果毅都尉贺方批示的一部分。[②]不过，对照开元二年五月的其他蒲昌府文书，我们认为这应当是折冲都尉王温玉的手笔。也即是说，与其余牒文首先经由录事受付不同，这件帖文首先是由折冲府长官王温玉进行处理。因此，它与发给折冲府府司的牒文不同，乃是帖于折冲都尉王温玉的一份帖文。

　　研究者已经注意到，开元二年是唐与突厥交战的关键时刻，蒲昌县属于防御突厥的要地，因此这批蒲昌府文书的主要内容，就是蒲昌府围绕府兵番次、布防等问题与西州都督府等机构的政务往来。[③]这几份帖文的出现，应该与这种历史背景密切相关。3号文书第6行显示，录事接受帖文的时间为"五月三日申时"，这个精确到时的时间，不见于蒲昌府文书中的其他牒文。按照正常情况而言，其他牒文的受文时间精确到日，已经满足唐代律令体系中"凡内外百司所受之事，皆印其发日，为之程限：一日

---

① 图版及录文参见陈国灿、刘永增编《日本宁乐美术馆藏吐鲁番文书》，第42—44、53—55页。

② 参见日比野丈夫"新獲の唐代蒲昌府文書について"，《東方学報》45，1973年，第366页。

③ 参见日比野丈夫"唐代蒲昌府文書の研究"，《東方学報》33，1963年，第267—314页；唐长孺"吐鲁番文书中所见的西州府兵"，武汉大学历史系魏晋南北朝隋唐史研究室编著：《敦煌吐鲁番文书初探二编》，武汉大学出版社1990年版，第29—103页；刘子凡"杏雨书屋藏唐蒲昌府文书研究"，荣新江主编：《唐研究》第22卷，第203—219页。

受，二日报"的一般规定。[①]因此，我们认为这批蒲昌府文书中之所以会出现"帖蒲昌府"的帖文，乃与当时的战争环境密切相关。在某些情况下为传递紧急军务，可能会将发给蒲昌府的牒改为帖。[②]这种帖文会传递两个密切相关的信号：其一，文书需要由折冲都尉王温玉首先处理，佐证即为 7 号文书第 5 行的"示"字；其二，文书需要紧急处理，证据即为 3 号文书第 3 行"立待勘会"这样的字眼和 7 号文书第 6 行录事所呈现的受文时间精确到了"五月三日申时"。

综合上述内容，我们认为《唐开元十九年正月至三月西州天山县到来符帖目》和《唐开元十九年正月西州岸头府到来符帖目》中所列帖文，即便帖头为"西州（都督府）帖天山县"或"西州（都督府）帖蒲昌府"，若非广而告之的帖文，则有可能如前举的两份蒲昌府文书一样，属于将紧急内容特别帖于天山县县令和岸头府折冲都尉的情况。

小　结

前文我们讨论了帖式文书的基本性质，认为从本质上讲它是

---

① 《唐六典》卷一，第 11 页。

② 赤木崇敏在构拟 8 世纪以后的官文书体系时，认为紧急时和征发物品时则辅助性地使用帖式和状式这样的略式文书，参见"唐代官文书体系及其变迁——以牒、帖、状为中心"，周东平、王威驷译，周东平、朱腾主编：《法律史译评》2014 年卷，第 204 页。雷闻则强调敦煌、吐鲁番乃至和田、库车等地所出的各类帖文原件等级不同，年代各异，具体形态亦有某些差别。不过，他也指出帖文通常无须长官签署，参见"唐代帖文的形态与运作"，《中国史研究》2010 年第 3 期，第 110—111 页。总括起来，目前可以认为帖相较于符和牒而言，发出的便捷性很大程度上就体现在押署程序简易这一方面。

一种晓谕行帖对象的通知书。相较于符和牒这两种下于官府机构的文书而言，帖是一种直面个人的公文书，这是它得以独立存在的最基本理由。即便在牒文也取得牒于个人的地位后，帖仍旧以其发行手续简便的特性，在唐王朝的公文体系中拥有一席之地。

帖式文书帖于个人的特性，能够满足长官或者专知官一人负责的要求，符合中晚唐使职差遣制发展的需要，因而发展成为上可由中书门下所发、下可达至一般百姓的一种普遍行用的公文书。帖的广泛应用，顺应了陈旧而复杂的四等官制逐步退出历史舞台的大潮，反映了行政运作机制追逐效率的性格。以制度演进的逻辑来看，这体现了官僚运作机制由官府机构本位向官员个人本位的转变。

参考文献

一、基本史料

（一）中文

〔唐〕白居易撰，朱金城笺校：《白居易集笺校》，上海古籍出版社 1988 年版。

〔东汉〕班固：《汉书》，中华书局 1962 年版。

包伟民、郑嘉励编：《武义南宋徐谓礼文书》，中华书局 2012 年版。

北京图书馆金石组编：《北京图书馆藏中国历代石刻拓本汇编》第 24、39 册，中州古籍出版社 1989 年版。

〔清〕毕沅、〔清〕阮元辑：《山左金石志》，新文丰出版公司编：《石刻史料新编》第 1 辑第 19 册，台湾新文丰出版公司 1982 年版。

〔东汉〕蔡邕：《独断》，《景印文渊阁四库全书》第 850 册，台湾商务印书馆 1986 年版。

〔日〕常盘大定、〔日〕关野贞：《晚清民国时期中国名胜古迹图集》第 2 卷，苏红译，中国画报出版社 2019 年版。

陈国灿：《斯坦因所获吐鲁番文书研究》，武汉大学出版社 1994 年版。

陈国灿、刘永增编：《日本宁乐美术馆藏吐鲁番文书》，文物出版社 1997 年版。

〔南宋〕陈振孙：《直斋书录解题》，上海古籍出版社 1987 年版。

〔新罗〕崔致远撰，党银平校注：《桂苑笔耕集校注》，中华书局 2007 年版。

〔唐〕杜牧：《樊川文集》，吴在庆：《杜牧集系年校注》，中华书局 2008 年版。

〔唐〕杜佑：《通典》，中华书局 1988 年版。

俄罗斯科学院东方研究所圣彼得堡分所等编：《俄藏敦煌文献》第 9 册，上海古籍出版社 1998 年版。

方广锠、〔英〕吴芳思主编：《英国国家图书馆藏敦煌遗书》第 25 册，广西师
　　范大学出版社 2013 年版。

〔隋〕费长房：《历代三宝纪》，〔日〕高楠顺次郎等编：《大正新修大藏经》第
　　49 卷，财团法人佛陀教育基金会，1990 年。

〔唐〕封演撰，赵贞信校注：《封氏闻见记校注》，中华书局 2005 年版。

〔唐〕韩愈：《顺宗实录》，马其昶：《韩昌黎文集校注》，上海古籍出版社
　　1986 年版。

〔唐〕韩愈撰，刘真伦、岳珍校注：《韩愈文集汇校笺注》，中华书局 2010 年版。

〔唐〕韩愈撰，〔南宋〕魏仲举集注：《五百家注韩昌黎集》，中华书局 2019 年版。

郝春文、金滢坤编著：《英藏敦煌社会历史文献释录》第 5 卷，社会科学文献
　　出版社 2006 年版。

郝春文、赵贞编著：《英藏敦煌社会历史文献释录》第 7 卷，社会科学文献出
　　版社 2010 年版。

〔南宋〕洪迈：《容斋随笔》，中华书局 2005 年版。

〔南宋〕洪遵编：《翰苑群书》，傅璇琮、施纯德编：《翰学三书》，辽宁教育出
　　版社 2003 年版。

〔金〕孔元措：《孔氏祖庭广记》，《四部丛刊续编》本。

〔唐〕李德裕撰，傅璇琮、周建国校笺：《李德裕文集校笺》，中华书局 2018
　　年版。

〔北宋〕李昉等编：《文苑英华》，中华书局 1966 年版。

〔唐〕李林甫等：《唐六典》，中华书局 1992 年版。

〔南宋〕李焘：《续资治通鉴长编》，中华书局 2004 年版。

〔南宋〕李心传：《建炎以来系年要录》，中华书局 1988 年版。

〔唐〕李肇：《唐国史补》，上海古籍出版社编：《唐五代笔记小说大观》，上海
　　古籍出版社 2000 年版。

〔元〕刘大彬编撰，〔明〕江永年增补：《茅山志》，上海古籍出版社 2018 年版。

〔唐〕刘肃：《大唐新语》，中华书局 1984 年版。

〔南朝梁〕刘勰撰，詹锳义证：《文心雕龙义证》，上海古籍出版社 1989 年版。

〔后晋〕刘昫等：《旧唐书》，中华书局 1975 年版。

〔唐〕柳宗元撰，尹占华、韩文奇校注：《柳宗元集校注》，中华书局 2013 年版。

〔清〕陆增祥编：《八琼室金石补正》，新文丰出版公司编：《石刻史料新编》

第 1 辑第 7 册，台湾新文丰出版公司 1982 年版。

［唐］陆贽：《陆贽集》，中华书局 2006 年版。

［元］马端临：《文献通考》，中华书局 2011 年版。

宁可、郝春文：《敦煌社邑文书辑校》，江苏古籍出版社 1997 年版。

［北宋］欧阳修、［北宋］宋祁撰：《新唐书》，中华书局 1975 年版。

［北宋］欧阳修撰，邓宝剑、王怡琳笺注：《集古录跋尾》，人民美术出版社
    2010 年版。

［北宋］欧阳修：《新五代史》，中华书局 2016 年版。

［唐］裴庭裕：《东观奏记》，中华书局 1994 年版。

［清］钱大昕：《廿二史考异》，上海古籍出版社 2004 年版。

［北宋］钱易：《南部新书》，大象出版社 2019 年版。

［唐］权德舆撰，蒋寅笺，唐元校，张静注：《权德舆诗文集编年校注》，辽海
    出版社 2013 年版。

〔日〕仁井田陞：《唐令拾遗》，栗劲、霍存福等编译，长春出版社 1989 年版。

荣新江、李肖、孟宪实主编：《新获吐鲁番出土文献》，中华书局 2008 年版。

沙知、〔英〕吴芳思编：《斯坦因第三次中亚考古所获汉文文献（非佛经部
    分）》，上海辞书出版社 2005 年版。

上海古籍出版社、法国国家图书馆编：《法藏敦煌西域文献》第 14、18 册，
    上海古籍出版社 2001 年版。

上海古籍出版社、法国国家图书馆编：《法藏敦煌西域文献》第 22、27 册，
    上海古籍出版社 2002 年版。

［唐］释道世撰，周叔迦、苏晋仁校注：《法苑珠林校注》，中华书局 2003 年版。

［唐］释彦悰纂录：《集沙门不应拜俗等事》，〔日〕高楠顺次郎等编：《大正新
    修大藏经》第 52 卷，财团法人佛陀教育基金会，1990 年。

睡虎地秦墓竹简整理小组编：《睡虎地秦墓竹简》，文物出版社 1990 年版。

［北宋］司马光编著，［元］胡三省音注：《资治通鉴》，中华书局 1956 年版。

［北宋］司马光：《书仪》，《景印文渊阁四库全书》第 142 册，台湾商务印书
    馆 1986 年版。

［北宋］宋敏求编：《唐大诏令集》，中华书局 2008 年版。

［北宋］宋敏求：《长安志》，三秦出版社 2013 年版。

［唐］苏鹗：《杜阳杂编》，上海古籍出版社编：《唐五代笔记小说大观》，上海
    古籍出版社 2000 年版。

［南宋］孙逢吉：《职官分纪》，中华书局 1988 年版。

唐耕耦、陆宏基编：《敦煌社会经济文献真迹释录》第 4 辑，全国图书馆文献
　　缩微复制中心，1990 年。

［唐］唐太宗、［唐］武则天撰，王双怀、梁克敏、田乙校释：《帝范臣轨校
　　释》，陕西人民出版社 2016 年版。

天一阁博物馆、中国社会科学院历史研究所天圣令整理课题组：《天一阁藏明
　　钞本天圣令校证（附唐令复原研究）》，中华书局 2006 年版。

［元］脱脱等：《宋史》，中华书局 1985 年版。

［清］王昶：《金石萃编》，新文丰出版公司编：《石刻史料新编》第 1 辑第 2、
　　3 册，台湾新文丰出版公司 1982 年版。

［东汉］王充撰，黄晖校释：《论衡校释》，中华书局 1990 年版。

［北宋］王谠撰，周勋初校证：《唐语林校证》，中华书局 2008 年版。

［唐］王梵志撰，张锡厚校辑：《王梵志诗校辑》，中华书局 1983 年版。

［北宋］王溥：《唐会要》，中华书局 1955 年版。

［北宋］王钦若等编纂：《册府元龟》，凤凰出版社 2006 年版。

［唐］魏徵、［唐］令狐德棻：《隋书》，中华书局 1973 年版。

吴钢主编：《全唐文补遗》第 1 辑，三秦出版社 1994 年版。

吴钢主编：《全唐文补遗》第 7 辑，三秦出版社 2000 年版。

［唐］吴兢撰，谢保成集校：《贞观政要集校》，中华书局 2009 年版。

［清］徐松辑：《宋会要辑稿》，中华书局 1957 年版。

［唐］许敬宗编，罗国威整理：《日藏弘仁本文馆词林校证》，中华书局 2001
　　年版。

［清］杨世沅编：《句容金石记》，新文丰出版公司编：《石刻史料新编》第 2
　　辑第 9 册，台湾新文丰出版公司 1979 年版。

［南宋］叶梦得：《石林燕语》，中华书局 1984 年版。

［唐］元稹：《元稹集》，中华书局 2010 年版。

〔日〕圆仁撰，白化文等校注：《入唐求法巡礼行记校注》，花山文艺出版社 1992 年版。

［唐］圆照集：《代宗朝赠司空大辨正广智三藏和上表制集》，〔日〕高楠顺次郎
　　等编：《大正新修大藏经》第 52 卷，财团法人佛陀教育基金会，1990 年。

［唐］圆照集：《大唐贞元续开元释教录》，〔日〕高楠顺次郎等编：《大正新修
　　大藏经》第 55 卷，财团法人佛陀教育基金会，1990 年。

［唐］圆照：《贞元新定释教目录》，〔日〕高楠顺次郎等编：《大正新修大藏

经》第 55 卷，财团法人佛陀教育基金会，1990 年。

［唐］张九龄撰，熊飞校注:《张九龄集校注》，中华书局 2008 年版。

［唐］张鹭:《朝野佥载》，中华书局 1979 年版。

［唐］长孙无忌等撰，刘俊文笺解:《唐律疏议笺解》，中华书局 1996 年版。

赵和平:《敦煌写本书仪研究》，台湾新文丰出版公司 1993 年版。

赵和平:《敦煌表状笺启书仪辑校》，江苏古籍出版社 1997 年版。

［唐］赵璘:《因话录》，上海古籍出版社编:《唐五代笔记小说大观》，上海古
　　籍出版社 2000 年版。

中国古代书画鉴定组编:《中国古代书画图目》（十五），文物出版社 1997 年版。

中国国家图书馆编:《国家图书馆藏敦煌遗书》第 103 册，北京图书馆出版社
　　2008 年版。

中国社会科学院历史研究所等编:《英藏敦煌文献（汉文佛经以外部份）》第
　　1 卷，四川人民出版社 1990 年版。

中国社会科学院历史研究所等编:《英藏敦煌文献（汉文佛经以外部份）》第
　　13 卷，四川人民出版社 1995 年版。

中国书店影印:《宋拓淳化阁帖》，中国书店 1988 年版。

中国文物研究所等编:《吐鲁番出土文书》（叁），文物出版社 1996 年版。

中国文物研究所等编:《吐鲁番出土文书》（肆），文物出版社 1996 年版。

中华族谱集成编委会编:《中华族谱集成·刘氏谱卷》，巴蜀书社 1995 年版。

周绍良主编:《唐代墓志汇编》，上海古籍出版社 1992 年版。

周绍良、赵超主编:《唐代墓志汇编续集》，上海古籍出版社 2001 年版。

（二）日文

［宋］王應麟:《玉海》（合璧本），京都: 中文出版社，1977 年。

［唐］唐玄宗撰，［唐］李林甫等奉勑注，廣池千九郎訓点，内田智雄補訂:
　　《大唐六典》，柏: 広池学園事業部，1973 年。

久曽神昇編:《不空三藏表制集—他二種》，東京: 汲古書院，1993 年。

仁井田陞著，池田温編集:《唐令拾遺補—附唐日兩令對照一覽》，東京: 東
　　京大学出版會，1997 年。

池田温:《中国古代籍帳研究—概観·録文》，東京: 東京大学東洋文化研究
　　所，1979 年。

福井重雅編：《訳注西京杂记・独断》，東京：東方書店，2000 年。

黑板勝美、國史大系編修會編輯：《令集解》，東京：吉川弘文館，1987 年。

黑板勝美、國史大系編修會編輯：《令義解》，東京：吉川弘文館，1988 年。

二、研究论著

（一）专著

1. 中文

岑仲勉：《郎官石柱题名新考订（外三种）》，上海古籍出版社 1984 年版。

陈志坚：《唐代州郡制度研究》，上海古籍出版社 2005 年版。

陈仲安、王素：《汉唐职官制度研究》，中华书局 1993 年版。

戴建国：《唐宋变革时期的法律与社会》，上海古籍出版社 2010 年版。

戴显群：《唐五代政治中枢研究》，厦门大学出版社 2001 年版。

邓文宽：《邓文宽敦煌天文历法考索》，上海古籍出版社 2010 年版。

杜文玉：《大明宫研究》，中国社会科学出版社 2015 年版。

胡宝华：《唐代监察制度研究》，商务印书馆 2005 年版。

黄楼：《神策军与中晚唐宦官政治》，中华书局 2019 年版。

黄日初：《唐代文宗武宗两朝中枢政局探研》，齐鲁书社 2015 年版。

霍存福：《唐式辑佚》，社会科学文献出版社 2009 年版。

雷家骥：《隋唐中央权力结构及其演进》，台湾东大图书公司 1995 年版。

李锦绣：《唐代财政史稿（下卷）》，北京大学出版社 2001 年版。

〔日〕砺波护著，韩昇编：《隋唐佛教文化》，韩昇、刘建英译，上海古籍出版社 2004 年版。

刘安志：《新资料与中古文史论稿》（修订本），上海古籍出版社 2020 年版。

刘后滨：《唐代中书门下体制研究——公文形态、政务运行与制度变迁》，齐鲁书社 2004 年版。

刘后滨：《唐代选官政务研究》，社会科学文献出版社 2016 年版。

刘俊文：《敦煌吐鲁番唐代法制文书考释》，中华书局 1989 年版。

刘俊文：《唐代法制研究》，台湾文津出版社 1999 年版。

柳洪亮：《新出吐鲁番文书及其研究》，新疆人民出版社 1997 年版。

楼劲：《魏晋南北朝隋唐立法与法律体系》，中国社会科学出版社 2014 年版。

陆扬:《清流文化与唐帝国》,北京大学出版社 2016 年版。

荣新江编著:《英国图书馆藏敦煌汉文非佛教文献残卷目录(S.6981—13624)》,台湾新文丰出版公司 1994 年版。

宋靖:《唐宋中书舍人研究》,黑龙江大学出版社 2010 年版。

孙国栋:《唐宋史论丛》,上海古籍出版社 2010 年版。

王素:《三省制略论》,齐鲁书社 1986 年版。

王毅:《中国皇权制度研究》,北京大学出版社 2007 年版。

王永兴:《唐勾检制研究》,上海古籍出版社 1991 年版。

王永兴:《唐代前期西北军事研究》,中国社会科学出版社 1994 年版。

吴丽娱:《唐礼摭遗——中古书仪研究》,商务印书馆 2002 年版。

谢元鲁:《唐代中央政权决策研究》(增订本),北京师范大学出版社 2020 年版。

严耕望:《唐仆尚丞郎表》,中华书局 1986 年版。

袁刚:《隋唐中枢体制的发展演变》,台湾文津出版社 1994 年版。

张超:《初唐诏敕文研究》,郑州大学出版社 2017 年版。

张国刚:《唐代官制》,三秦出版社 1987 年版。

张雨:《唐代司法政务运行机制及演变研究》,上海古籍出版社 2020 年版。

赵雨乐:《从宫廷到战场:中国中古与近世诸考察》,香港中华书局 2007 年版。

周道济:《汉唐宰相制度》,台湾大化书局 1978 年版。

朱红霞:《代天子立言:唐代制诰的生成与传播》,上海人民出版社 2017 年版。

祝总斌:《两汉魏晋南北朝宰相制度研究》,中国社会科学出版社 1990 年版。

2. 日文

大庭脩:《唐告身と日本古代の位階制》,伊勢:皇學館大学出版部,2003 年。

中村裕一:《大唐六典の唐令研究—「開元七年令」説の検討》,東京:汲古書院,2014 年。

中村裕一:《唐代公文書研究》,東京:汲古書院,1996 年。

中村裕一:《唐代制勅研究》,東京:汲古書院,1991 年。

中村裕一:《唐代官文書研究》,京都:中文出版社,1991 年。

中村裕一:《唐令の基礎的研究》,東京:汲古書院,2012 年。

中村裕一:《唐令逸文の研究》,東京:汲古書院,2005 年。

中村裕一:《隋唐王言の研究》,東京:汲古書院,2003 年。

石母田正:《日本の古代国家》,《石母田正著作集》第 3 卷,東京:岩波書店,1989 年。

吉川真司：《律令官僚制の研究》，東京：塙書房，1998 年。

早川庄八：《日本古代官僚制の研究》，東京：岩波書店，1986 年。

松本保宣：《唐王朝の宮城と御前会議—唐代聴政制度の展開》，京都：晃洋
　　書房，2006 年。

竺沙雅章：《中國佛教社會史研究》（增訂版），京都：朋友書店，2002 年。

森田悌：《平安時代政治史研究》，東京：吉川弘文館，1978 年。

滋賀秀三：《中国法制史論集—法典と刑罰》，東京：創文社，2003 年。

（二）论文

1. 中文

安洋："宋代敕牒碑的整理与研究"，中国政法大学硕士学位论文，2016 年。

〔日〕坂上康俊："日本舶来唐令的年代推断"，何东译，韩昇主编：《古代中
　　国：社会转型与多元文化》，上海人民出版社 2007 年版。

〔日〕坂上康俊："有关唐格的若干问题"，田由甲译，戴建国主编：《唐宋法
　　律史论集》，上海辞书出版社 2007 年版。

包晓悦："唐代使牒考"，郝春文主编：《敦煌吐鲁番研究》第 20 卷，上海古
　　籍出版社 2021 年版。

薄小莹、马小红："唐开元廿四年岐州郿县县尉判集（敦煌文书伯二九七九
　　号）研究——兼论唐代勾征制"，北京大学中国中古史研究中心编：《敦
　　煌吐鲁番文献研究论集》第 1 辑，中华书局 1982 年版。

陈国灿："东访吐鲁番文书纪要（二）"，鲁才全主编：《魏晋南北朝隋唐史资
　　料》第 13 辑，武汉大学出版社 1994 年版。

陈国灿："关于《唐建中五年（784）安西大都护府孔目司帖》释读中的几个
　　问题"，《敦煌学辑刊》1999 年第 2 期。

陈国灿："莫高窟北区第 47 窟新出唐告身文书研究"，《敦煌研究》2001 年第
　　3 期。

陈丽萍："敦煌本《大唐天下郡姓氏族谱》的缀合与研究——以 S.5861 为中
　　心"，《敦煌研究》2014 年第 1 期。

陈玺："唐代司法'三司'制度考论"，《云南大学学报》（法学版）2007 年第
　　4 期。

陈志坚、梁太济："《南部新书》研读札记六题"，《中国典籍与文化》2012 年

第 2 期。

陈仲安："麹氏高昌时期门下诸部考源"，武汉大学历史系魏晋南北朝隋唐史
  研究室编著：《敦煌吐鲁番文书初探》，武汉大学出版社 1983 年版。

程喜霖："吐鲁番文书所见唐代烽堠制度"，程喜霖、陈习刚主编：《吐鲁番唐
  代军事文书研究·研究篇》，新疆人民出版社 2013 年版。

〔日〕赤木崇敏："唐代前半期的地方公文体制——以吐鲁番文书为中心"，邓
  小南等主编：《文书·政令·信息沟通——以唐宋时期为主》，北京大学
  出版社 2012 年版。

〔日〕赤木崇敏："唐代官文书体系及其变迁——以牒、帖、状为中心"，周东
  平、王威驷译，周东平、朱腾主编：《法律史译评》2014 年卷，中国政
  法大学出版社 2015 年版。

〔日〕大津透："唐律令国家的预算——仪凤三年度支奏抄、四年金部旨符试
  释"，宋金文、马雷译，刘俊文主编：《日本中青年学者论中国史·六朝
  隋唐卷》，上海古籍出版社 1995 年版。

〔日〕大津透："日本古代古文书学研究的进展及课题"，付晨晨编译，《中国
  史研究动态》2016 年第 1 期。

代国玺："汉代公文形态新探"，《中国史研究》2015 年第 2 期。

邓小南："走向'活'的制度史——以宋代官僚政治制度史研究为例的点滴思
  考"，《浙江学刊》2003 年第 3 期。

邓小南："掩映之间——宋代尚书内省管窥"，《汉学研究》第 27 卷第 2 期，
  2009 年。

邓小南、张祎："书法作品与政令文书：宋人传世墨迹举例"，邓小南：《宋代
  历史探求：邓小南自选集》，首都师范大学出版社 2015 年版。

邓小南："再谈走向'活'的制度史"，《史学月刊》2022 年第 1 期。

樊文礼、史秀莲："唐代公牍文'帖'研究"，《中国典籍与文化》2007 年第 4 期。

方诚峰："从唐宋宰相概念论君主支配模式"，《史学月刊》2021 年第 3 期。

顾成瑞："韩国国博藏《唐仪凤四年金部旨符》残卷释录与研究"，包伟民、
  刘后滨主编：《唐宋历史评论》第 8 辑，社会科学文献出版社 2021 年版。

管俊玮："唐代尚书省'诸司符'初探——以俄藏 Дx02160Vb 文书为线索"，
  《史林》2021 年第 3 期。

郭桂坤："《宋史·职官志》'爵一十二'试解——兼析宋代《官品令》中的爵
  位序列"，《中国史研究》2016 年第 3 期。

郭桂坤："唐代前期的奏抄与发日敕书"，《文史》2018 年第 1 辑。

郭桂坤："'五花判事''六押'与唐代的政务运作"，余欣主编：《中古中国研究》第 2 卷，中西书局 2018 年版。

胡宝华："读《唐代中书门下体制研究》——以唐代封驳制度为中心"，《中国史研究》2014 年第 1 期。

胡戟："政治事件与政治集团、政治人物"，胡戟等主编：《二十世纪唐研究》，中国社会科学出版社 2002 年版。

黄正建："唐代制敕文书起草者署名等问题浅析"，雷闻、康鹏、张国旺主编：《隋唐辽宋金元史论丛》第 11 辑，上海古籍出版社 2021 年版。

〔日〕加藤繁："内庄宅使考"，《中国经济史考证》第 1 卷，吴杰译，商务印书馆 1959 年版。

赖瑞和："唐代宰相的使职特征和名号"，《中华文史论丛》2014 年第 3 期。

雷闻："从 S.11287 看唐代论事敕书的成立过程"，荣新江主编：《唐研究》第 1 卷，北京大学出版社 1995 年版。

雷闻："隋与唐前期的尚书省"，吴宗国主编：《盛唐政治制度研究》，上海辞书出版社 2003 年版。

雷闻："唐开元狱官令复原研究"，天一阁博物馆、中国社会科学院历史研究所天圣令整理课题组：《天一阁藏明钞本天圣令校证（附唐令复原研究）》，中华书局 2006 年版。

雷闻："唐代帖文的形态与运作"，《中国史研究》2010 年第 3 期。

雷闻："牓文与唐代政令的传布"，荣新江主编：《唐研究》第 19 卷，北京大学出版社 2013 年版。

雷闻："隋唐的乡官与老人——从大谷文书 4026《唐西州老人、乡官名簿》说起"，荣新江主编：《唐研究》第 22 卷，北京大学出版社 2016 年版。

李锦绣："唐'王言之制'初探——读《唐六典》札记之一"，李铮、蒋忠新主编：《季羡林教授八十华诞纪念论文集》，江西人民出版社 1991 年版。

李锦绣："唐代视品官制初探"，《中国史研究》1998 年第 3 期。

李锦绣："敦煌文书中的谱牒写本"，《文史知识》2003 年第 5 期。

李锦绣："史地章"，张弓主编：《敦煌典籍与唐五代历史文化》，中国社会科学出版社 2006 年版。

李军："清抄本《京兆翁氏族谱》所收晚唐河西文献校注——兼论其内容的真实性"，《敦煌学辑刊》2013 年第 3 期。

李全德："从堂帖到省札——略论唐宋时期宰相处理政务的文书之演变",《北京大学学报》2012 年第 2 期。

李全德："宋代给舍封驳的成立——以书读、书行为中心",《国学学刊》2012 年第 2 期。

李雪梅："唐开元十六年《少林寺碑》新探",包伟民、刘后滨主编:《唐宋历史评论》第 6 辑,社会科学文献出版社 2019 年版。

李殷："唐代奏议文书的形态和功能",《档案学通讯》2021 年第 2 期。

李殷："唐代奏敕文献编次研究",《东岳论丛》2022 年第 1 期。

李吟屏："近年发现于新疆和田的四件唐代汉文文书残页考释",《西域研究》2004 年第 3 期。

李志生："唐开元年间西州抄目三件考释",北京大学中国中古史研究中心编:《敦煌吐鲁番文献研究论集》第 5 辑,北京大学出版社 1990 年版。

临沂市博物馆："山东临沂市发现唐代石碑",《考古》1986 年第 1 期。

刘安志："吐鲁番出土文书所见唐代解文杂考",《吐鲁番学研究》2018 年第 1 期。

刘安志："唐代解文初探——以敦煌吐鲁番文书为中心",《西域研究》2018 年第 4 期。

刘安志："唐代解文续探——以折冲府申州解为中心",《西域研究》2021 年第 4 期。

刘后滨："唐代司法'三司'考析",《北京大学学报》1991 年第 2 期。

刘后滨："安史之乱与唐代政治体制的演进",《中国史研究》1999 年第 2 期。

刘后滨："从敕牒的特性看唐代中书门下体制",荣新江主编:《唐研究》第 6 卷,北京大学出版社 2000 年版。

刘后滨："从奏案到奏抄——汉唐间奏事文书形态的演进与行政审批制度的变迁",《北京理工大学学报》2002 年第 2 期。

刘后滨："唐宋间选官文书及其裁决机制的变化",《历史研究》2008 年第 3 期。

刘后滨："'正名'与'正实'——从元丰改制看宋人的三省制理念",《北京大学学报》2011 年第 2 期。

刘后滨："汉唐政治制度史中政务运行机制研究述评",《史学月刊》2012 年第 8 期。

刘后滨："文书、信息与权力:唐代中枢政务运行机制研究反思",包伟民、刘后滨主编:《唐宋历史评论》第 3 辑,社会科学文献出版社 2017 年版。

刘后滨、顾成瑞："政务文书的环节性形态与唐代地方官府政务运行——以开元二年西州蒲昌府文书为中心"，包伟民、刘后滨主编：《唐宋历史评论》第 2 辑，社会科学文献出版社 2016 年版。

刘江："帖与宋代地方政务运作"，《文史》2019 年第 2 辑。

刘子凡："杏雨书屋藏唐蒲昌府文书研究"，荣新江主编：《唐研究》第 22 卷，北京大学出版社 2016 年版。

〔韩〕柳浚炯："唐代宦官与皇权运作关系研究"，北京大学博士学位论文，2010 年。

楼劲："伯 2819 号残卷所载公式令对于研究唐代政制的价值"，《敦煌学辑刊》1987 年第 2 期。

楼劲："证圣元年敕与南北朝至唐代的旌表孝义之制——兼论 S.1344 号敦煌残卷的定名问题"，《浙江学刊》2014 年第 1 期。

卢向前："牒式及其处理程式的探讨——唐公式文研究"，北京大学中国中古史研究中心编：《敦煌吐鲁番文献研究论集》第 3 辑，北京大学出版社 1986 年版。

罗祎楠："论元丰三省政务运作机制的形成"，清华大学硕士学位论文，2005 年。

罗祎楠："刘后滨：《唐代中书门下体制研究——公文形态、政务运行与制度变迁》"，刘东主编：《中国学术》第 22 辑，商务印书馆 2006 年版。

吕博："唐代露布的两期形态及其行政、礼仪运作——以《太白阴经·露布篇》为中心"，权家玉主编：《中国中古史集刊》第 1 辑，商务印书馆 2015 年版。

马小红：" '格' 的演变及其意义"，《北京大学学报》1987 年第 3 期。

毛汉光："论唐代之封驳"，《中正大学学报》第 3 卷第 1 期，1992 年。

毛阳光："洛阳新出土唐《刘祎之墓志》及其史料价值"，《史学史研究》2012 年第 3 期。

孟宪实："略论高昌上奏文书"，《西域研究》2003 年第 4 期。

孟宪实："安史之乱后四镇管理体制问题——从《建中四年孔目司帖》谈起"，王振芬、荣新江主编：《丝绸之路与新疆出土文献：旅顺博物馆百年纪念学术研讨会论文集》，中华书局 2019 年版。

孟宪实："关于敦煌吐鲁番出土的 '王言' "，郝春文主编：《敦煌吐鲁番研究》第 18 卷，上海古籍出版社 2019 年版。

孟宪实："从 '诏书' 到 '制书' "，《文献》2019 年第 5 期。

孟宪实："皇帝制度的另一面——以高宗龙朔二年的两道制敕为中心"，《北京大学学报》2021 年第 1 期。

孟宪实："唐代册礼及其改革"，《历史研究》2021 年第 3 期。

孟彦弘："旅顺博物馆所藏新疆出土孔目司帖及其所反映的唐代赋役制度"，
　　中国社会科学院历史研究所魏晋南北朝隋唐史研究室、宋辽金元史研究
　　室编：《隋唐辽宋金元史论丛》第 9 辑，上海古籍出版社 2019 年版。

牟润孙："从唐代初期的政治制度论中国文人政治之形成"，《注史斋丛稿》，
　　中华书局 1987 年版。

〔日〕内藤乾吉："唐代的三省"，姚荣涛、徐世虹译，刘俊文主编：《日本学
　　者研究中国史论著选译》第 8 卷《法律制度》，中华书局 1992 年版。

钱伯泉："《唐建中伍年孔目司文书》研究"，《新疆大学学报》1993 年第 3 期。

荣新江："关于唐宋时期中原文化对于阗影响的几个问题"，袁行霈主编：《国
　　学研究》第 1 卷，北京大学出版社 1993 年版。

荣新江："萨保与萨薄：北朝隋唐胡人聚落首领问题的争论与辨析"，《中古中
　　国与粟特文明》，生活·读书·新知三联书店 2014 年版。

荣新江："陈寅恪先生《陈垣敦煌劫余录序》读后"，蔡鸿生、荣新江、孟宪
　　实读解：《中西学术名篇精读·陈寅恪卷》，中西书局 2014 年版。

孙继民："从一件吐鲁番文书谈唐代行军制度的两个问题"，《敦煌学辑刊》
　　1991 年第 2 期。

唐长孺："唐代的内诸司使及其演变"，《山居存稿》，中华书局 1989 年版。

唐长孺："吐鲁番文书中所见的西州府兵"，武汉大学历史系魏晋南北朝隋唐史
　　研究室编著：《敦煌吐鲁番文书初探二编》，武汉大学出版社 1990 年版。

〔日〕丸山裕美子："唐代之告身与日本之位记——古文书学视角的比较研
　　究"，黄正建主编：《中国古文书学研究初编》，上海古籍出版社 2019
　　年版。

王宏治："唐代司法中的'三司'"，《北京大学学报》1988 年第 4 期。

王静："唐大明宫内侍省及内使诸司的位置与宦官专权"，《燕京学报》新第
　　16 期，2004 年。

王静："唐大明宫的构造形式与中央决策部门职能的变迁"，《文史》2004 年
　　第 4 辑。

王孙盈政："唐代后期的尚书省研究"，浙江大学博士学位论文，2011 年。

王孙盈政："天下政本——从公文运行考察尚书省在唐代中书门下体制下的地
　　位"，《历史教学》2012 年第 24 期。

王孙盈政："唐代'敕牒'考"，《中国史研究》2013 年第 1 期。

王永平："论唐代宣徽使"，《中国史研究》1995 年第 1 期。

王永兴："敦煌吐鲁番出土唐代官府文书中'者'字的性质和作用"，《"开皇之治"与"贞观之治"：王永兴说隋唐》，生活·读书·新知三联书店 2019 年版。

王永兴、李志生："吐鲁番出土《氾德达告身》校释"，北京大学中国中古史研究中心编：《敦煌吐鲁番文献研究论集》第 2 辑，北京大学出版社 1983 年版。

魏斌："'伏准赦文'与晚唐行政运作"，《中国史研究》2006 年第 1 期。

魏斌："唐代赦书内容的扩展与大赦职能的变化"，《历史研究》2006 年第 4 期。

吴丽娱："试论'状'在唐朝中央行政体系中的应用与传递"，邓小南等主编：《文书·政令·信息沟通——以唐宋时期为主》，北京大学出版社 2012 年版。

吴丽娱："唐代信息研究的特色与展望——以信息传递的介质、功能为重点"，包伟民、刘后滨主编：《唐宋历史评论》第 4 辑，社会科学文献出版社 2018 年版。

吴丽娱："唐高宗朝'僧道致拜君亲'的论争与龙朔修格"，《学术月刊》2020 年第 4 期。

吴晓丰："中晚唐两制草诏格局的形成及演变"，《史学月刊》2020 年第 1 期。

吴晓丰："唐代的奏弹及其运作"，《中华文史论丛》2020 年第 4 期。

吴宗国："唐贞观廿二年敕旨中有关三卫的几个问题——兼论唐代门荫制度"，北京大学中国中古史研究中心编：《敦煌吐鲁番文献研究论集》第 3 辑，北京大学出版社 1986 年版。

吴宗国："隋与唐前期的宰相制度"，吴宗国主编：《盛唐政治制度研究》，上海辞书出版社 2003 年版。

〔日〕小林隆道："宋代的赐额敕牒与刻石"，郑振满主编：《碑铭研究》第 2 辑，社会科学文献出版社 2014 年版。

熊燕军："再论唐朝'六押'与'五花判事'制度"，《兰台世界》2011 年第 6 期。

严耕望："论唐代尚书省之职权与地位"，《严耕望史学论文选集》，中华书局 2006 年版。

杨廷福："《唐律疏议》制作年代考"，《唐律初探》，天津人民出版社 1982 年版。

叶炜："唐代'批答'述论——以地方官所获'批答'为中心"，《北京大学学报》2010 年第 2 期。

叶炜："唐代集议述论"，王晴佳主编：《断裂与转型：帝国之后的欧亚历史与史学》，上海古籍出版社 2017 年版。

叶炜："论唐代皇帝与高级官员政务沟通方式的制度性调整"，包伟民、刘后滨主编：《唐宋历史评论》第 3 辑，社会科学文献出版社 2017 年版。

游自勇："墨诏、墨敕与唐五代的政务运行"，《历史研究》2005 年第 5 期。

游自勇："动态的政治制度史：评刘后滨《唐代中书门下体制研究》"，荣新江主编：《唐研究》第 13 卷，北京大学出版社 2007 年版。

〔韩〕禹成旼："试论唐代赦文的变化及其意义"，《北京理工大学学报》2004 年第 3 期。

〔韩〕禹成旼："唐代赦文颁布的演变"，杜文玉主编：《唐史论丛》第 8 辑，三秦出版社 2006 年版。

〔韩〕禹成旼："唐代德音考"，《中国史研究》2006 年第 2 期。

袁刚："唐朝的五花判事和六押制度"，《安徽史学》1996 年第 4 期。

张春海："也论唐代司法体系中的'三司'"，《河北法学》2006 年第 12 期。

张广达、荣新江："圣彼得堡藏和田出土汉文文书考释"，季羡林等主编：《敦煌吐鲁番研究》第 6 卷，北京大学出版社 2002 年版。

张国刚："唐代中央军事决策与军队领导体制论略"，《南开学报》2004 年第 1 期。

张国刚："唐代乡村基层组织及其演变"，《北京大学学报》2009 年第 5 期。

张祎："制诏敕札与北宋的政令颁行"，北京大学博士学位论文，2009 年。

张祎："《唐六典》'王言之制'选释"，包伟民、刘后滨主编：《唐宋历史评论》第 5 辑，社会科学文献出版社 2018 年版。

赵和平："武则天时的一种敦煌写本书仪——P.3900 号写卷的初步研究"，《敦煌研究》1992 年第 1 期。

赵晶："论日本中国古文书学研究之演进——以唐代告身研究为例"，《早期中国史研究》第 6 卷第 1 期，2014 年。

周东平："二十世纪之唐律令研究回顾"，中南财经政法大学法律史室编：《中西法律传统》第 2 卷，中国政法大学出版社 2002 年版。

周曲洋："奏钞复用与北宋元丰改制后的三省政务运作"，《文史》2016 年第 3 辑。

〔日〕周藤吉之："吐鲁番出土佃人文书的研究——唐代前期的佃人制"，姜镇庆译，周藤吉之等：《敦煌学译文集——敦煌吐鲁番出土社会经济文书研究》，姜镇庆、那向芹译，甘肃人民出版社 1985 年版。

祝总斌："高昌官府文书杂考"，北京大学中国中古史研究中心编：《敦煌吐鲁番文献研究论集》第 2 辑，北京大学出版社 1983 年版。

2. 日文

八重津洋平："唐代御史制度について（1）"，《法と政治》21（3），1970 年。

八重津洋平："唐代御史制度について（2）"，《法と政治》22（3），1973 年。

日比野丈夫："唐代蒲昌府文書の研究"，《東方学報》33，1963 年。

日比野丈夫："新獲の唐代蒲昌府文書について"，《東方学報》45，1973 年。

中村友一："公式令文献目録稿"，明治大学古代学研究所編：《古代学研究所 紀要》13，2010 年。

中村圭爾："魏晋南北朝の公文書の種類と体系"，《人文研究》52（2），2000 年。

内藤乾吉："西域發見唐代官文書の研究"，《中国法制史考証》，東京：有斐 閣，1963 年。

仁井田陞："唐の律令および格の新資料—スタイン敦煌文献"，《東洋文化研 究所紀要》13，1957 年。

古瀬奈津子："敦煌書儀と『上表』文—日唐の表の比較をまじえて"，土肥 義和編：《敦煌・吐魯番出土漢文文書の研究》（修訂版），東京：汲古 書院，2013 年。

白須淨眞："麹氏高昌国における上奏文書試釈—民部・兵部・都官・屯田等 諸官司上奏文書の検討"，《東洋史苑》23，1984 年。

吉村武彦："律令制的班田制の歴史的前提について—国造制的土地所有に関 する覚書"，井上光貞博士還暦記念会編：《古代史論叢》中巻，東京： 吉川弘文館，1978 年。

江川式部："唐玄宗期の県令と誡励—山東臨沂『勅処分県令碑』と陝西乾県 『令長新誡碑』からみた"，《明大アジア史論集》10，2005 年。

池田温："唐令と日本令—『唐令拾補』編纂によせて"，池田温編：《中國 禮法と日本律令制》，東京：東方書店，1992 年。

赤木崇敏："帰義軍時代敦煌オアシスの税草徴発と文書行政"，《待兼山論 叢・史学篇》41，2007 年。

坂上康俊："発日勅・奏抄事項と論奏事項"，《史淵》138，2001 年。

坂尻彰宏："敦煌牓文書考"，《東方學》102，2001 年。

岡野誠："唐玄宗期の県令誡励二碑と公文書書式について—山東臨沂『勅 処分県令碑』と陝西乾県『令長新誡碑』"，《明大アジア史論集》18， 2014 年。

荒川正晴:"クチャ出土『孔目司文書』攷",《古代文化》49（3），1997年。

荒川正晴:"唐代中央アジアにおける帖式文書の性格をめぐって"，土肥義和編:《敦煌·吐魯番出土漢文文書の研究》（修訂版），東京: 汲古書院，2013年。

飯田瑞穂:"太政官奏について",《日本歴史》381，1980年。

趙雨樂:"唐代における内諸司使の構造—その成立時點と機構の初歩的整理",《東洋史研究》50（4），1992年。

榎本淳一:"『東アジア世界』における日本律令制"，大津透編:《律令制研究入門》，東京: 名著刊行会，2011年。

三、网络资源

国际敦煌项目，网址: http://idp.bl.uk/。

中国国家图书馆"中华古籍资源库·碑帖菁华"，网址: http://read.nlc.cn/allSearch/searchList?searchType=34&showType=1&pageNo=1。

专家推荐意见一

　　郭桂坤博士的书稿《唐代奏敕研究》，集中讨论了唐代上行的"奏"与下行的"敕"这两类文书，将唐代公文运作与制度运行的研究推进到了新的高度。

　　由于唐代公文书尤其是制敕存留不多，研究颇具难度。书稿较为充分地利用了传世的典制、正史、类书、别集、笔记、佛道文献等传统史料，也广泛征引了族谱方志、出土碑刻、敦煌吐鲁番文书等新出史料。在进行文书比勘还原的过程中，还能够利用《令义解》《令集解》等域外典籍加以参照。这反映书稿作者接受过良好的文献学训练，具有细致、缜密的文献学整理品质。

　　此外，书稿对于相关领域的国内外研究成果特别是日本学界的成果有比较全面的消化和吸收。在此基础上，作者不断追求与前人的观点进行碰撞，体现出较为明确的创新意识和清晰的思辨能力。譬如，唐代奏抄、发日敕与日本论奏之间究竟有何关联，一直是中日学术界悬而未决的问题。书稿就在吸收此前各种论点合理成分的基础上，提出了迥异于前人的新见。

　　近来，唐宋史学界"活的制度史"研究蔚为潮流。公文运作与制度运行，则是最集中体现制度之"活"的一个重要侧面。因此从选题角度来讲，这部书稿正是力图进行"活"的制度史研究。与此密切相关者，则是作者具有通变的眼光，始终致力于阐明制度变迁的动因及其过程。比如，书稿认为《唐六典》与其说是对唐代前期制度的集中概括，毋宁说它反映的是唐代前期制度变化的结果。

　　书稿将公文形态的变化与政治史的发展线索结合起来考察，既推进了中国古代政治体制中公文运作的细节解读，也为理解中国古代政治制度的结构性变迁提供了有效积累。从更宏观的角度讲，书稿对唐代奏敕体系及其运作机制进行的系统研究，还可以为当今中国国家治理体系和治理能力现代化建设提供经验与启迪。

　　综上，我愿意郑重推荐这部书稿。

朱玉麒

北京大学历史学系暨中国古代史研究中心教授

2022 年 1 月 18 日

专家推荐意见二

　　我很愿意给郭桂坤博士写一封书稿出版的推荐信，因为他在北京大学历史学系曾跟从我学习过一段时间，我对他比较了解。

　　敦煌吐鲁番文献的主体内容之一，就是中古时期官府行用的公文。有关唐代公文书的研究，是唐史学界关注较多的一个重要课题，已有深厚的积累。不过，唐代毕竟没有任何一种公式令完整保存下来。因此，关于各种公文书的应用情况，还有一些问题存在争议。郭桂坤博士知难而进，以《唐代奏敕研究》为题目，集中讨论了唐代奏报政务的上行文书与颁布皇帝旨意的下行文书，丰富了唐代中央政府处理政务文书的不少细节，是比较难得的。

　　作者不迷信成说，在书稿中对前人研究过的一些奏敕文书比如奏抄、发日敕、敕旨、敕牒等，都重新进行了讨论。在论述的过程中，特别注重结合唐代政治体制的演变过程，用唐代中央核心权力的运作来解说公文书的前后变化，也反过来用现存的公文书来透视唐代行政体制的演进历程。其整体解释基本可以自圆其说，也不时展现出作者的新知见。比如，关于唐代后期的中枢体制，有论者认定为"中书门下体制"，也有论者认定为翰林、枢密和中书门下共同组成的"新三头体制"。作者则根据奏敕文书运作过程中所体现的参决权和出令权，同时否定了这两种意见，提出了"双轨制"的看法。按照作者的理路，尽管中晚唐时期翰林学士主掌起草内制，其内容全为军国大事，但除陆贽等小部分外，翰林学士在中晚唐绝大部分时间内并不享有稳定的政务参决权，更不具备出令权。而宦官的情况则与之明显不同，晚唐时期已经可以与宰相共参国政。更为重要的是，这一群体掌握了独立颁下皇帝命令的重要文书工具——敕牒，具有与中书门下宰相平行的出令权，因此形成了北司与南衙并立的局面。

这部书稿虽然主要讨论的是唐代奏敕体系与中枢政务运作的情况，但作者关怀的却是中国古代政治制度发展的整体脉络。其中的一些讨论，能够看出作者受到了其他断代尤其是清史学者相关研究成果的启发，比如有关清代奏折和军机处的研究等。其合理程度究竟如何，也有待其他断代研究者加以反馈。

综上，我愿意推荐郭桂坤的这部书稿，期待它接受学界检验。特此推荐。

荣新江

北京大学历史学系博雅讲席教授

2022 年 1 月 18 日

日新文库

第一辑

王坤鹏　越在外服：殷商西周时期的邦伯研究

王路曼　中国内陆资本主义与山西票号：1720—1910 年间的银行、国家与家庭

刘学军　张力与典范：慧皎《高僧传》书写研究

李科林　德勒兹的哲学剧场

陈乔见　义的谱系：中国古代的正义与公共传统

周剑之　事象与事境：中国古典诗歌叙事传统研究

第二辑

何博超　说服之道——亚里士多德《修辞术》的哲学研究

陈　瑶　江河行地：近代长江中游的船民与木帆船航运业

赵　萱　耶路撒冷以东——一部巴以边界的民族志

郭桂坤　文书之力：唐代奏敕研究

梅剑华　直觉与理由——实验语言哲学的批判性研究